汽车保养不求人

栾琪文　主编

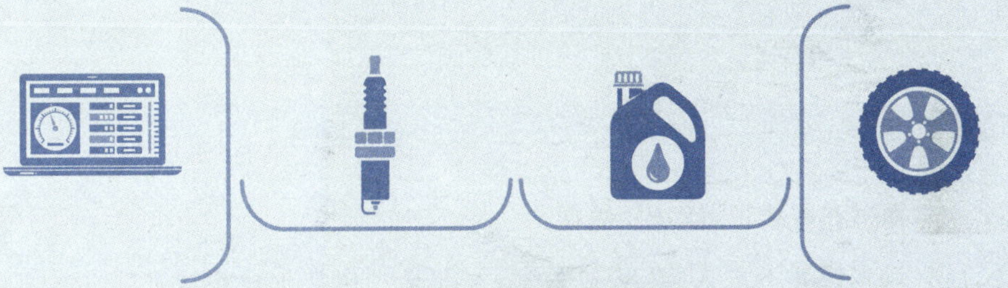

QICHE BAOYANG BUQIUREN

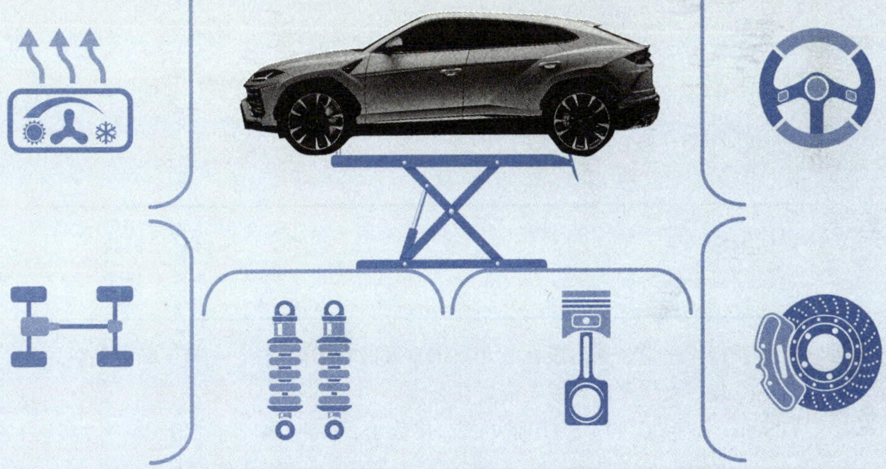

化学工业出版社
·北京·

本书以汽车保养工作过程为导向，按照汽车保养的实际工作任务，详细介绍了与保养相关的汽车知识、真假配件的鉴别，发动机、底盘和电气系统的保养方法及保养项目，系统阐述了汽车保养的基本知识和保养方法，突出了保养的可操作性。本书图文并茂，内容翔实，实用性强。

本书可作为广大车主朋友保养车辆的工具书，也可作为高等职业学院相关专业学生的教学参考书。

图书在版编目（CIP）数据

汽车保养不求人/栾琪文主编．—北京：化学工业出版社，2018.2（2023.1重印）

ISBN 978-7-122-31199-3

Ⅰ.①汽… Ⅱ.①栾… Ⅲ.①汽车-车辆保养 Ⅳ.①U472

中国版本图书馆CIP数据核字（2017）第309265号

责任编辑：辛 田　　文字编辑：冯国庆
责任校对：陈 静　　装帧设计：王晓宇

出版发行：化学工业出版社（北京市东城区青年湖南街13号 邮政编码100011）
印 装：大厂聚鑫印刷有限责任公司
710mm×1000mm 1/16 印张14½ 字数274千字 2023年1月北京第1版第4次印刷

购书咨询：010-64518888　　售后服务：010-64518899
网 址：http：//www.cip.com.cn
凡购买本书，如有缺损质量问题，本社销售中心负责调换。

定 价：59.00元

前言 FOREWORD

汽车进入家庭，给我们的工作和生活带来很大方便，但汽车的保养成为大部分车主头痛的问题。爱车的每一次保养对车主来说都是个既紧张又纠结的过程，不知道这回又得花多少钱、不知道很多被推荐的项目到底要不要做、不知道怎么才能既省钱又放心。认清汽车保养的实质，掌握正确的保养方法，自己动手做保养，既省钱又欢乐，是很多车主朋友的梦想。为此，我们组织有经验的汽车保养专家，结合实际编写了本书。本书具有如下特点。

① 内容丰富。本书介绍了与保养相关的汽车知识、真假配件的鉴别，发动机、底盘和电气系统的保养方法，以及汽车的保养项目。

② 实用性强。图文并茂、突出实用，按照本书就可作业，对学习保养有实际的参考价值，对掌握正确的保养方法有实际的指导意义。

③ 突出重点、标注难点。把保养的重点叙述清楚，并以星级的方式，告诉车主朋友哪些是可以自己完成的，哪些有难度，要慎重进行。

本书由栾琪文任主编，韩明亮、王刚任副主编，参加编写的人员还有姚美红、张华、刘建功、贺鸿、麻常选、毕云鹏、栾明明。

由于笔者水平有限，书中定有不当之处，恳请广大读者批评指正。

编者

目 录 CONTENTS

第一章　汽车保养你能行

01 Chapter

第一节　汽车保养是什么

汽车进入家庭，给我们的工作、生活带来很大方便，但汽车的保养成为大部分客户头痛的问题。关于汽车保养，有很多种不同的说法，大家对此有很多的议论，主要集中在以下几点。

① 不管是在4S店还是在汽配城，爱车的每一次保养对我来说都是个紧张又纠结的过程，不知道这回又得花多少钱、不知道很多被推荐的项目到底要不要做、不知道怎么才能既省钱又能放心……

② 爱车的大保/小保一直都在4S店里做——放心、踏实、服务又好，所以回回去都自由自在地在边上喝茶、上网、看大片。后来听朋友说，这里头门道多多，最有可能被坑的就是我这种人。

③ 不知道互联网保养是否可靠，下载个APP就可以获得保养券，还有很多优惠，可媒体曝出网上有很多假货。

④ 在网上看到很多车友自己做保养，省钱又欢乐，其实自己也很想动手试试。不过，问过几个师傅也没人愿意认真给讲一讲这方面的知识，网上的一些帖子也很粗略，看不出个所以然……

自己动手保养怎么样？好主意！

一、汽车保养

1. 汽车保养的定义

我们所说的汽车保养在标准术语里称为汽车维护，保养周期就是汽车维护周期，汽车维护周期是指汽车进行同级维护之间的间隔期。国家标准《汽车维护、检测、诊断技术规范》（GB/T 18344—2016）将汽车维护分为日常维护、一级维护和二级维护。

日常维护周期为出车前、行车中和收车后，以清洁、补给和安全性能检视为中心内容。

一级维护、二级维护周期的确定以行驶里程间隔或行驶时间间隔为依据。一级维护是指除日常维护外，以润滑、紧固为作业中心内容，并检查有关制动、操纵等系统中的安全部件。二级维护是指除一级维护作业外，还包括检查、调整制动系统、转向操纵系统、悬架等安全部件，并拆检轮胎，进行轮胎换位，检查与调整发动机工作状况和汽车排放相关系统等。

2. 汽车保养的主要工作内容

汽车保养的主要工作是清洁、检查、紧固、调整、润滑、补给等内容。

(1) 清洁　包括空调滤清器滤芯、空气滤清器滤芯的清洁，汽车外表的养护，以及对有关总成、零部件的内、外部清洁。

(2) 检查　检查汽车各总成和机件外表的工作情况，以及连接螺栓的松紧度等。

(3) 紧固　紧固工作是为了使各机件连接可靠，防止机件松动。重点应放在负荷重且经常变化的各机件的连接部位上，以及对各连接螺栓进行紧固和配换。

(4) 调整　按技术要求，恢复总成机件的正常配合间隙及工作性能。

(5) 润滑　包括对发动机润滑系统部件更换或添加润滑油；对传动系统及行驶系统各润滑点加注润滑油或润滑脂。

(6) 补给　对汽车的燃油、润滑油及特殊工作液体进行加注补充，对蓄电池进行补充充电，对轮胎进行补充充气等。

二、汽车保养的流程

说到这个问题，我们先来看看4S店的保养流程。

客户到达维修站后，业务接待人员通过与客户沟通，弄清楚客户的维护要求，针对车辆进行内、外部检查并确认维护项目。利用维修管理系统软件，掌握客户车辆档案，根据车辆状况及车间负荷对本次维护进行估价及估计交车时间，并且制作估价单、派工单，取得客户同意后进行车间派工。

车辆维护过程中业务接待人员监控工作进程以确保在承诺交车的时间内交车。维护过程中若发现追加维修项目应及时通知客户，取得客户同意后，再次派工。维修项目完成以后，业务接待人员再次检查车辆问题是否得到全面解决，检查车辆清洁情况，做好交车前准备，然后通知客户提车。

1. 车辆维护业务接待基本流程

① 预约：倾听客户描述，详细记录。

② 预约准备：全面准备，通知有关人员（配件、车间等）。

③ 维修接待：检查车辆，详细记录，制作任务委托书、估价。

④ 维修　正确进行所承诺的维修工作。

⑤ 质量检验　检查维修工作质量。

⑥ 交车　解释维修工作和开具发票，陪同客户结账，送走客户。

⑦ 跟踪服务　听取客户意见，进行满意度调查。

还可以进一步细分为以下具体步骤。

① 预约：倾听客户描述，详细记录。

② 预约准备：全面准备，通知有关人员（配件、车间等）。

③ 维修接待：接待客户，预检，制作任务委托书、估价。

④ 派工。

⑤ 完成任务委托书。

⑥ 检查质量。

⑦ 业务接待接车，确认故障是否清除。

⑧ 打印发票。

⑨ 结算。

⑩ 满意度调查。

2. 维修接待工作项目

（1）环车检查　环车检查时，向客户确认有无贵重物品或遗留物。如有，应当场交还客户。环车检查的位置如图 1-1 所示。

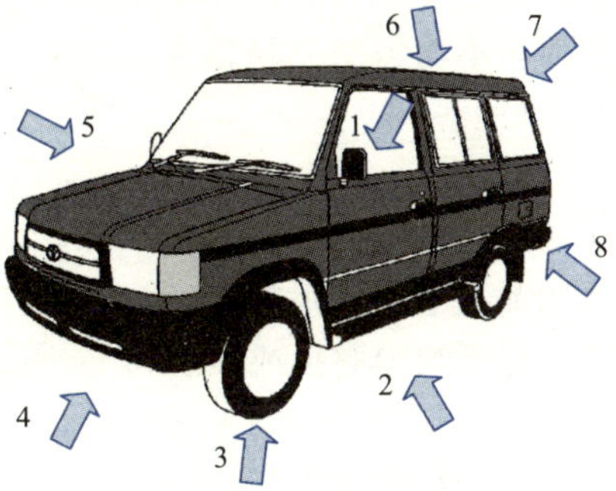

图 1-1　环车检查位置

① 位置 1

a. 垫着抹布拉开车门。

b. 请顾客提供保修手册。

c. 在得到顾客允许后打开手套箱。

② 位置 2

a. 将座椅套、脚垫、方向盘套等物品放置在车内。

b. 找到保修手册，核实发动机号、底盘号和以前的维修记录。

c. 核实里程数，记录燃油量。

d. 检查仪表板和电气元件的工作状况（如果时间允许的话）。

e. 检查前排座椅、仪表台上等处是否有顾客遗留的贵重物品。

f. 在从车里出来之前，释放发动机盖拉锁和所有门锁。

③ 位置 3

a. 垫着抹布关上驾驶员侧车门。

b. 走到位置 3。

c. 记录左前车门、翼子板、发动机盖、后视镜等处的划痕、凹痕或漆伤（如果有）。

d. 检查前挡风玻璃上的划痕。

e. 检查左侧雨刷片是否硬化或有裂纹。

f. 检查左前轮胎是否有不均匀磨损、裂纹等问题。

④ 位置 4

a. 检查发动机舱里的部件（检查风扇皮带的张紧度，所有油液的存量和质量，是否有机油或水泄漏，蓄电池液高度等）。

b. 如果是第一次光临的顾客，再次检查发动机号、底盘号、车型编号。

c. 如果有必要进行故障诊断或路试，请技术员或车间主任来完成。

⑤ 位置 5

a. 检查右侧翼子板、右前门、右侧后视镜等处的车身和油漆损伤。

b. 检查右侧雨刷片是否硬化或有裂纹。

c. 检查右前轮胎是否有不均匀磨损和裂纹。

d. 确认轮饰盖是否完好。

⑥ 位置 6

a. 检查右侧车身和油漆是否损伤。

b. 检查是否有贵重物品遗忘在车后座上。

c. 检查右后轮胎是否有不均匀磨损或裂纹。

⑦ 位置 7

a. 检查后背门是否有车身和油漆损伤。

b. 掀起后背门，检查后备厢内是否有遗留的贵重物品。

c. 检查后挡风玻璃的雨刷片是否有硬化或裂纹。

d. 确认所有随车工具是否齐全，确认千斤顶是否妥善固定在原位（如果时间允许的话）。

⑧ 位置 8

a. 检查左侧车身和油漆是否损伤。

b. 检查是否有贵重物品遗忘在车后座上。

c. 检查左后轮胎是否有不均匀磨损或裂纹。

环车检查时应注意杂物箱是客户的私密空间，在打开之前一定要先征求客户的同意。检查过程中如果发现有损伤部位须向客户指出，并建议修复损伤部位，估算费用。

（2）倾听与问诊　汽车故障诊断都是由倾听与问诊开始的，这也是诊断的第一步。仔细倾听与问诊客户对车辆故障的描述，并在工作单上做好记录。

当客户叙述故障症状时，往往会从以下角度进行。

① 听到什么噪声　噪声一般是由机械故障引起的。

② 闻到什么气味　常见的是由于高温灼烧所致。

③ 看到了什么　也就是视觉的感受。

④ 驾驶的感受　比如，客户觉得车开起来好像与以前不一样了，以前动力比较强劲，现在动力好像变弱了。

⑤ 发动机性能　比如，车辆行驶起来提速快不快、怠速稳不稳定、功率够不够等，都是发动机性能的问题。

客户一般会从这 5 个角度来对故障做出描述，接待问诊时就可以利用上述 5 种故障症状向客户提问，帮助客户把故障症状描述清楚。在询问时，可以使用一些描述性的问题。与前面的问题不一样，描述性问题的目的是要让客户多说话。通常，当客户告诉你一些情况，你需要对此加以确认时，可以使用一些封闭式问题。

（3）认真检验　听完了客户对故障的描述之后，还不能对这些现象轻易下诊断结论。因为绝大多数客户并不是专业人士，对于汽车本身的认识处于很粗浅的阶段，有时很难说清楚是哪个系统出了故障，或者该故障对于某种车型来说并不一定是故障。这就需要接待人员从专业的角度对车辆进行检验，检验故障是否像客户所说的那样，是否有新发现。所以不应该为了图省事就不进行检验。如果全部照搬车主的叙述直接制定工作单而不进行核实，就有可能使下一步的维修工作陷入误区。因此检验往往是诊断出故障的关键。

（4）准确判断　有了问诊和检验作为基础，接下来就是要根据前两步来对故障进行诊断并开维修委托单。大部分车主并非汽车专业人士，而作为专业的汽车维修接待人员要将车主的口头描述转化为专业文字并制定好维修委托单，以便车间的维修人员进行专业化的维修作业。

（5）维修项目估价　一般车辆接待、预检完后，客户在签订维修任务委托书时都要求了解维修的价格，此时需要对车辆维修项目进行估价。汽车维修与保养的收费内容主要包括工时费用、材料费用和其他费用 3 项。

（6）对全车进行检查　服务顾问在通知客户取车前，要进行最后一道检查，即应该做的工作是不是已经做完，更换下来的零件放在何处，所有应该更换的零件都更换了没有，车里面是不是已经打扫干净，车身是不是已经洗干净，这些都是服务顾问最后要做的检查工作。

（7）在维修单上签名　最后服务顾问要在维修单上签名，然后标上质量检查完毕的标志。

以上这些工作用户自己也能做到，而我们根据自己的体验进行保养更有针对性。

第二节 基本常识

一、发动机排量

活塞从上止点移动到下止点所通过的空间容积称为气缸排量；如果发动机有若干个气缸，所有气缸工作容积之和称为发动机排量。一般用毫升（mL）或升（L）来表示。发动机基本术语如图 1-2 所示。

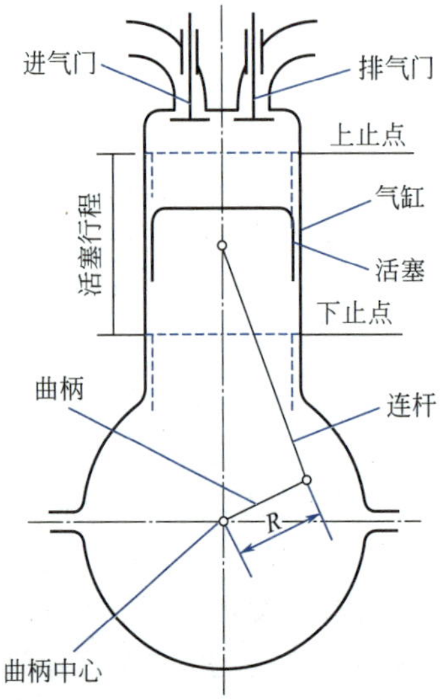

图 1-2 发动机基本术语

排量是较为重要的参数，它能全面衡量发动机气缸容积的大小。发动机的性能指标和排量密切相关，一般来说，发动机排量越大，功率也就越高。

1.8L 的意思是指这款发动机有 1.8L 的排量。1.8T 的意思是指 1.8L 排量的发动机增设了进气涡轮增压装置。涡轮增压装置能改变发动机的进气量，使燃气在气缸内更充分地燃烧，从而增大发动机的输出功率。它与同排量发动机相比有输出功率大、耗油少、环保性高等优点。

二、汽车尾气排放

1. 有害气体

汽车尾气排放是指从废气中排出的 CO（一氧化碳）、HC＋NO_x（碳氢化合物和氮氧化物）、PM（微粒、炭烟）等有害气体。它们都是发动机在燃烧做功过程中产生的有害气体。

2. 生成原因

CO 是燃油氧化不完全的中间产物，当氧气不充足时会产生 CO，混合气浓度大及混合气不均匀都会使排气中的 CO 增加。

HC 是燃料中未燃烧的物质，由于混合气不均匀、燃烧室壁冷等原因造成部分燃油未来得及燃烧就被排放出去。

NO_x 是在高温富氧的情况下生成的。

PM 也是燃油燃烧时缺氧产生的一种物质，其中以柴油机最为明显。因为柴油机采用压燃方式，柴油在高温高压下裂解更容易产生大量肉眼看得见的炭烟。

3. 汽车尾气排放标准

随着汽车尾气污染的日益严重，汽车尾气排放立法势在必行，世界各国早在20世纪60～70年代就对汽车尾气排放建立了相应的法规制度，通过严格的法规推动了汽车尾气排放控制技术的进步，而随着汽车尾气排放控制技术的不断提高，会有更高的排放标准。

汽车尾气排放的国标与欧标不一样。国标是根据我国具体情况制定的国家标准。欧标是欧共体国家成员通行的标准。欧标略高于国标。

三、车辆识别代码 VIN

车辆识别代码（vehicle identification number）又称VIN，是为识别车辆而指定的一组字码，这个代码是由制造厂按照一定的规则，依据本厂的实际情况而指定的。车辆识别代码的基本目的是识别每一辆车，它具有对车辆的唯一识别性，因此又有人将其称为“汽车身份证”。

1. 车辆识别代码的标注位置

VIN的标注位置一般在仪表板左侧、前横梁、后备厢内、悬挂支架上、纵梁上、翼子板内侧或直接标注在车辆铭牌上，如图1-3所示。

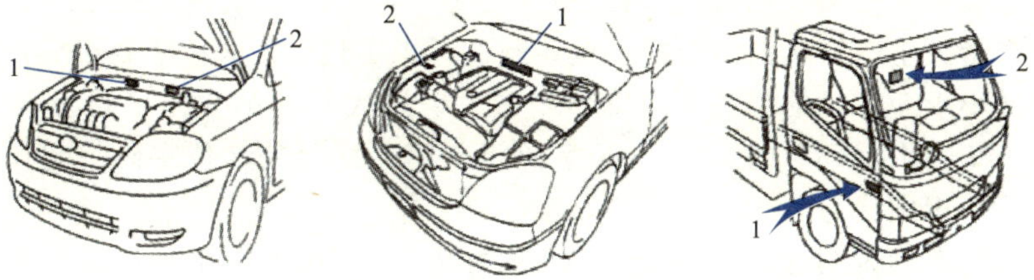

图1-3　车辆识别代码和车辆铭牌的标注位置

1—车辆识别代码（VIN）；2—车辆铭牌

2. 车辆识别代码的构成

车辆识别代码经过排列组合，可以使车型生产在30年之内不会发生重号现象，这很像我们的身份证不会产生重号一样，它具有对车辆的唯一识别性，相关管理部门利用这个特性，将其应用于各个方面的统计和计算机检索，对车辆进行科学的管理。

车辆识别代码是正确识别汽车必不可少的信息参数，它由17位数字和字母组合而成，故又被称为“汽车17位编码”。通过VIN，人们可以识别汽车的产地、制造厂商、种类型式、品牌、系列、装载重量、轴距、驱动方式、生产日期、出厂日期，车身及驾驶室的种类、结构、型式，发动机种类、型号及排量，变速器种类、型号，以及汽车生产出厂顺序号码等。

VIN的标注具有统一的规范，其内容包括世界制造厂识别代号

（WMI）、车辆说明部分（VDS）和车辆指示部分（VIS）三部分，如图 1-4 所示。

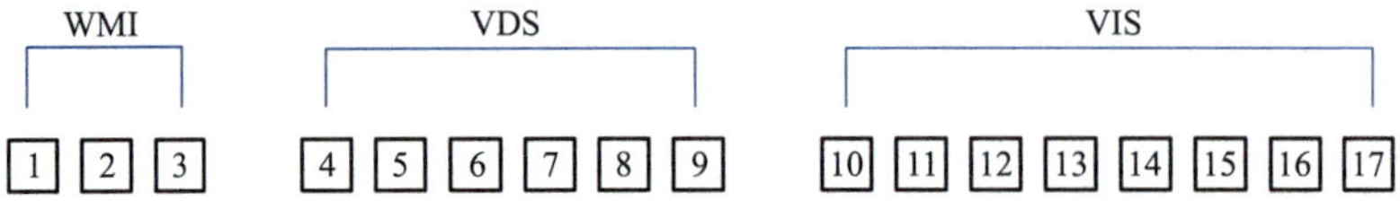

图 1-4　车辆识别代码的构成

（1）世界制造厂识别代号（WMI）　WMI 由第 1～3 位 3 个字码组成，是为识别世界上每一个制造厂而指定给该制造厂的一个代号。其中第 1 位和第 2 位字码组成的双字码块，由国际标准化组织（ISO）的国际代理机构——美国汽车工程学会（SAE）预先分配给世界各个地区和国家，如日本为 JA～JZ 及 J0～J9；美国为 1A～1Z 及 10～19，4A～4Z 及 40～49，5A～5Z 及 50～59；中国为 LA～LZ 及 L0～L9。而第 2 位、第 3 位组成的双字码块，则由 SAE 授权的国家机构指定给制造厂家。

第 1 位字码是标明一个地理区域的字母或数字；第 2 位字码是标明一个特定地区内的一个国家的字母或数字；第 3 位字码是标明某个特定的制造厂的字母或数字。第 1～3 位字码的组合能保证制造厂识别标志的唯一性。对于年产量大于 500 辆的制造厂，世界制造厂识别代号由 3 位字码组成；对于年产量小于 500 辆的制造厂，世界制造厂识别代号的第 3 位字码为数字 9。此时，车辆指示部分的第 3～5 位字码将与第一部分的 3 位字码一起作为世界制造厂识别代号。

（2）车辆说明部分（VDS）　VDS 由第 4～9 位 6 个字码组成，用以说明和反映车辆的一般特征，如品牌、种类、系列、车身类型、底盘类型、发动机类型、约束系统、制动系统和额定总重量等。前 5 个字码是由各企业自行规定的，但是不允许空位或缺位，如果制造厂不用其中的一位或几位字码位置，则应在该位置填入制造厂选定的字母或数字占位。VIN 的第 9 位是校验位，在该位置应填入一个用来表示 VIN 书写准确性的“检验数字”，与身份证号码的校验位作用一样。校验位用 0～9 中任何一个数字或字母“X”表示。

（3）车辆指示部分（VIS）　VIS 由第 10～17 位 8 个字码组成，是制造厂为了区别每一辆车而制定的一组字码，最后 4 位字码应该是数字，VIS 表示车辆个性特征。其中第 10 位表示车型年份，用字母或数字表示，但不能为数字 0 及字母 Q、O、I、Z 和 U，年份代码按表 1-1 的规定使用，30 年循环 1 次。

每辆车都必须具有车辆识别代号，并标记在车辆上。车辆在销售时，随车文件中要对标注位置和方式加以说明（非完整车辆还应对车辆识别代码内容进行解释），以便使用者发现、了解和利用它。

表 1-1 年份代码

年份	代码	年份	代码	年份	代码	年份	代码
2001 年	1	2011 年	B	2021 年	M	2031 年	1
2002 年	2	2012 年	C	2022 年	N	2032 年	2
2003 年	3	2013 年	D	2023 年	P	2033 年	3
2004 年	4	2014 年	E	2024 年	R	2034 年	4
2005 年	5	2015 年	F	2025 年	S	2035 年	5
2006 年	6	2016 年	G	2026 年	T	2036 年	6
2007 年	7	2017 年	H	2027 年	V	2036 年	6
2008 年	8	2018 年	J	2028 年	W	2037 年	7
2009 年	9	2019 年	K	2029 年	X	2038 年	8
2010 年	A	2020 年	L	2030 年	Y	2040 年	A

3. 车辆识别代码应用举例

一辆威驰轿车的 VIN 为 LFMAABOA551000001，具体位数如表 1-2 所示，对其编码进行分析。

表 1-2 威驰轿车的 VIN

构成	WMI			VDS						VIS							
VIN	L	F	M	A	A	B	0	A	5	5	1	0	0	0	0	0	1
位数	1	2	3	4	5	6	7	8	9	10	11	12	13	14	15	16	17

① 第 1～3 位是世界制造厂识别代号，一汽丰田系列汽车产品的 WMI 代号为“LFM”。

② 第 4～9 位是车辆说明部分（VDS），一汽丰田系列汽车产品的车辆特征代码的组成如图 1-5 所示。

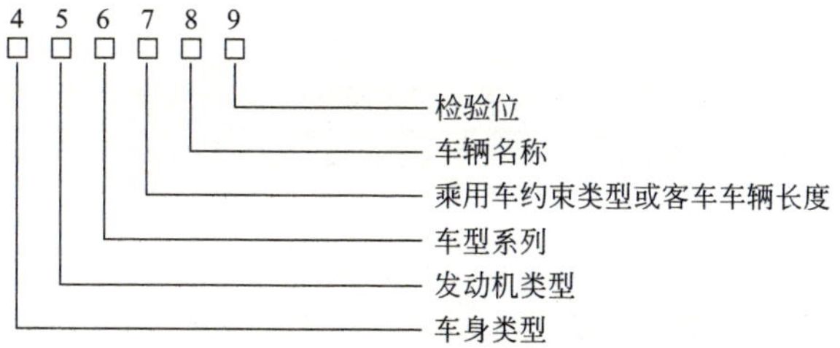

图 1-5 一汽丰田系列汽车产品的车辆特征代码的组成

第 4 位车身类型代码如表 1-3 所示。

表 1-3 一汽丰田乘用车车身类型代码

代码	车身类型	驱动型式
A	3 厢 4 门,承载式	前轮驱动
B	3 厢 4 门,承载式	后轮驱动
C	2 厢 5 门,承载式	前轮驱动
J	发动机罩型 5 门,承载式	全轮驱动
K	发动机罩型 5 门,承载式	前轮驱动

注：名词术语按 GB/T 4780。

第 5 位发动机类型代码如表 1-4 所示。

表 1-4 一汽丰田乘用车发动机类型代码

代码	型式	燃料	排量/L
A	5A	汽油	1.5
B	8A	汽油	1.3
C	1ZZ	汽油	1.8
D	3GR	汽油	3.0
E	5GR	汽油	2.5
F	1NZ	汽油	1.5
M	2SZ	汽油	1.3
N	3SZ	汽油	1.5
P	1ZR	汽油	1.6
R	2ZR	汽油	1.8
U	2NZ	汽油	1.3
V	1AZ	汽油	2.0
W	2AZ	汽油	2.4
a	1NZ 发动机与 3CM 型电动机共同组成混合动力		

第 6 位车型系列代码如表 1-5 所示。

表 1-5 一汽丰田乘用车车型系列代码

代码	车型系列	代码	车型系列
B	20 系列	4	40 系列
2	120 系列	8	180 系列
E	150 系列	9	90 系列
3	30 系列		

第 7 位约束类型代码如表 1-6 所示。

表 1-6　一汽丰田乘用车约束类型代码

代码	约束系统
0	驾驶席和副驾驶席配备安全带、安全气囊、侧面安全气囊和充气保护帘
1	驾驶席和副驾驶席配备安全带
2	驾驶席和副驾驶席配备安全带和安全气囊
3	驾驶席配备安全带和安全气囊;副驾驶席配备安全带
4	驾驶席和副驾驶席配备安全带、安全气囊、侧面安全气囊、膝部安全气囊和充气保护帘
5	驾驶席和副驾驶席配备安全带、安全气囊和膝部安全气囊
6	驾驶席和副驾驶席配备安全带、安全气囊和侧面安全气囊

第 8 位车辆名称代码如表 1-7 所示。

表 1-7　一汽丰田车辆名称代码

代码	名称	代码	名称
A	威驰 VIOS	D	REIZ
B	皇冠 CROWN	E	PRIUS
C	花冠 COROLLA	F	RAV4

第 9 位是校验码 5。

③ 第 10～17 位是车辆指示部分（VIS)。

第 10 位年份代码，如表 1-1 所示。

第 11 位装配厂代码，如表 1-8 所示。

表 1-8　一汽丰田装配厂代码

生产装配厂	代码
天津一汽丰田有限公司	0
四川一汽丰田有限公司	S
四川一汽丰田有限公司长春丰越公司	3

第 12～17 位是车辆制造顺序号。

解读 LFMAABOA551000001，其含义为中国第一汽车集团公司丰田系列乘用车，车身类型为 3 厢 4 门、承载式车身，驱动型式为前轮驱动；发动机类型为 5A 型、汽油机、排量 1.5L；车型系列代码为 20 系；采用的约束类型是驾驶席和副驾驶席配备安全带、安全气囊、侧面安全气囊和充气保护帘；车辆的名称为威驰（VIOS)；年份代码为 5，生产单位代码为 0，该车是 2005 年由天津一汽丰田汽车有限公司生产的；生产顺序号为 000001；该 VIN 的检验位字码为 5。

再如，桑塔纳轿车 VIN，见表 1-9。

表 1-9 桑塔纳轿车的 VIN

构成	WMI			VDS						VIS							
VIN	L	S	V	H	J	1	3	3	0	2	2	2	2	1	7	6	1
位数	1	2	3	4	5	6	7	8	9	10	11	12	13	14	15	16	17

第 1 位：地理区域代码（亚洲）。第 2 位：国家代码（中国）。第 3 位：制造厂代码（上海大众）。第 4 位：车身型式代码（4 门加长型折背式车身）。第 5 位：发动机/变速器代码。第 6 位：乘员保护系统代码（驾驶员安全气囊）。第 7～8 位：车辆等级代码（上海桑塔纳轿车）。第 9 位：校验位。第 10 位：年代代码（2002 年）。第 11 位：装配厂代码（上海大众汽车有限公司）。第 12～17 位：车辆制造顺序号（出厂编号 221761）。

四、车辆铭牌解读

车辆铭牌是标明车辆基本特征的标牌，也可称“厂商牌”，其内容根据车辆的目的国而变化，主要包含车辆品牌、整车型号、制造年月、车辆识别代码、发动机型号、发动机排量、发动机最大净功率、最大设计总重量和乘坐人数等。

车辆必须装置产品铭牌，其位置一般置于车辆前部易于观察的地方，客车铭牌置于车内前乘客门的上方，轿车的车辆铭牌一般在发动机舱或驾驶室内（多见于右侧 B 柱，打开右前车门就可以见到）。如图 1-6 所示为某别克轿车和某宝马轿车的车辆铭牌的主要标志内容。

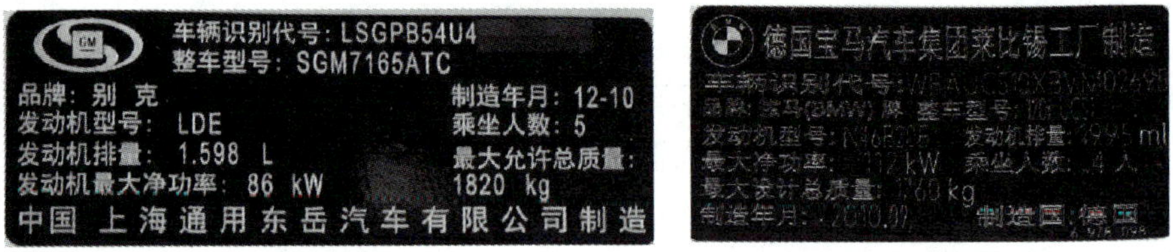

(a) 某别克轿车　　(b) 某别克轿车

图 1-6 某别克轿车和某宝马轿车的车辆铭牌的主要标志内容

第三节 指示（警告）灯指示的内容

汽车上有很多指示灯，我们要明白它们的含义，并明白这些指示灯什么情况下亮，什么情况下不亮。

一、指示（警告）灯的含义

以奥迪 A6L 轿车仪表板和显示屏为例说明如下。

1. 组合仪表（图 1-7 和表 1-10）

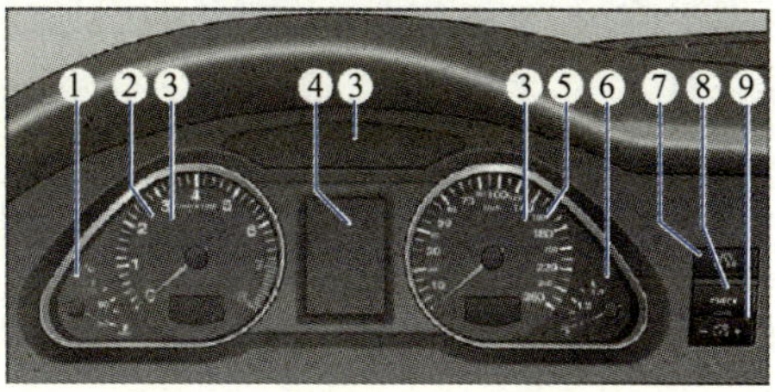

图 1-7　组合仪表

表 1-10　组合仪表说明

序号	名称	序号	名称
①	冷却液温度表	⑥	燃油表
②	带数字时钟和日期显示功能的转速表	⑦	单次行驶里程表复位按钮
③	指示灯	⑧	按钮
④	驾驶员信息系统	⑨	仪表照明
⑤	带里程表的车速表		

2. 指示灯（图 1-8 和表 1-11）

图 1-8　指示灯

表 1-11　指示灯说明

标志	名称	标志	名称
EPC	发动机功率电子控制系统		转向信号装置(右转向信号灯)
	预热装置		安全带警告灯
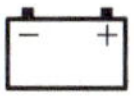	电瓶指示灯		远光灯
	ESP		定速巡航装置

第一章　汽车保养你能行
Chapter 02
Chapter 03
Chapter 04
Chapter 05
Chapter 06

续表

标志	名称	标志	名称
	安全气囊系统		制动防抱死系统(ABS)
	转向信号装置(左转向信号灯)		电动机械式驻车制动器
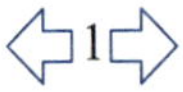	拖车转向信号装置		制动装置指示灯
	发动机故障指示灯(废气监控系统)		

3. 驾驶员信息系统（图 1-9 和表 1-12）

图 1-9　组合仪表中的显示屏

表 1-12　驾驶员信息系统

CD 显示和收音机显示	驾驶指南
车外温度显示	限速警告
车门和后备厢盖警告	车载电脑
保养周期指示器	自动变速箱选挡杆位置
汽车自检系统	

4. 车门和后备厢盖警告（图 1-10）

5. 红色符号（图 1-11 和表 1-13）

图 1-10　显示屏：车门和后备厢盖警告

图 1-11　显示屏：冷却液警告

表 1-13　红色符号

标志	含义
	制动系统/驻车制动器故障
	冷却液液位过低/冷却液温度过高
	发动机机油压力过低
	转向系统故障
	点火开关故障

6. 黄色符号（图 1-12 和表 1-14）

黄色符号表示警告。

图 1-12　黄色符号

表 1-14　黄色符号

标志	含义
	制动摩擦片磨损过度
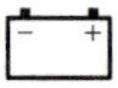	汽车蓄电池电量不足
	灯泡故障指示灯 灯泡损坏
	发动机机油油位过低
	燃油存量过低
	清洗液液位过低
	（高级钥匙）钥匙不在汽车中
	柴油发动机颗粒过滤器堵塞
	光线/雨量传感器损坏
	动态大灯照明距离调节损坏
	自适应灯损坏
	无线遥控钥匙中的电池电量不足
	电动机械式 驻车制动器故障
	点火开关故障
	车窗玻璃刮水器损坏
	拖车挂钩没有上锁

二、指示（警告）灯的检查

1. 组合仪表指示（警告）灯简介

组合仪表用来指示（警告）汽车运行以及发动机运转状况，以便驾驶员随时了解各系统的工作情况，保证汽车可靠而安全的行驶。在汽车组合仪表上安装了许多指示（警告）灯，当汽车或发动机的某一系统处于不良或特殊状态时，组合仪表指示（警告）灯会突然发亮，来提醒驾驶员注意，以便采取适当措施，保证行车安全。常用的组合仪表指示（警告）灯有发动机故障指示灯、机油压力警告灯、蓄电池指示灯等。

（1）发动机故障指示灯　如图 1-13 所示，该指示灯用来显示车辆发动机的工作状况，当用钥匙打开车门，车辆自检时，该指示灯点亮后自动熄灭，如常亮则说明车辆的发动机出现了故障，需要维修。

（2）机油压力警告灯　如图 1-14 所示，该指示灯用来显示发动机内机油的压力状况。当用钥匙打开车门，车辆开始自检时，指示灯点亮，启动后熄灭。该指示灯常亮，说明发动机机油压力低于规定标准，需要维修。

图 1-13　发动机故障指示灯

图 1-14　机油压力警告灯

（3）蓄电池指示灯　如图 1-15 所示，该指示灯用来显示蓄电池使用状态。当用钥匙打开车门，车辆开始自检时，该指示灯点亮，启动后自动熄灭。如果启动后蓄电池指示灯常亮，说明该蓄电池出现了使用问题，需要更换。

（4）ABS 指示灯　该指示灯用来显示 ABS 的工作状况，如图 1-16 所示。当用钥匙打开车门，车辆自检时，ABS 灯会点亮数秒，随后熄灭。如果未闪亮或者启动后仍不熄灭，表明 ABS 出现故障。

图 1-15　蓄电池指示灯

图 1-16　ABS 指示灯

（5）水温指示灯　如图 1-17 所示，该指示灯用来显示发动机内冷却液的温度。当用钥匙打开车门，车辆自检时，会点亮数秒，随后熄灭。水温指示灯常亮，说明冷却液温度超过规定值，需立刻暂停行驶。水温正常后熄灭。

（6）安全带指示灯　如图 1-18 所示，该指示灯用来显示安全带是否处于锁止状态，当该灯点亮时，说明安全带没有及时扣紧。有些车型会有相应的提示音。当安全带被及时扣紧后，该指示灯自动熄灭。

图 1-17　水温指示灯

图 1-18　安全带指示灯

（7）油量指示灯　如图 1-19 所示，该指示灯用来显示车辆内储油量的多少。当用钥匙打开车门，车辆进行自检时，该油量指示灯会短时间点亮，随后熄灭。如启动后该指示灯点亮，则说明车内油量已不足。

（8）车门指示灯　如图 1-20 所示，该指示灯用来显示车辆各车门的状况，任意车门未关上，或者未关好，相应的车门指示灯会点亮，提示车主车门未关好，当车门关闭或关好时，相应车门指示灯熄灭。

图 1-19　油量指示灯

图 1-20　车门指示灯

（9）安全气囊指示灯　如图 1-21 所示，该指示灯用来显示安全气囊的工作状态，当用钥匙打开车门，车辆开始自检时，该指示灯自动点亮，数秒后熄灭，如果常亮，则表明安全气囊出现故障。

（10）手刹指示灯　如图 1-22 所示，该指示灯用来显示车辆手刹的状态，平时为熄灭状态。当手刹被拉起后，该指示灯自动点亮。手刹被放下时，该指示灯自动熄灭。有的车型在行驶中未放下手刹会伴随有警告音。

图 1-21　安全气囊指示灯

图 1-22　手刹指示灯

（11）电控行车稳定系统 ESP 灯（图 1-23）

① ESP 或驱动防滑控制介入调节时，ESP 灯则会在行驶中闪烁。

② ESP 灯在点火开关接通时亮起，在短时间自检后熄灭。

③ 在 ESP 装置有故障时 ESP 灯亮起。

④ 在 ABS 装置有故障时 ESP 灯亮起，因为 ESP 和 ABS 协同工作。

⑤ 在传感装置的学习过程中，ESP 灯在以下情况下亮起：蓄电池被断开后再接上；汽车通过辅助启动功能启动；蓄电池电量不足。

⑥ 在传感装置的学习过程后，ESP 灯将在行驶较短距离后熄灭。

图 1-23　ESP 灯亮起

提示：如果 ESP 灯和 ASR 灯以及 ABS 灯一起亮起，则说明 ABS 和电子差速锁存在故障；汽车仍能以正常制动性能制动，但是无 ABS 功能。

（12）电控行车稳定系统 ESP 关闭（图 1-24）

图 1-24　ESP 灯熄灭

① 当电控行车稳定系统 ESP 通过手动关闭时 ESP 灯亮起。

② 发动机停止时 ESP 灯才熄灭。

（13）电控机械式驻车制动器灯（图 1-25）

① 如果制动力不足以防止汽车自行移动，那么电控机械式驻车制动器接合后该灯闪烁。

② 电控机械式驻车制动器接合且点火开关打开时该灯亮起。

③ 电控机械式驻车制动器接合且点火开关打开时该灯亮起 20s，如果该灯闪烁且驾驶员安全带提示灯熄灭，则说明制动力不足以使汽车停住。

图 1-25　电控机械式驻车制动器灯

（14）制动系统灯（图 1-26）

① 制动液液位过低时该灯亮起。

② ABS 装置有故障时该灯亮起。

③ 电控机械式驻车制动器装置有故障时该灯亮起。

④ 制动摩擦片达到磨损极限时该灯亮起。

⑤ ABS 装置失灵时该灯与 ABS 灯一起亮起。

⑥ 制动装置有故障时该灯闪烁。

图 1-26　制动系统灯

（15）ABS灯（图1-27）

① 该灯监控ABS和电子差速锁（EDS）。

a.在点火开关接通时，亮起数秒，然后在对ABS装置进行自检后，如果ABS装置没有故障便熄灭。

b.当指示灯处于以下状态下时，说明ABS装置存在故障：在点火开关接通时不亮起；在数秒后不重新熄灭；在行车期间亮起。

c.提示：ABS的故障不会影响制动系统，但是必须考虑到制动特性已经改变。

② 电子差速锁（EDS）和ABS一起工作，EDS失灵时通过ABS指示灯亮起表示。提示：如果ABS灯以及ESP和ASR灯与制动装置指示灯一起亮起且出现提示，则说明ABS、ESP和制动力分配功能失灵。

图1-27　ABS灯

2. 组合仪表指示（警告）灯检查（图1-28）

将点火开关转到"ON"位置，检查所有的指示（警告）灯都应该点亮，包括蓄电池指示灯、发动机故障指示灯、油压警告灯等。发动机启动后，所有的指示（警告）灯都应熄灭。

- 组合仪表和计量表
  - 仪表(计量表)显示器
  - 灯显示器
    - 警告灯
    - 指示灯

图1-28　组合仪表指示（警告）灯检查

第四节　保养工具的使用方法

一、常用拆装工具及使用方法

1. 扳手

常见的扳手有活扳手、呆扳手（开口扳手）、梅花扳手、套筒扳手、扭力扳手等。

（1）活扳手　活扳手也称活动扳手，其使用方法是，根据螺栓或螺母的尺寸先调好活扳手的开口大小；将扳手固定部分置于受力大的一侧，垂直或水平插入螺栓头部。使用时注意以下几点。

① 使用时应使拉力作用在开口较厚的一边（图 1-29）。

② 使用时，不准在活扳手的手柄上随意加套管或锤击，以免损坏扳手或螺栓。

③ 禁止将活扳手当锤子使用。

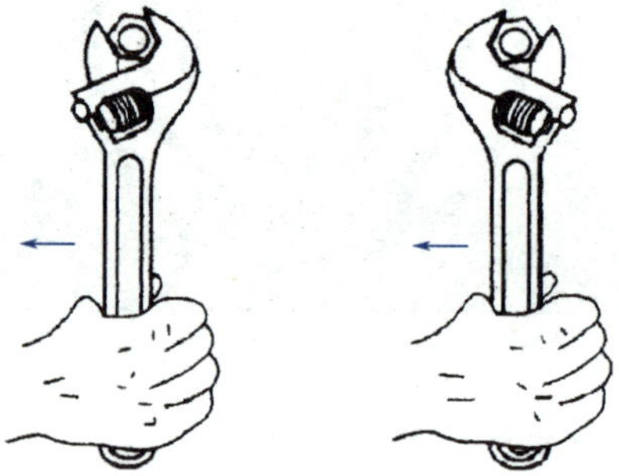

(a)　(b)

图 1-29　活扳手的使用

（2）呆扳手（开口扳手）　其使用方法是，根据螺栓或螺母的尺寸，选择相应尺寸的呆扳手；将扳手的开口垂直或水平插入螺栓头部；将扳手较厚的一边置于受力大的一侧，扳动扳手。使用时注意以下几点。

① 不能用于扭紧力矩较大的螺栓或螺母。

② 为了防止扳手损坏或滑脱，应使拉力作用在开口较厚的一边（图 1-30）。

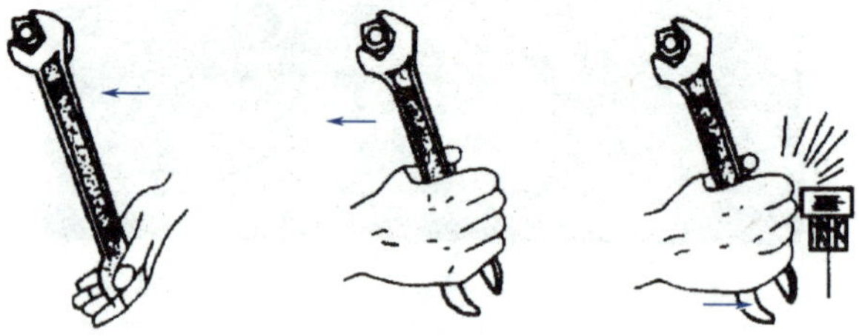

(a)　(b)　(c)

图 1-30　开口扳手的使用

③ 使用时，应将扳手手柄往身边拉，切不可向外推，以免将手碰伤。

④ 使用时，不准在开口扳手上随意加套管或锤击，以免损坏扳手或螺栓。

⑤ 不能将开口扳手当撬棒使用。

(3) 梅花扳手　与开口扳手相比，梅花扳手扳动 30°后，即可换位再套，适于狭窄场合下操作，而且具有强度高、不易滑脱等优点，应优先使用。其使用方法是，根据螺栓或螺母的尺寸，选择相应尺寸的梅花扳手；将扳手垂直套入螺栓头部；轻扳转时，手势与开口扳手相同；用力扳转时，四指和拇指应上下握紧扳手手柄，往身边扳转。使用时注意以下几点。

① 使用时，不准在梅花扳手上随意加套管或锤击。

② 禁止使用内孔磨损过甚的梅花扳手。

③ 不能将开口扳手当撬棒使用。

(4) 套筒扳手　套筒扳手的内孔形状与梅花扳手相同（正六边形）。配有滑头手柄、棘轮手柄、快速摇柄、接头和接杆等，以方便操作和提高效率。套筒扳手除了具有一般扳手的用途外，特别适用于拆装位置狭小或隐蔽较深处的六角螺母或螺栓，比梅花扳手更方便快捷，应优先使用。其使用方法是，根据螺栓或螺母的尺寸选好套筒；将套筒套在快速摇柄的方形端头上（视需要可与接杆或短接杆配合使用）；再将套筒套在螺栓或螺母上，转动快速摇柄进行拆装。使用时注意以下几点。

① 不准拆装过紧的螺栓或螺母。

② 拆装时，握摇柄的手切勿摇晃，以免套筒滑出或损坏螺栓、螺母的六角。

③ 禁止用锤子将套筒击入变形的螺栓或螺母的六角进行拆装，以免损坏套筒。

④ 禁止使用内孔磨损过甚的套筒。

(5) 扭力扳手（图 1-31）　扭力扳手与套筒扳手中的套筒头配合使用，可以直接读取力矩的大小，适用于有明确力矩规定的重要部位的螺栓和螺母（如发动机连杆螺母、气缸盖螺栓、曲轴主轴承螺栓等）的紧固。在扭紧时指针可以表示出扭矩数值。其使用方法是，将套筒插入扭力扳手的方芯上；用左手把住套筒，右手握紧扭力扳手手柄往身边扳转，预调式扭力扳手使用前应先将力矩调校至规定值。使用时注意以下几点。

① 禁止往外推扭力扳手手柄，以免滑脱而损伤身体。

② 对要求扭紧力矩较大、工件较大、螺栓数较多的螺栓或螺母，应按一定顺序分次拧紧。

③ 拧紧螺栓、螺母时，不能用力过猛，以免损坏螺纹。

④ 禁止使用无刻度盘或刻度线不清的扭力扳手。

⑤ 拆装时，禁止在扭力扳手的手柄上再加套管或用锤子锤击。

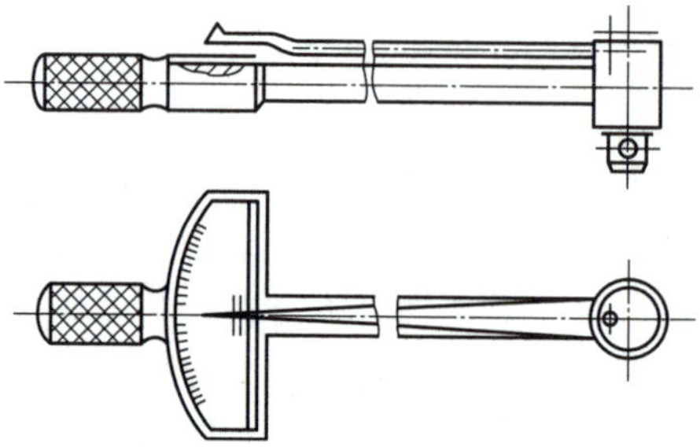

图 1-31　扭力扳手

2. 螺钉旋具

螺钉旋具主要有一字螺钉旋具和十字螺钉旋具两种，其使用方法如下。

使用时，右手握住螺钉旋具，手心抵住柄端，螺钉旋具与螺钉同轴心，压紧后用手腕扭转。松动后用手心轻压螺钉旋具，用拇指、中指、食指快速扭转。使用长杆螺钉旋具，可用左手协助压紧和拧动手柄。使用时注意以下几点。

① 刀口应与螺钉槽口大小、宽窄、长短相适应，刀口不得有残缺，以免损坏槽口和刀口。

② 不准用锤子敲击螺钉旋具柄当錾子使用。

③ 不准将螺钉旋具当撬棒使用。

④ 不可在螺钉旋具口端用扳手或钳子增加扭力，以免损伤螺钉旋具杆。

3. 钳子

汽车拆装中常用的钳子有钢丝钳、尖嘴钳和鲤鱼钳等（图 1-32），一般用于切断金属丝、夹持或弯曲小零件。使用方法是，根据需要选用钢丝钳、鲤鱼钳或尖嘴钳，擦净油污；用手握住钳柄后端，使钳口闭合，夹紧工件。使用时注意以下几点。

① 禁止用钳子当扳手、撬棒或锤子使用。

② 不准用锤子击打钳子。

图 1-32　开口扳手

③ 禁止用钳子夹持高温机件。

④ 不要用手钳代替扳手松紧 M5 以上的螺纹连接件，以免损坏螺栓或螺母。

4. 锤子

锤子按锤头形状分有圆头、扁头及尖头三种。按材料分有铁锤、木锤和橡胶锤等。锤子主要用于敲击工件，使工件变形、位移、振动，并可用于工件的校正和整形。一端平面略有弧形的是基本工作面；另一端是球面，用来敲击凹凸形状的工件。使用方法：敲击时，右手握住锤柄后端约 10mm 处，握力适度，眼睛注视工件；挥锤方式（图 1-33）有手腕挥、小臂挥、大臂挥三种。使用时注意以下几点。

① 手柄应安装牢固，用楔塞牢，防止锤头飞出伤人。

② 锤头应平整地击打在工件上，不得歪斜，防止破坏工件表面形状。

③ 拆卸零部件时，禁止直接锤打重要表面或易损部位，以防出现表面破坏或损伤。

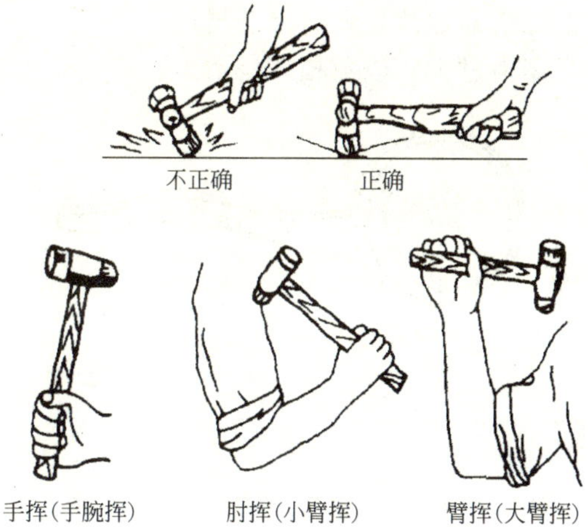

图 1-33 锤子的正确使用方法

二、常用拆装专用工具及使用方法

1. 火花塞套筒扳手

火花塞套筒扳手（图 1-34）是一种薄壁长套筒扳手。使用方法：根据火花塞的装配位置和火花塞六角的尺寸选用不同高度和径向尺寸的火花塞套筒；对准火花塞孔，并与火花塞六角套接可靠，用力转动套筒，使火花塞旋入或旋出。使用时应注意以下几点。

① 拆装火花塞时，火花塞套筒不得歪斜，以免套筒滑脱。

② 扳转火花塞套筒时，不准随意加长手柄，以免损坏套筒。

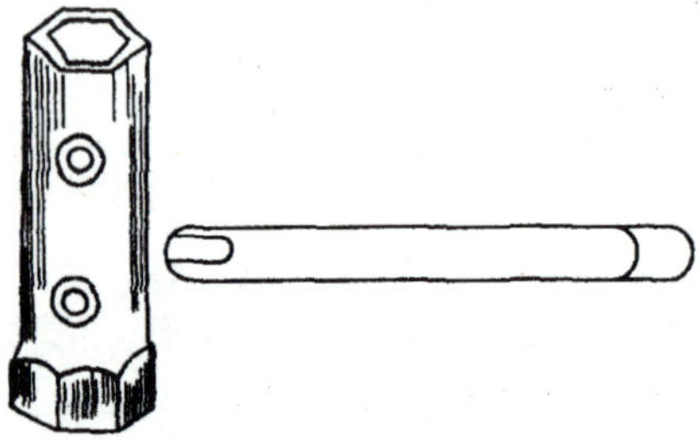

图 1-34　火花塞套筒扳手

2. 滤清器扳手

滤清器扳手（图 1-35）是拆装滤清器的专用工具，有直径可调式和固定式两种。使用方法：选择尺寸合适的滤清器扳手（可调式滤清器扳手使用前应根据滤清器的直径调节好尺寸）；将扳手套入滤清器，转动滤清器，将滤清器旋紧或旋松。使用时注意以下几点。

① 使用时尽量将扳手套在滤清器根部靠座位置，以免损坏滤清器。

② 安装前应在滤清器螺纹口处涂上润滑油。

③ 安装时不可用力过大，以免损坏滤清器。

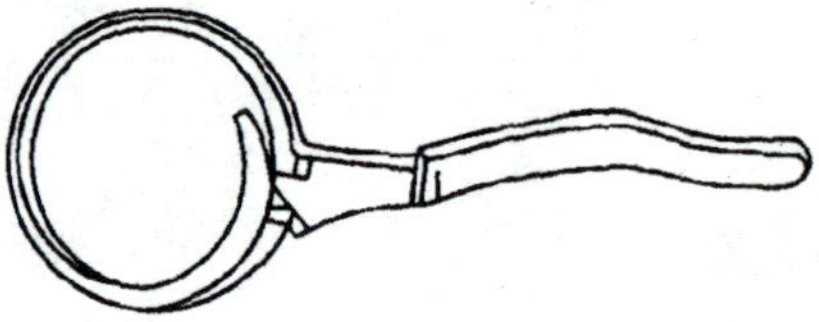

图 1-35　滤清器扳手

三、二极管试灯

二极管试灯如图 1-36 所示，使用方法如下。

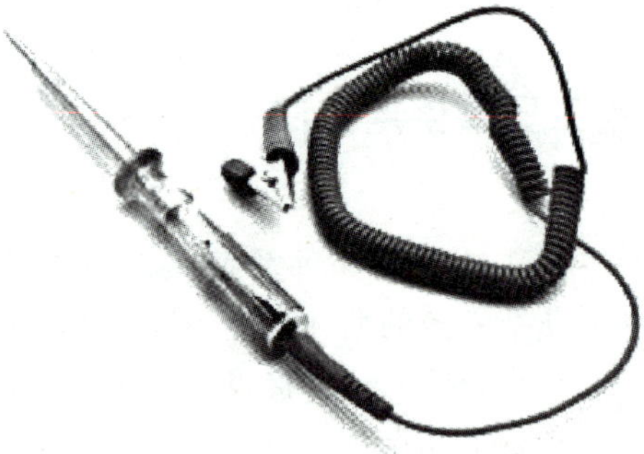

图 1-36　二极管试灯

① 将测量导线一端的香蕉插头插入测电笔顶部的金属帽中并确保接触良好。

② 将测量导线另一端的鳄鱼夹夹住接地处（如汽车金属壳）。

③ 测电笔的针状头扎到要测的导线绝缘层内部。

④ 如测电笔笔杆中的发光管会亮，说明被测点已构成回路，工作正常；反之，则存在故障。

第五节　保养时的安全如何保证

一、个人安全

1. 眼睛的防护

在汽车维修中，眼睛经常会受到各种伤害，如飞来的物体、腐蚀性的化学飞溅、有毒的气体或烟雾等，这些伤害几乎都是可以防护的。

常见的保护眼睛的装备是护目镜（图 1-37）和安全面具（图 1-38）。护目镜可以防护各种物质对眼睛的伤害，如飞来的物体或飞溅的液体。在进行金属切削加工、用錾子或冲子铲剔、使用压缩空气、使用清洗剂等情况下，应考虑佩戴护目镜。安全面具不仅能够保护眼睛，还能保护整个面部。如果进行电弧焊或气焊，要使用带有色镜片的护目镜或深色镜片的特殊面罩，以防止有害光线或过强的光线伤害眼睛。

图 1-37　护目镜

图 1-38　安全面具

2. 听觉的保护

常见的听觉保护装备有耳罩和耳塞，噪声极高时可同时佩戴。

使用各种设备如冲击扳手、空气压缩机、砂轮机等会产生很大的噪声。短时的高噪声会造成暂时性听力丧失，但持续的较低噪声则更有害。

3. 手的保护

手是汽车维修人员经常受伤的部位之一，保护手要从两方面着手：一是不要把手伸到危险区域，如发动机前部转动的传动带区域、发动机排气管道附近等；二是必要时戴上防护手套，不同的场合需要不同的防护手套，进行金属加工时戴劳保安全手套，接触化学品时戴橡胶手套。

4. 衣服、头发及饰物

宽松的衣服、长袖子、领带都容易卷进旋转的机器中，所以在修理厂中，首先一定要穿合体的工作服，最好是连体工作服，外套、工装裤也可以。如果戴领带要将其塞到衬衫里。

工作时不要戴手表或其他饰物，特别是金属饰物，否则在进行电气维修时可能导入电流而烧伤皮肤，或导致电路短路而损坏电子元件或设备。

在工厂内要穿劳保鞋，可以保护脚面不被落下的重物砸伤，且劳保鞋的鞋底是防油、防滑的。

长发很容易被卷入运转的机器中，所以长发一定要扎起来，并戴上帽子。

常见的个人安全防护设备如图 1-39 所示。

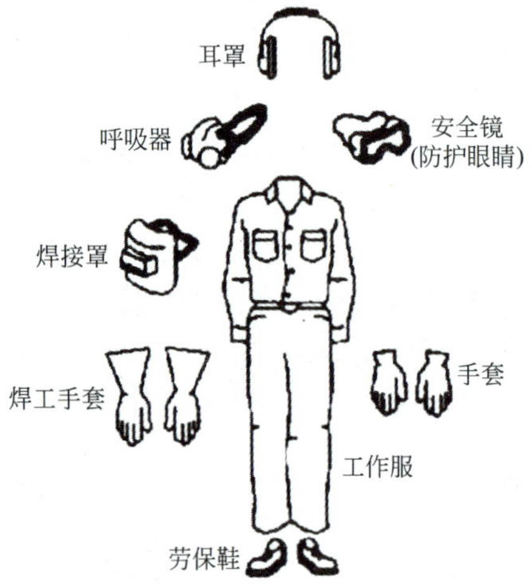

图 1-39 常见的个人安全防护设备

另外，在搬举重物时应采用如图 1-40 所示的方式进行，以避免损伤身体。这些安全知识，不仅在车辆保养时很有用，在我们从事类似的工作时也

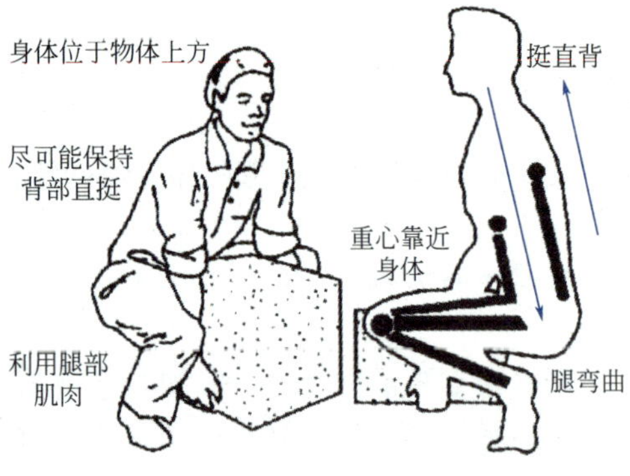

图 1-40 搬动重物的正确姿势

很有用。

二、工具和设备安全

1. 手动工具的安全

手动工具看起来是安全的，但使用不当也会导致事故，如用一字旋具代替撬棍，导致旋具崩裂、损坏，飞溅物打伤自己或他人，扳手从油腻的手中滑落，掉到旋转的元件上，再飞出来伤人等。

另外，使用带锐边的工具时，锐边不要对着自己和工作的同事。传递工具时要将手柄朝向对方。

2. 动力工具的安全

所有的电气设备都要使用三相插座，地线要安全接地，电缆线装配松动应及时维护；所有旋转的设备都应有安全罩，以减少发生部件飞出伤人的可能性。

在进行电子系统维修时，应断开电路的电源，方法是断开蓄电池的负极搭铁线，这不仅可保护人身安全，还能防止对电器的损坏。

许多维修工序需要将车升离地面，在升起车辆前应确保汽车已被正确支承，并应使用安全锁，以免汽车落下。用千斤顶支起汽车时应当确保千斤顶支承在汽车底盘大梁部分或较结实的部分。

工具和设备都要定期检查及保养。

3. 压缩空气的安全

使用压缩空气时，应非常小心，不要将压缩空气对着自己、别人、地面、设备、车辆乱吹。压缩空气会撕裂鼓膜，造成人耳失聪，损伤肺部或伤及皮肤，被压缩空气吹起的尘土或金属颗粒会造成皮肤、眼睛损伤。

三、日常安全守则

① 工具不使用时应保持干净并放到正确的位置。

② 各种设备和工具要及时检查与保养。

③ 手上应避免油污，以免工具滑脱。

④ 启动发动机的车辆应保证驻车制动正常。

⑤ 在车间内启动发动机要保持通风良好。

⑥ 在车间内穿戴、着装要合适，并佩戴必要的装备，如手套、护目镜、耳塞等。

⑦ 不要将压缩空气对着人或设备吹。

⑧ 尖锐的工具不要放到衣兜里，以免扎伤自己或划伤车辆。

⑨ 常用通道上不要放工具、设备、车辆等。

⑩ 用正确的方法使用正确的工具。

⑪ 手、衣服、工具应远离旋转设备或部件。

⑫ 开车进出车间时要格外小心。

⑬ 在极度疲劳或消沉时不要工作，这种情况会降低注意力，有可能导致自身或他人受到伤害。

⑭ 如果不知道车间设备如何使用，应先向明白的人请教，以得到正确、安全的使用方法。

⑮ 用举升器或千斤顶升起车辆时，一定要按正确的规程操作。

⑯ 应知道车间灭火器、医疗急救包、洗眼处的位置。

四、车辆防护

实施车辆防护，铺设翼子板罩、前机盖罩，铺设车内防护四件套，包括地板垫、方向盘套、换挡杆套和座椅套，安放车辆挡块等，如图 1-41 所示。

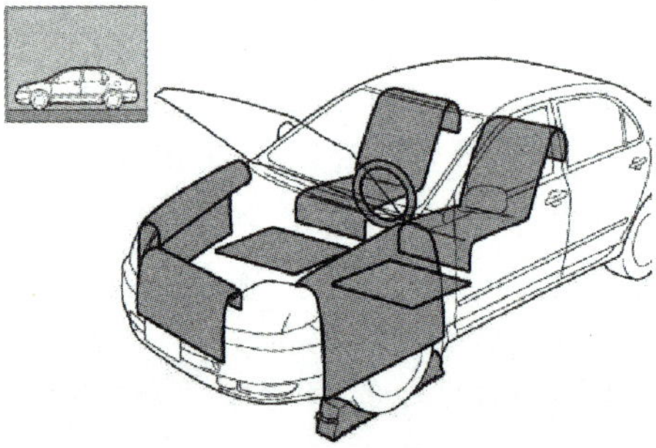

图 1-41 实施车辆防护

第二章　擦亮“火眼金睛”

02 Chapter

第一节　汽车运行材料知识

一、汽油

1. 牌号

按辛烷值的不同分为90号、93号、95号、97号和98号等，均为无铅汽油。

2. 使用注意

① 严格按照车辆使用说明书的要求选择。

② 高原地区大气压力低，空气稀薄，汽油机工作时爆燃的倾向减小，可以适当降低汽油的辛烷值。

③ 若是经常在大负荷、低转速下工作的汽油机，应选择较高辛烷值的汽油。

④ 使用时间长的汽油机，由于燃烧室积炭、水套积垢等原因，使爆燃的倾向增加，应选用高一级牌号的汽油。

二、柴油

1. 牌号

根据凝点不同分为10号、5号、0号、－10号、－20号、－35号、－50号7个牌号。

2. 使用注意

按照当地当月风险率10%的最低气温选择。其牌号比风险率10%的最低气温低4～6℃。如当地当月风险率10%的最低气温为－5℃以上的地区，应选择－10号轻柴油。

三、发动机润滑油

1. 润滑油的作用与润滑方式

润滑油有润滑、清洗、冷却、密封和防锈的作用，其对发动机有三种润滑方式。

（1）压力润滑　就是将具有一定压力的润滑油源源不断地送到零件的摩擦面间，形成具有一定厚度并能承受一定机械负荷的油膜，尽量将两个摩擦零件完全隔开，实现可靠的润滑。发动机上采用这种润滑方式的有曲轴各轴颈之间、凸轮轴轴颈与轴承之间、摇臂轴与摇臂之间等部位。因此，在缸体或者缸盖上设有专门的油道来向这些部位输送润滑油。

（2）飞溅润滑　是利用发动机工作时某些运动零件（主要是曲轴和凸轮轴）旋转时飞溅起的或者从连杆大头上专设的油孔喷出的油滴和油雾，对摩擦表面进行润滑的一种方式。发动机上采用这种润滑方式的有缸壁、凸轮等；相对运动速度较低的零件，如活塞销等；机械负荷较轻的零件，如挺柱等。

（3）定期润滑　对一些不太重要、分散的部位，采用定期加注润滑脂的方式进行润滑，如发动机上的水泵、汽车底盘等。

2. 润滑系统的组成

润滑系统由油底壳、机油泵、机油滤清器、润滑油路、各种阀类（安全阀、旁通阀）、机油尺和机油压力表等组成，如图 2-1 所示。

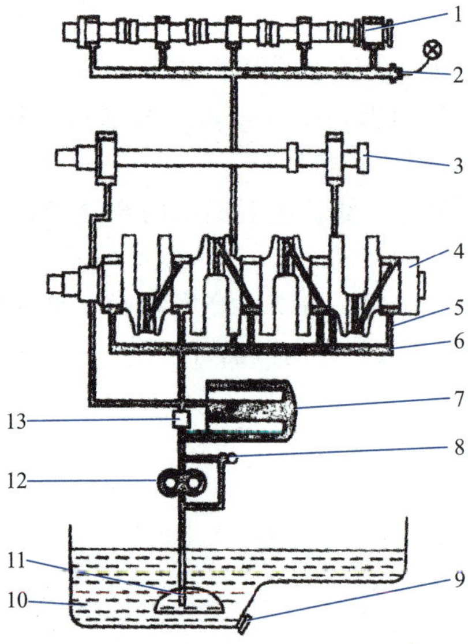

图 2-1　润滑系统的组成

1—凸轮轴；2—机油压力开关；3—中间轴；4—曲轴；5—分油道；6—主油道；7—机油滤清器；8—安全阀；9—放油塞；10—油底壳；11—机油集滤器；12—机油泵；13—旁通阀

3. 发动机润滑油的分类

（1）按使用性能分类　发动机润滑油按使用性能分类，是根据在发动机润滑油试验评定中所表现的抗磨性、清净分散性和抗氧化腐蚀性等确定其等级。

1970年，美国石油协会（American Petroleum Institute，API）、美国汽车工程师协会（Society of Automotive Engineers，SAE）和美国材料试验协会（American Society for Testing and Materials，ASTM）共同提出了发动机润滑油的使用性能必须通过规定的发动机试验来确定，即API使用性能分类法。

① 汽油机油S系列（service station classification，即加油站分类），包括SC、SD、SE、SF、SG、SH、SI、SJ、SK、SL等。

② 柴油机油C系列（commercial classification，即工商业分类），包括CC、CD、CD-Ⅱ、CE和CF-4、CG-4、CH-4等。

（2）按黏度分类　1911年，美国汽车工程师协会制定了发动机润滑油黏度分类法，中间曾几次修改，目前执行的是SAE J300—2000《发动机润滑油黏度分类》。

① 冬用油（W系列）包括0W、5W、10W、15W、20W和25W，以最大低温黏度、最大低温泵送温度下的黏度和100℃时的最小运动黏度划分。

② 其他季节用油（非W系列）包括20、30、40、50和60，仅以100℃时的运动黏度划分。

我国发动机润滑油的分类参考上述分类方法。

4. 选择原则

（1）选择发动机润滑油的类型　要根据发动机类型选择发动机润滑油。原则上，汽油发动机应选择汽油发动机润滑油（汽油机油）；柴油发动机应选择柴油发动机润滑油（柴油机油），或者选择通用润滑油。

（2）选择发动机润滑油的等级

① 基本原则　对于一般的汽车用户和车主而言，完全可以按照汽车使用说明书的要求或推荐进行润滑油的选择。

② 互代性　汽车用户和车主在进行润滑油选择时，应特别注意：质量等级高的润滑油可代替质量等级低的润滑油，但经济上不合算（质量等级高的润滑油要贵一些）；但质量等级低的润滑油绝不能代替质量等级高的润滑油。

（3）选择发动机润滑油的黏度级

① 应根据工作地区的环境温度、发动机新旧程度、发动机工况（负荷、转速），选用适宜黏度等级的发动机润滑油，以保证零件正常润滑。

② 应尽量选用黏温特性好、黏度指数高的多级油。多级油使用温度范围比单级油宽，具有低温黏度油和高温黏度油的双重特性。

如5W/30多级油同时具有5W、30两种单级油的特性，其使用温度区间由5W级油的−30～10℃和30级油的0～40℃组合成−30～40℃。按照汽车使用地区的气温选择发动机油的黏度等级（SAE）。我国各地选用发动机油不同黏度的建议如表2-1所示。

表 2-1 我国各地选用发动机油不同黏度的建议

区域		气温/℃	黏度
严寒地区	东北、西北、青藏高原等地区	−25～30	SAE5W/20
寒冷地区	中西部及黄河以北地区	−20～30	SAE15W/30
寒温地区	秦岭、黄河以南、长江以北地区	−5～15	SAE20W
		−15～30	SAE20W/30
温热地区	长江以南地区	−5～40	SAE20W/40
		0～40	SAE30
		15～45	SAE40

四、齿轮油

1. 齿轮油的定义

手动变速器中的工作液主要是齿轮油，通常把用于汽车手动变速器、驱动桥齿轮传动机构的润滑油称为齿轮油。和其他润滑油一样，齿轮油在齿轮传动中的主要作用是降低磨损、冷却零部件，同时还可缓和振动、减少冲击、防止锈蚀以及清洗零件表面杂质等作用。

（1）齿轮油的分类　目前，国际上采用美国汽车工程师协会（SAE）标号和美国石油学会（API）的分类标准来标定齿轮油。

① 按照黏度分类　齿轮油的黏度采用 SAE 黏度分类法，将齿轮油分为七个黏度牌号，冬用油一组（70W、75W、80W、85W），夏用油一组（90、140、250）。冬夏通用油为 80W/90、75W/90。

② 按照使用性能分类　目前国际上采用 API 的分类方法，按齿轮承载能量和使用条件不同，分为 GL-1、GL-2、GL-3、GL-4、GL-5 和 GL-6 六个级别，见表 2-2。

表 2-2 齿轮油适用范围

标号	适用范围
GL-1	在低齿面压力、低滑动速度下运行的汽车螺旋锥齿轮、蜗轮后轴和各种机械变速器
GL-2	汽车蜗轮后轴，其负荷、温度及滑动速度的状况用 GL-1 级齿轮油不能满足使用要求
GL-3	中等速度及中等负荷运转的汽车机械变速器和后桥螺旋锥齿轮
GL-4	在高速低扭矩及低速高扭矩下运转的小客车和其他车辆的各种齿轮特别是准双曲面齿轮
GL-5	在高速冲击负荷、高速低扭矩、低速高扭矩条件下运转的小客车和其他车辆的各种齿轮，特别是准双曲面齿轮
GL-6	在高速冲击负荷运转中汽车的各种齿轮，特别是高偏置准双曲面齿轮，偏置大于 50mm 或接近从动齿轮直径的 25%

(2) 常用齿轮油　根据齿轮的型式和负载情况，我国将车辆用齿轮油划分为普通车辆齿轮油、中负荷车辆齿轮油、重负荷车辆齿轮油三个等级。

① 普通车辆齿轮油（GL-3）主要有 80W/90、85W/90、90 三个牌号，主要适用于中等速度和使用条件比较苛刻的手动变速器和驱动桥。

② 中负荷车辆齿轮油有独立的牌号，一般用准双曲面齿轮油来代替。

③ 重负荷车辆齿轮油（GL-5）主要有 75W、80W/90、85W/90、85W/140 及 90 五个牌号。

2. 齿轮油的更换周期

齿轮油的更换周期通常按照汽车使用说明书的规定，一般正常行驶的车辆每 40000～60000km 更换 1 次齿轮油，由于环境条件、驾驶技术等的差别，齿轮油的更换周期略有差异。

3. 齿轮油的选用

齿轮油的选用通常按照汽车使用说明书的规定，选择与该车型相适应的齿轮油的黏度级及使用级牌号，还可参照下列原则选用齿轮油。

(1) 根据当地季节气温选择齿轮油的黏度级别　齿轮油的黏度级别为 75W、80W、85W、90、140 和 250 的牌号，分别适用于最低气温为 −40℃、−30℃、−20℃、−10℃、10℃和 20℃的地区，应对照当地季节最低气温适当选用齿轮油的黏度级别。

近年来，由于进口品牌的齿轮油在国内大量生产并销售，国内市场上出售的齿轮油基本上都使用国际标准的牌号，即 SAE 黏度分级牌号和 API 质量分级牌号。按照国际标准为汽车选用齿轮油就可以满足汽车使用齿轮油的各项技术要求。

(2) 根据齿轮类型和工况选择齿轮油的使用性能级别　使用级别的选择应严格按照车辆使用说明书的规定进行，对于一般工作条件下的螺旋锥齿轮主减速器（驱动桥）、变速器和转向器等总成可选用普通车辆齿轮油；对准双曲面圆弧齿轮主减速器，必须根据工作条件选用中负荷车辆齿轮油或重负荷车辆齿轮油。

(3) 齿轮油选用注意事项

① 不能混淆齿轮油和发动机润滑油的 SAE 黏度级别。在润滑油黏度级别分类标准中，为避免相互混淆，把高的分级牌号用在齿轮油上，而把低的分级牌号用在发动机润滑油上。但旧牌号的齿轮油分级号较低，此时应注意，齿轮油和发动机润滑油的黏度级别并无联系，不同型号不能互用。切不可将齿轮油当成发动机润滑油使用，否则发动机将会发生粘缸、抱瓦等严重机械故障。

② 应分清齿轮油的种类和使用级别。准双曲面齿轮的啮合齿轮间的挤压力非常大，普通齿轮油无法保持足够的润滑油膜，如果在其间使用了普通齿轮油，准双曲面齿轮将很快损坏，所以绝不能用普通齿轮油代替准双面齿

轮油，也不可随意用准双曲面齿轮油代替普通齿轮油，否则会造成各啮合齿轮的腐蚀性磨损和带来不必要的经济损失。应根据齿轮传动的特点及齿轮工作的苛刻条件，选择使用级别合适的齿轮油。

③ 不能错误地认为齿轮油的黏度级别越高其润滑性能就越好。若使用黏度牌号太高的齿轮油，则会出现供油不及时，润滑不可靠，运动阻力加大，油耗激增，特别是对高速轿车影响更大，所以应尽可能选用合适的多黏度级齿轮油。

④ 用油量要适当，油面高度应合适。用油量应适当，不要过多，也不要过少。过多不仅增加搅油阻力和燃料消耗，而且齿轮油容易经后桥壳窜入制动鼓（如果密封不良），造成动失灵；过少会使润滑不良，温度过高，加速齿轮磨损。齿轮油油面高度一般与变速器、驱动桥壳上的观察螺塞孔下缘平齐即可。应经常检查各齿轮油箱是否渗漏，并保持各油封衬垫完好无损。

⑤ 要按时换油，合理用油。应按规定换油指标换用新油，无油质分析方法时，按规定期限换油。汽车制造厂推荐的换油期一般为 40000～60000km。换油时，应趁热放出旧油，并将齿轮和齿轮箱清洗干净后方可加入新油。加新油时，应防止水分和杂质混入。

齿轮油的使用寿命较长，如果使用单黏度级齿轮油，则在换季维护时根据季节气温换用合适的黏度牌号即可。

⑥ 齿轮油使用禁忌。在使用中，严禁向齿轮油中加入柴油等进行稀释，也不要因影响冬季起步而烘烤后桥、变速器等总成，以免齿轮油严重氧化变质。如果出现这种情况，应换用低黏度的多级齿轮油。

五、液力传动油

1. 液力传动油的应用

配备自动变速器的轿车和工况变化比较大的大型客车、重型货车及工程机械车辆上广泛采用液力偶合器或者液力变矩器。液力偶合器和液力变矩器都是依据流体动力学原理实现动力传递的，统称为液力传动装置，其工作介质就是液力传动油。用于自动变速器的液力传动油英文名称为 automatic transmission fluid，缩写为 ATF。

2. 液力传动油的作用

液力传动油是液力变矩器和液力偶合器的工作介质，起到传递动力和运动的作用。此外，还有分散热量、磨损保护、匹配的动静摩擦特性、高低温下的保护作用。

3. 液力传动油的分类

（1）国外液力传动油的分类　美国材料试验学会（ASTM）和石油学会（API）的分类方案是将液力传动油分为 PTF-1、PTF-2 和 PTF-3 三类。国外液力传动油的分类如表 2-3 所示。

表 2-3 国外液力传动油的分类

分类	符合的规格	应　用
PTF-1	通用汽车公司 GM Dexron 福特汽车公司 Ford M_2C_{33}-F 克来斯勒汽车公司 Chrysler MS-4228	轿车、轻型载货汽车自动传动油
PTF-2	通用汽车公司 TRUCK,COACH 阿里森汽车公司 ALLISION C-2	履带车、农业用车、越野车的自动变速器
PTF-3	约翰·狄尔汽车公司 JOHN DEERE J-20A 福特汽车公司 $M_2C_{41}A$ 玛赛-福格森汽车公司 MASSEY FERGUSON M-1135	农业与建筑野外机器用液力传动油

(2) 我国液力传动油的分类　我国目前尚未制定液力传动油详细分类的国家标准。我国液力传动油的分类如表 2-4 所示。

表 2-4 我国液力传动油的分类

型号	特点	适用	比较
8 号液力传动油	以润滑油馏分经脱蜡、深度精制并加入增黏、降凝、抗氧、防腐、防锈、油性、抗磨、抗泡等多种添加剂而制成的液力传动油，外观为红色透明体	适用于各种具有自动变速器的汽车	接近于 PTF-1 级油
6 号普通液力传动油	深度精制的石油馏分，加入抗氧、抗磨、防锈、降凝、抗泡等添加剂调制而成	适用于内燃机车、载货汽车的液力变矩器	接近于 PTF-2 级油
拖拉机传动、液压两用油	由深度精制的中性油加入多种添加剂调制而成，按 40℃运动黏度中心值划分有 68、100 和 100D 三个牌号	适用于国产及进口拖拉机、工程机械和车辆作为液压系统的工作介质与齿轮传动机构的润滑油	

4. 液力传动油的选择

一般应按汽车使用说明书的规定选用。目前，美国生产的液力传动油产销量都比较大，主要有通用公司生产的 Dexron、Dexron Ⅰ、Dexron Ⅱ、Dexron Ⅲ 型和福特公司生产的 E、F 型。国产的昆仑天元液力传动油品质也很出色，如图 2-2 所示。

液力传动油的型号不同，其摩擦因数也不同。因此，既不能错用，也不能混用。如果规定使用通用公司生产的 Dexron Ⅱ 型液力传动油而错用了福特公司生产的 F 型液力传动油，则会使自动变速器发生换挡冲击和制动器、离合器突然啮合的现象；反之，规定用福特公司生产的 F 型液力传动油而

图 2-2 液力传动油

错用了通用公司生产的 DexronⅡ型液力传动油，则会出现自动变速器的离合器、制动器打滑，加速摩擦片的早期磨损。

5. 液力传动油使用注意事项

① 注意保持油温正常。长时间重载、低速行驶，将使油温上升，加速油的氧化变质，生成沉积物和积炭，阻塞细小的通孔和油液循环的管路，这又使自动变速器进一步过热，导致变速器损坏。

② 经常检查油面高度。车辆停在平地上，发动机保持运转，油应处在正常工作温度下（如果车辆在长途行驶或拖带挂车后，要在过半小时后检查），此时油面高度应在自动变速器油尺上下刻线之间（如果分冷、热刻线，则以热刻线为准），不足时应及时添加。如液面下降过快，可能有漏油，应及时予以排除。

③ 按车辆使用说明书的规定更换液力传动油和滤清器（或清洗滤网），同时拆洗自动变速器油底壳，并更换其密封垫。通常每行驶 1 万千米应检查油面，每行驶 3 万千米应更换油液。

④ 在检查油面和换油时，注意油液的状况。在手指上涂上少许油液，用手指互相摩擦，看是否有渣粒存在，并从油尺上嗅闻油液气味，通过对油液的外观检查，可反映部分问题。

⑤ 液力传动油是一种专用油品，加有染色剂，是红色或蓝色透明液体，绝不能与其他油品混用，同牌号不同厂家生产的产品也不宜混兑使用，以免造成油品变质。

6. 液力传动油的更换周期

按照汽车维护常识和自动变速器的养护规定，在汽车行驶 4 万～5 万千米后，需进行液力传动油的更换。

六、动力转向油

目前，绝大部分重型汽车和轿车都采用液压动力转向系统（也称液压助力转向系统），使得车辆的转向操作极为轻便。液压助力转向系统又可以分为机械液压助力转向系统和电控液压助力转向系统两大类，但都是使用工作油液作为传动介质。

长期以来，液压动力转向系统一直采用液力传动油（ATF），但目前有采用动力转向器专用油的趋势，比如美孚、壳牌、嘉实多、长城等品牌的产品，如图 2-3 所示。

采用动力转向器专用油可减少磨损、防止氧化起泡、降低工作温度、保护油封及管路，使转向机构操作轻便、滑顺。动力转向器专用油含有去污添加剂的成分，可以有效清洁整个系统。

图 2-3　动力转向器专用油

七、润滑脂

1. 润滑脂的定义

润滑脂（俗称甘油或黄甘油）是把稠化剂分散于液体润滑剂中所形成的一种稳定的固体或半固体润滑材料，在其中加入能够改善润滑脂某种特性的添加剂和填料。汽车上常用的润滑脂如表 2-5 所示。

表 2-5　汽车上常用的润滑脂

润滑脂	汽车通用锂基润滑脂	石墨钙基润滑脂	工业凡士林
应用	汽车发动机底盘所有的润滑点	钢板弹簧	蓄电池接线柱

2. 润滑脂的选择

润滑脂应根据车辆和机械设备使用说明书的规定进行选择，选用与用脂部位工作条件相适应的润滑脂品种和稠度牌号。考虑的因素有最低操作温度和最高操作温度、水污染、负荷、稠度牌号等。通常要求润滑脂的滴点高出机械工作温度 20～30℃，甚至更高一些。

3. 润滑脂的使用注意事项

① 轮毂轴承是主要用脂部位，南方宜全年使用 2 号润滑脂；北方冬季用 1 号润滑脂，夏季用 2 号润滑脂；3 号润滑脂只宜在热带重负荷车辆上

使用。

② 轮毂轴承润滑脂使用到严重断油、分层或软化流失前必须更换，一般都是在进行二级维护时更换润滑脂。更换润滑脂时要合理充填，要在轴承内填满润滑脂，轮毂内腔仅薄薄地涂一层润滑脂防锈即可，不宜在轮毂内腔装满润滑脂（空毂润滑）。

③ 按使用说明书规定及时向各润滑点注润滑脂。

④ 石墨钙基润滑脂因其中有鳞片状石墨（固体），不能用于高速轴承上。而汽车钢板弹簧等负荷大、滑动速度低，必须使用石墨钙基润滑脂。

⑤ 不同稠化剂制成的润滑脂不能互相掺混。不同种类的润滑脂不得混用。

⑥ 润滑脂一旦混入杂质便难以除去，在保存、分装和使用过程中，严格防止灰、沙和水分等外界杂质污染容器，注润滑脂的工具必须干燥清洁；尽可能减少润滑脂与空气接触；作业场所要清洁，无风沙；轴承及注脂口在加润滑脂前必须擦洗干净；作业完毕，盛润滑脂的容器和加注器管口应立即加盖或封帽。

⑦ 润滑脂一次加入的量不能过多，否则会使机件的运转阻力增加，工作温度升高。

⑧ 润滑脂一般不能和润滑油混用。

八、冷却液

1. 冷却系统的作用

冷却系统是以水作为冷却介质，把从发动机受热零件吸收的热量散发到大气中去。目前汽车发动机采用的冷却系统大都是强制循环式水冷系统，利用水泵强制水在冷却系统中进行循环流动。它由散热器、风扇、冷却水套和温度调节装置等组成，如图 2-4 所示。

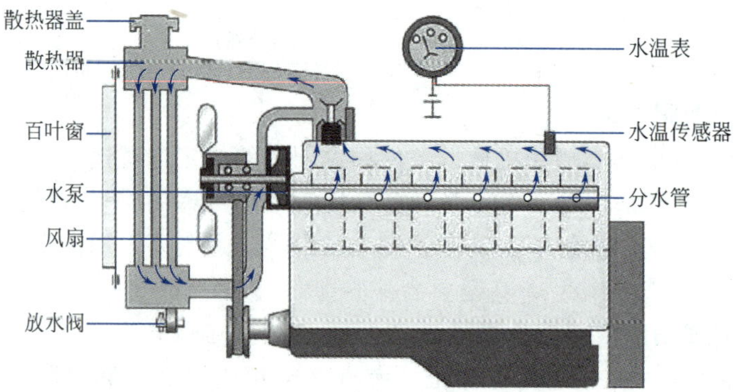

图 2-4　冷却系统的组成

2. 冷却水路

冷却水在发动机中有两大循环路线，即大循环和小循环，其循环路线如下。

（1）大循环　冷却水经水泵—水套—节温器—散热器，又经水泵压入水套再次循环，其水流路线长，散热强度大，称为水冷却系统的大循环。

（2）小循环　冷却水经水泵—水套—节温器后不经散热器，而直接由水泵压入水套进行循环，其水流路线短，散热强度小，称为冷却系统的小循环。

3. 发动机冷却液

（1）冷却液的作用　冷却液是汽车发动机中不可缺少的一部分，它在发动机冷却系统中循环流动，将发动机工作中产生的多余热能带走，使发动机能以正常工作温度运转。当冷却液不足时，将会使发动机水温过高，而导致发动机机件的损坏。除了冷却作用外，冷却液还具有冬季防冻、防腐蚀、防水垢、防“开锅”等功能。

（2）冷却液类型　过去，我国汽车的冷却液一直是水，散热器俗称水箱。随着时代的发展，现代的轿车已基本上实行强制循环冷却系统，其温度可高达 95～105℃，因而使用冷却液替代了传统的水。

目前，国内使用的冷却液有乙二醇水、丙二醇水等，其中乙二醇水使用最为广泛，它由软水和乙二醇加上防锈剂、防霉剂、pH 调节剂、抗泡剂及着色剂等添加剂组成。冷却液的牌号是按照冰点划分的，如－10 号、－20 号、－30 号、－40 号、－50 号、－60 号等。

国内乙二醇水冷却液从防腐性能上分为普通型和长效型两种。普通型冷却液使用期为一个冬季，长效型冷却液则为 2 年。从使用方式看冷却液有直接使用型和浓缩型两种，浓缩型冷却液在使用时，应根据当地的气温进行稀释和配制。随着汽车技术性能的逐渐提高，直接使用的长效型冷却液应用越来越广泛。

现在市场销售的冷却液有很多颜色。例如，长城多效冷却液为荧光绿色，加德士特级冷却液为橙色，蓝星冷却液为蓝色，统力冷却液为红色。冷却液的颜色与其性能、质量没有必然的联系。冷却液本身是无色透明的液体，之所以做成鲜艳夺目的颜色，主要是为了便于区分和辨认而加入了一些染色剂，另外一个作用就是为防止误食。长城多效冷却液制备成特殊的荧光绿色，是因为加入了荧光物质，主要是为了便于检漏。

（3）使用冷却液的注意事项

① 冷却液的冰点应比车辆运行地区的最低气温低 10℃。

② 不同型号的冷却液不能混合使用。

③ 使用中，若因冷却系统渗漏而使液面降低时，应补充同类型的冷却液；若是因为蒸发引起的，则应向冷却系统中添加蒸馏水或软水。

④ 应保持常年使用冷却液。

⑤ 注意定期更换。

九、玻璃水

1. 玻璃水的成分

玻璃水的主要成分有五种：第一种是表面活性剂，如丙二醇甲醚、异丙醇，这些成分能够溶解玻璃表面的油垢、虫胶、蜡等；第二种是阻凝剂，如乙二醇、甲醇、乙醇等；第三种是防雾剂，如木糖醇酯，经防雾剂处理过的玻璃表面有一层超亲水纳米膜，使雾气与之接触后成为低冰点混合物，防止结雾；第四种是去离子水；第五种是色素。

2. 选购注意

① 玻璃水不贵，不要选购劣质玻璃水。如果选用劣质玻璃水，可能损害汽车漆面的光泽度和硬度；对所接触的橡胶件和塑料件产生溶胀作用，使这些材料变形、变色、加快老化；由于汽车玻璃水在清洗完玻璃后会流到空调进风口附近，玻璃水挥发的气味也会沿着汽车空调的通风管道进入到驾驶室内，如果是变质发霉的玻璃水或由劣质化工原材料制作的玻璃水，其所挥发的有害气味，会危害车内人员的健康。

② 要看使用温度。玻璃水分为夏季专用和冬季专用，其使用温度一定要低于当地最低气温。

3. 使用注意事项

① 按照要求比例勾兑。

② 要用去离子水（软水：镁和钙的含量低到一定指标）。不要用自来水，因为普通的自来水含有较多杂质，时间长了，杂质会依附在橡胶管内，影响正常喷水。长期使用可能会使玻璃表面与雨刮器之间摩擦力加大，玻璃产生划痕。

③ 不要简单地用洗衣粉兑水来替代专用玻璃水，因为洗衣粉溶解后水里会有一些沉淀物，时间长了，会堵塞喷水口，严重情况下会损坏电动机。

十、制动液

1. 制动液的作用

制动液俗称“刹车油”，是机动车液压制动系统中传递压力的介质。

2. 制动液的类型

制动液一般分为醇型、矿油型、合成型三类。现在用的一般都是合成型的制动液，具体型号在车辆的使用手册上注明，在车的制动液加注口上面或旁边也会有明显的标注。一定要按标注的型号购买和使用，不得随意提高或降低标准，因为涉及与活塞皮碗的性能匹配问题。

（1）国内 《机动车使用技术条件》中分为 JG3、JG4、JG5；《HZY2、HZY3、HZY4 合成制动液》中分为 HZY2、HZY3、HZY4。

（2）国外 DOT 系列有 DOT3、DOT4、DOT5；SAE 系列有 J1703e、J1703f。

3. 制动液的使用注意事项

① 按照车辆使用说明书的要求选择品牌。厂家一般还提供可供代用的代号品牌，如果缺乏标准品牌再考虑选用代用品。

② 谨慎购买制动液。一要尽可能购买长期为汽车厂提供配套制动液的生产厂家的产品；二要尽量到国有大型销售部门购买。

③ 严禁混加制动液。

④ 定期更换。

4. 制动液的更换周期

现代汽车使用的制动液多为合成型制动液，由于其具有一定的吸湿性，在使用一段时间后，会因吸入水分而使其沸点降低，易在制动时形成气阻，使制动失灵，因此应在规定的使用期限更换制动液。制动液对汽车漆膜有溶解作用，更换制动液时应特别注意，如果沾染了制动液，要立即清洗干净。

十一、轮胎

1. 轮胎的作用和分类

轮胎具有承载、缓冲和提供附着力等作用。轮胎有很多种分类方法，按轮胎压力可分为高压胎、低压胎；按轮胎花纹分可分为普通花纹、越野花纹和混合花纹；按轮胎结构可分为子午线轮胎和斜交胎；按有无内胎可分为无内胎轮胎和有内胎轮胎。现代轿车轮胎一般都采用子午线结构、无内胎的低压轮胎。

2. 选择轮胎的方法

（1）选择轮胎规格 在选购轮胎的时候，应该按照需求出发。以“最适合的才是最好的”为原则，挑选轮胎的型号还是应沿用原厂规格。如图 2-5 所示是轮胎参数。我们要关注的只有速度级别、载重指数、规格、最大载重量这四个指数，如图 2-6 所示为轮胎规格表示法。

（2）选择轮胎花纹 如果是在城市中驾驶，可选择静音节油的轮胎（环保胎，后面会有推荐）；如果生活在多雨地区，就要选择排水性好的轮胎；在乡村小路或者山地中行驶，建议选择耐磨、AT 全路况花纹的轮胎，轮胎花纹标识如图 2-7 所示。

注意：更换轮胎时必须要成套更换，务必保证同一车轴上不能混装轮胎花纹类型，否则会出现行车中车身抖动、跑偏现象，而且因为花纹不同，在雨天因为花纹排水状况不同，更会容易出现操控危险。

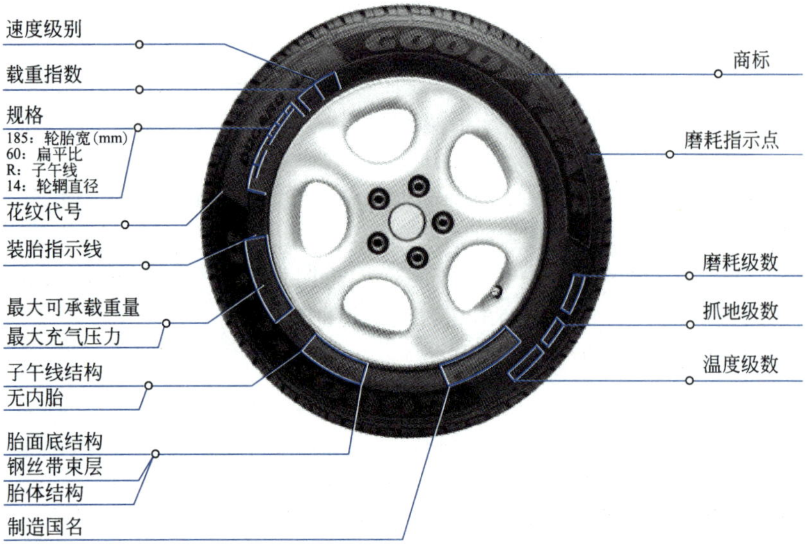

图 2-5 轮胎参数

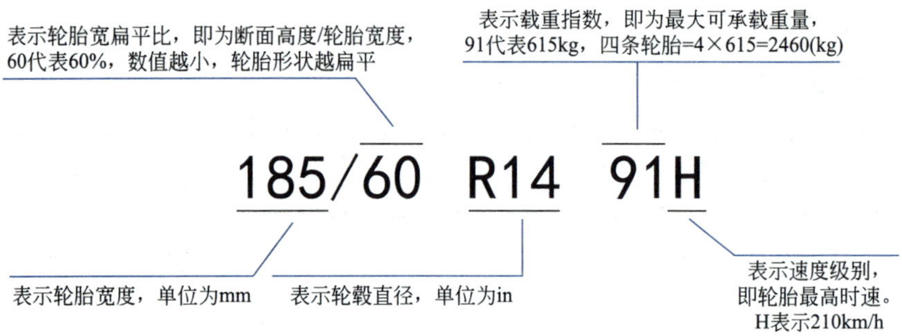

图 2-6 轮胎规格表示法

1in=2.54cm

现在汽车轮胎为了兼备多方面性能，越来越多采用非对称性的“单导向”花纹设计。这类轮胎的花纹沟之间相互连接，因此具有卓越的制动性能，极佳的排水性，适于高速行驶

不过因为是单导向轮胎，所以分为里外侧，安装的时候需要注意胎壁上的英文标识。INSIDE表示朝内，OUTSIDE表示朝外

图 2-7 轮胎花纹标识

第二节　假冒伪劣配件鉴别

一、真假燃油滤清器的鉴别

1. 使用劣质燃油滤清器的危害

由于过滤效果差，容易引起曲轴及轴瓦等主要部件的过早磨损，大大缩短发动机的使用寿命。同时产品可靠性差，易发生无法供油或者机油泄漏，从而导致发动机报废。

2. 真假燃油滤清器的鉴别

① 真的燃油滤清器表面字体印刷清晰，印刷用油漆质感好。滤芯使用专业的滤纸材料，过滤性能良好。有可靠的旁通阀及组织回流机构，保证任何状态下都有充足的机油供应。选取优质橡胶材料做成底座密封垫圈，耐高温且密封性能好。

② 假冒件的表面字体印刷模糊或不够清晰，油漆表面粗劣。内部材料及制造工艺粗糙，过滤性能差，无旁通阀及回流组织机构或机构不牢靠。底座密封垫圈的材质差，高温高压下可能造成机油渗漏，甚至导致起火。

二、真假机油滤清器的鉴别

机油滤清器的主要作用是过滤机油中的杂质，为发动机各部件的运行提供清洁的机油，减少部件的摩擦损耗，提高发动机的运行效能。机油滤清器属于汽车上的易损件，每次更换机油时都要一起更换机油滤清器。也正是由于它的这种特性，市场上有不少伪劣产品，如何识别机油滤清器的好坏对消费者来说就显得尤为关键。

1. 使用劣质机油滤清器的危害

伪劣的机油滤清器不仅影响机油泵对发动机正常的供油润滑，而且有的假冒机油滤清器粗制滥造，主油道的接口处可能会有密封不严的情况发生，造成机油在机油滤清器与缸体的结合面窜出，结果就会造成机油渗漏、发动机散热不良等故障，严重时还会发生爆缸。所以在选购机油滤清器时一定要选对产品，以保障安全。

2. 真假机油滤清器的不同

（1）正品机油滤清器的特点

① 正品机油滤清器表面厂标字体印刷清晰，印刷用油漆质感好。

② 内部设有旁通阀，保证任何状态下都有足够量的机油供应。

③ 复杂的抑制回流设计，可确保机油滤清器中存有供下次启动所必需的机油，降低冷启动时的磨损（所有正厂滤清器都有这一功能）。

④ 出厂前装有保护袋，在接口处有润滑黄油，垫片的密封材质好，橡

胶件规矩。

⑤ 滤纸滤芯中的金属通油网形态标准，保证机油通过量。

⑥ 材质根据所用机油专门研发，密度适中，确保机油的过滤性。

（2）非正品机油滤清器的特点及危害

① 机油滤清器表面字体印刷模糊或不够清晰，字体印刷油漆表面劣质、较薄。

② 没有旁通阀，机油滤清器一旦发生堵塞，引擎将无法获得足够的机油润滑。

③ 熄火后没有抑制机油回流功能，冷启动时的发动机磨损会更大。

④ 垫片的密封材质差，高温高压下可能造成机油的渗漏，甚至导致起火。

⑤ 滤纸材质不一，难以起到预定的过滤效果。

⑥ 金属通油网做工粗糙，难以保证通油量的充沛。

3. 真假机油滤清器举例

以上海大众原装机油滤清器为例加以说明，如图 2-8 所示。

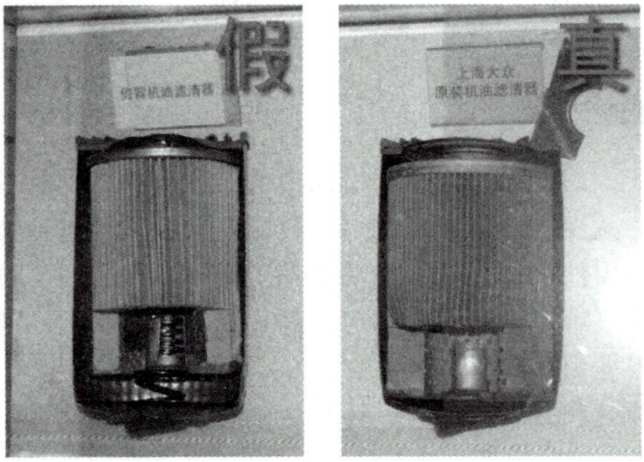

图 2-8　真假上海大众原装机油滤清器

（1）上海大众原装机油滤清器

① 泄压阀　由弹簧和弹簧支撑板组成，当滤纸很脏导致机油无法通过时，弹簧和弹簧支撑板共同作用打开泄压阀，确保机油仍能到达发动机，保持正常润滑。

② 过滤纸　机油通过性好，过滤面积大，密度高，而且按照上海大众技术标准排列，充满整个壳体，能充分过滤机油中的杂质，保证机油的顺畅流通。

③ 橡胶密封圈　采用特殊橡胶合成，耐腐蚀性强，在被机油长期浸泡中不会被腐蚀，保证 100％不漏油。

（2）假冒上海大众原装机油滤清器

① 无端增加弹簧　由于过滤纸的材质不标准，仿造者会在假冒机油滤清器壳体内无端增加一个弹簧，以此来达到和上海大众原装机油滤清器一样的重量标准。

② 无泄压阀功能　无法起到“泄压”作用，当滤纸无法通过时，机油无法到达发动机，后果将非常严重。

③ 过滤纸　机油通过性差，密度小，滤芯多是采用粗糙的普通纸或者过滤性较差的滤纸，过滤面积小，滤纸排列分布不均匀，多数达不到壳体空间的一半，不能有效地过滤杂质，容易造成机油的污染和机件的磨损。

④ 密封圈　使用非标准材质，“漏油”现象频繁，在长期被机油浸泡的过程中容易被腐蚀，且不耐高温，容易与机油产生化学反应，直接影响机油品质，缩短发动机的使用寿命。

三、真假空气滤清器的鉴别

1. 真空气滤清器

① 空气滤清器与壳体结合部连接紧密，滤纸厚实，手感细腻，纤维体致密，排列整齐。

② 滤纸硬度和韧性高，不容易起皱，透气性和过滤能力强。

③ 空气滤清器橡胶密封条密度高，韧性良好。

④ 空气滤清器涂胶和泡沫胶均匀，耐热性高。

2. 假冒空气滤清器

① 假冒空气滤清器与壳体结合部缝隙较大。

② 假冒空气滤清器的滤纸疏密不均，易变形起皱，导致透气性和过滤能力不达标。

③ 假冒空气滤清器的橡胶密封条内部有气泡；因材质韧性差，易折断。

④ 假冒空气滤清器涂胶和泡沫胶不均匀，导致耐热性差，受热后易变形。

四、真假刹车片的鉴别

1. 使用假冒劣质刹车片的危害

① 易造成抱死车轮、方向失控。

② 致使制动距延长，需要紧急制动时，无法及时停车，造成事故。

③ 使用寿命短，刹车片虽是易损件，但应确保一定的使用寿命。

④ 对制动盘的磨损大，减少制动盘的寿命。

⑤ 导热能力强，降低制动钳寿命，同时产生一定的制动隐忧。

⑥ 使用过程中有制动噪声。

2. 辨别真假刹车片的方法

做工精良的假冒刹车片从外观上很难看出与正品备件的区别，但包装中附带的螺钉、卡子和磨损感应器（碳线）往往不如正品做工精细，这是区别真假的重要方法。假冒刹车片还有一些其他特征，如制动性能差，有时制动时会发出尖利的摩擦声，有的发热严重，并且还含有对人体有害的石棉。真假刹车片的鉴别方法如下。

（1）看外观包装（图 2-9） 原厂配件或者配套厂家的产品包装一般都较规范，字迹清晰正规，其上有许可证号、摩擦因数、执行标准等详细信息，另外还有产品名称、规格型号、注册商标、厂名、厂址及电话号码等。假冒的配件一般包装都较粗糙，厂址、厂名印刷不清楚、不全。

图 2-9　看外包装

（2）看形状和材质（图 2-10） 假刹车片厚度及形状通常与真品不一致，材质手感粗糙。刹车材料硬度与耐高温性能不符合要求，使用时噪声和振动大，质量和制动性能不稳定。按照标准制造的刹车片，从材质上来看，由于其金属粉末含量较少，有效面积内含颗粒较大，因此刹车片软硬度适中，在刹车时不会“偏软”和“过硬”。

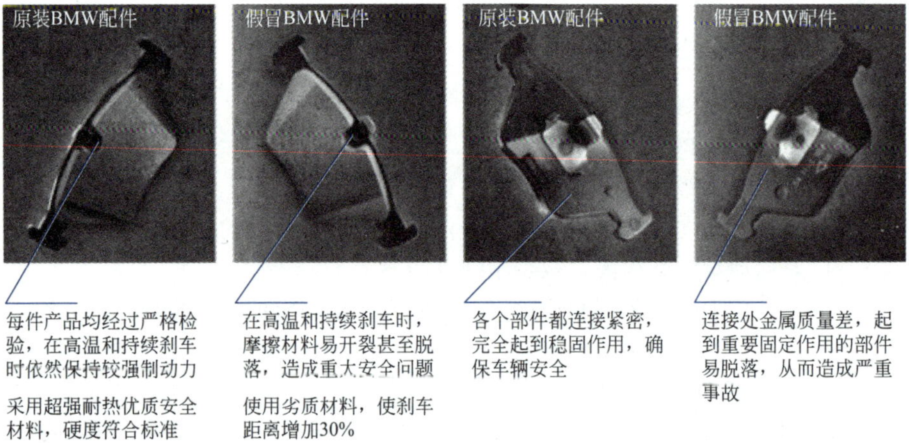

图 2-10　看形状和材质

(3) 制动距离　使用假冒刹车片会使刹车距离增加约 30%。

(4) 使用后对比　在高温和持续刹车时摩擦材料会开裂，甚至脱落，无法充分制动，使车辆存在重大安全隐患。摩擦材料过快磨损或致使刹车盘异常磨损，增加修理费用。

(5) 打磨切割对比　纯正刹车片采用天然无石棉摩擦材质，保持摩擦因数的稳定，耐久度持久，使用寿命长，刹车无异响，制动力性能更出众。仿品刹车片材质粗糙，使用时噪声大，容易磨损，寿命降低，制动力效果差。

五、真假雨刮片的鉴别

市场上的雨刮片有假货、高仿货和真货，要学会鉴别，方法如下。

(1) 看包装　应该有商标。

(2) 看胶条　其上应该有字。

(3) 看两头　应该有型号。

(4) 拆下后比较（假货、高仿货和真货的举例）

① 换下来的雨刮器如图 2-11 所示。

② 底座与底座盖在一起如图 2-12 所示。

图 2-11　换下来的雨刮器

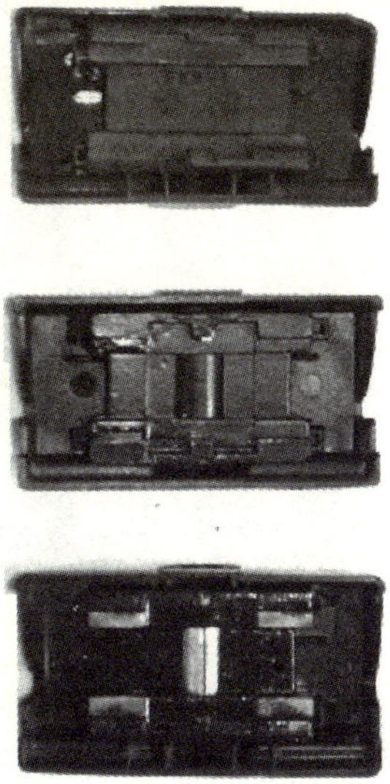

图 2-12　底座与底座盖在一起

③ 从盖子里取出的底座如图 2-13 所示。

④ 真货与高仿货的孔里都有一个金属衬套，而假货里面什么都没有，完全是塑料。真货的上面有编号，其他两种上面什么都没有，高仿货在做工方面还是要比真货差，如图 2-14 所示。

图 2-13 从盖子里取出的底座

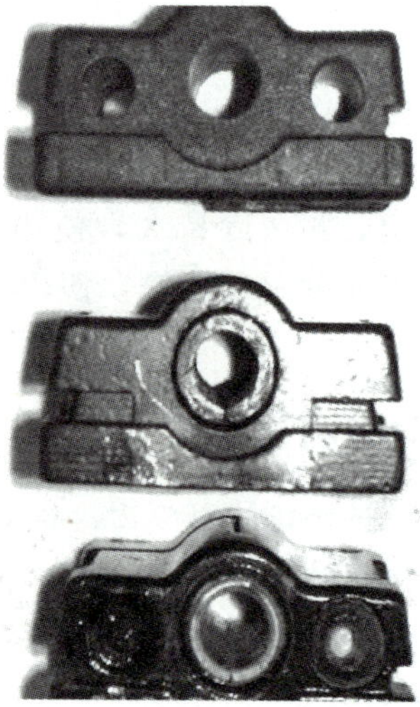

图 2-14 真货有金属衬套和编号

⑤ 底座盖如图 2-15 所示。

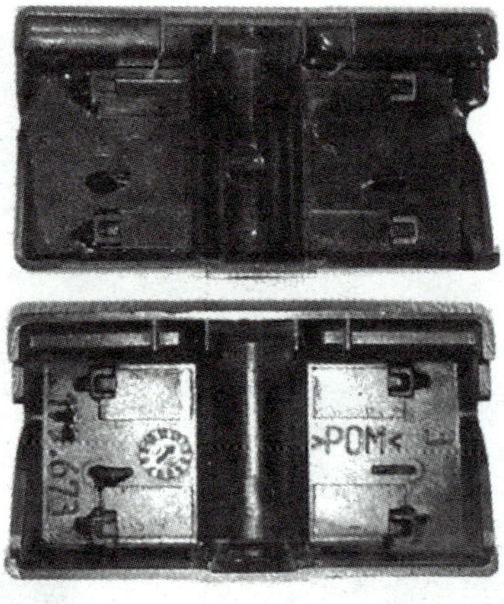

图 2-15 底座盖

六、真假正时皮带的鉴别

1. 劣质正时皮带的危害

劣质正时皮带韧度差、不抗磨、使用寿命很短，随时都有可能断裂，在正常使用中容易发生跳齿，出现怠速不稳、加速不良等现象。如果发生断裂，会造成发动机突然熄火、转向或刹车失灵、发动机报废等严重后果。如果出现这些问题，面临的就不仅是经济损失，更是对生命安全的威胁了。

2. 买到好的正时皮带的方法

① 购买正时皮带一定要到正规的品牌代理商处购买。

② 闻一闻，即可辨真假。真品做工精细，标志清晰，无异味。假货做工粗糙，材质偏硬或偏软，有臭胶味。

3. 正时皮带更换的标准

棱角端正，表面光洁，色泽黑亮，长度不变。需要更换的标准：变长；颜色变白；表面起毛刺；龟裂；磨损变形，梯形边磨圆；有松散开裂。

发动机上的发电机皮带、空调皮带、正时皮带的标准都是一样的。

七、真假轮胎的鉴别

1. 使用劣质轮胎的危害

使用劣质轮胎，不仅会给车主带来经济损失，同时还存在极大的安全隐患，主要会带来以下几方面的危害。

① 增加油耗。劣质轮胎一般会比质量好的轮胎重，使得汽车动态平衡不正常，导致轮胎抓地能力不够，增加车辆负担和耗油量。

② 如果同轴上左右轮胎不匹配，会导致车辆的悬挂系统受影响，极有可能会造成转向头受损。

③ 使用劣质轮胎还会造成刹车偏离、爆胎等危险情况发生。

一般正品新出厂的轮胎胎面都会有未经涂改、破坏的产品使用说明和防伪标志，所以在购买的时候消费者需要认清标志。另外，消费者还可以用肉眼来辨别轮胎是否为正品，一般的假货、翻新货在细节处理上都较为粗糙。

2. 轮胎的鉴别方法

① 轮胎胎面没有中文彩色标签或中文黑白标签的为假货，如图 2-16 所示。

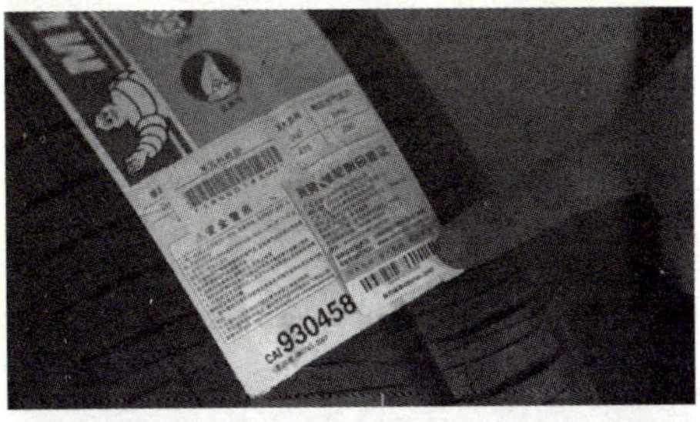

图 2-16　轮胎胎面没有中文彩色标签或中文黑白标签

② 轮胎胎面中文标签上所描述的轮胎名称、轮胎规格、载重指数和速度级别与轮胎胎侧所模压标记不一致的（请谨记：如果发现标签被故意涂改或破坏，需要格外注意，应避免购买此轮胎）为假货，如图 2-17 所示。

图 2-17　轮胎胎面的中文标签内容与胎侧的标记不一致

③ 轮胎胎圈处没有条形码的为假货，如图 2-18 所示。

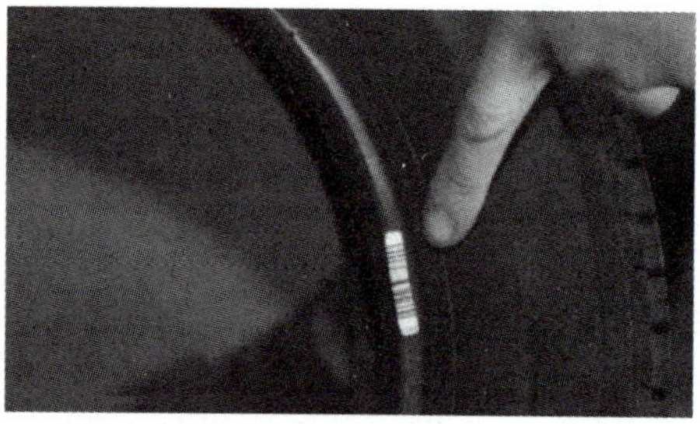

图 2-18　轮胎胎圈处没有条形码

④ 胎壁上印制的其他生产国（目前“水货”轮胎主要产地为马来西亚和泰国）为假货，如图 2-19 所示。生产工厂的代码如图 2-20 所示。

图 2-19　胎壁上印制的其他生产国家

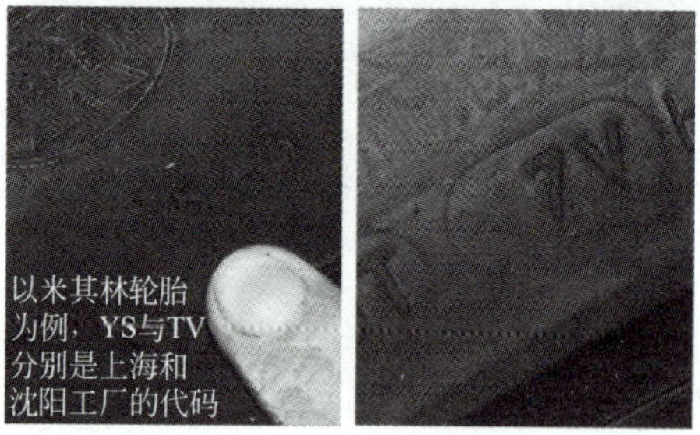

图 2-20　生产工厂的代码

⑤ 除鉴别轮胎是否属于“水货”外，在选购轮胎时还应注意轮胎的新旧程度。由于轮胎属于橡胶制品，因此也是有“保质期”的。如图 2-21 所示，胎壁上所印制的“3712”的含义为 2012 年第 37 周制造的。

图 2-21　制造日期

⑥ 除了生产日期外，市场上还存在采用装车走私（直接安装在车轮上过境）或者以旧充新的轮胎。选购时还应留意胎面上的印线，一般 15in（1in≈2.54cm）以上的轮胎皆有印线，如图 2-22 所示。轮胎在使用数千米后，印线便会被磨掉，因此在判别新旧轮胎时可以此为依据。

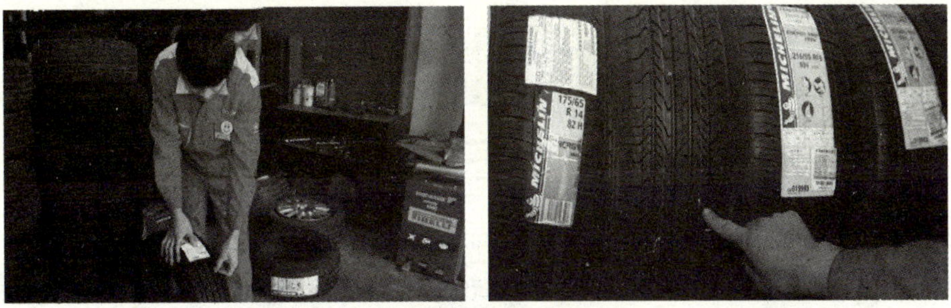

图 2-22　注意轮胎上的印线

⑦ 无论是哪种“水货”轮胎，其都是通过非法渠道进入市场的，从法律角度来说，就已经是违法行为。而消费者选购此类产品不但不会得到厂家的质保及售后服务，在使用过程中的安全隐患也是相当严重的。应注重行车安全，远离“水货”轮胎。

八、真假火花塞的鉴别

1. 劣质火花塞的危害

由于火花塞的工作环境是高温高压，所以伪劣产品的电极非常容易烧蚀，造成电极间隙过大，火花塞放电能量不足，结果就是冷启动困难，发动机内部积炭增多，起步、加速性能下降，油耗增加。

2. 辨别真假火花塞的方法

① 首先是外观辨别，一般的假货多出于“作坊式”的小厂，所以虽然是极尽模仿大牌的产品，但是做工总是有些粗糙，比如螺钉部分坑坑洼洼，瓷件部分不太平整、光滑，刻字的部分有些粗糙等。

② 多看几个产品对比一下，电装、博世、NGK 的产品，做工还都是比较精致的。

③ 对于铱金火花塞，首先看电极。铂金火花塞的电极稍微粗些，铱金火花塞的电极基本与自动铅笔笔芯差不多，很细。以前电极直径为 0.8mm，现在又推出了直径 0.4mm 的电极。从理论上讲，电极是细了好，而细的电极很难加工，不是一般工厂能制造的。所以，铱金火花塞电极的粗细是判定铱金火花塞是否为假冒配件的一个依据。

④ 假冒工厂造假时容易出现的另一个问题，是侧电极的加工。一般假货配件为了成本和工序问题，采用一体成型的办法。其实大牌的火花塞侧电极都是焊上去的（就是那个小弯钩），如图 2-23 所示。因为侧电极的材料与螺钉部分是不一样的，是更耐高温的材料。而假货配件采用一体成型的办法，侧电极的材料与螺钉部分的材料是一样的。

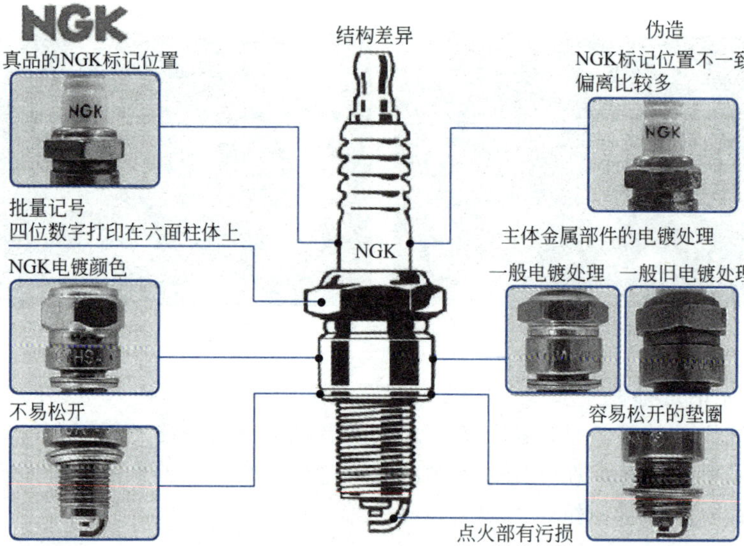

图 2-23 火花塞的侧电极

九、真假零部件的鉴别

有调查显示，30%的车辆故障原因是由于消费者不良驾驶习惯造成的，70%的原因则是由于汽车零配件的质量和装配技术等问题引起的，而其中使用假冒伪劣零配件造成车辆机体损害的情况占据大半。对于一个普通的消费者来说，如何辨别真假零部件？如何才能使用到真的零部件呢？以下介绍辨别真假零部件的10大招数。

1. 看商标标志是否齐全

正宗产品的外包装质量好，包装盒上字迹清晰，套印色彩鲜明，包装盒、袋上标有产品名称、规格型号、数量、注册商标、厂名、厂址及电话号码等，有的厂家还在配件上打出自己的标记。一些重要部件如发电机、分电器、喷油泵等，还配有使用说明书、合格证和检验员章，以指导用户正确使用维护。选购时应仔细认清，以防买到假冒伪劣产品。

2. 看几何尺寸有无变形

有些零部件因制造、运输、存放不当，易产生变形。检查时，可将轴类零件沿玻璃板滚动一圈，看零部件与玻璃板贴合处有无漏光来判断是否弯曲；选购离合器从动盘钢片或摩擦片时，可将钢片、摩擦片举在眼前观察其是否翘曲；在选购油封时，带骨架的油封端面应呈正圆形，能与平板玻璃贴合，无挠曲；无骨架油封外缘应端正，用手握使其变形，松手后应能恢复原状。在选购各类衬垫时，也应注意检查几何尺寸及形状。

3. 看结合部位是否平整

零部件在搬运、存放过程中，由于振动、磕碰，常会在结合部位产生毛刺、压痕、破损或裂纹，影响使用，选购时应注意检查。

4. 看零部件表面有无锈蚀

合格的零部件表面，既有一定的精度，又有很好的光洁度，越是重要的零部件，精度越高，包装防锈、防腐越严格。选购时应注意检查，若发现零部件有锈蚀斑点、霉变斑点或橡胶件龟裂、失去弹性，或轴颈表面有明显车刀纹路，应予以调换。看防护表层是否完好，大多数零部件在出厂时都涂有防护层，如活塞销、轴瓦用石蜡保护；活塞环、缸套表面涂防锈油并用包装纸包裹；气门、活塞等浸防锈油后用塑料袋封装。选购时若发现密封套破损、包装纸丢失、防锈油或石蜡流失，应予以退换。

5. 看胶接零件有无松动

由两个或两个以上零件组合成的配件，零件之间是通过压装、胶接或焊接的，它们之间不允许有松动现象，如油泵柱塞与调节臂是通过压装组合的；离合器从动轮与钢片是通过铆接结合的，摩擦片与钢片是通过铆接或胶接的；纸质滤清器滤芯骨架与滤纸是通过胶接而成的；电器设备的线头是通过焊接而成的。选购时若发现有松动，应予以调换。

6. 看转动部件是否灵活

选购机油泵等转动部件总成时，用手转动泵轴，应感到灵活，无卡滞；选购滚动轴承时，一手支撑轴承内环，另一手打转外环，外环应能快速、自如转动，然后逐渐停转。若转动部件转动不灵，说明内部锈蚀或产生变形，不要购买。

7. 看总成部件有无缺件

正规的总成部件必须齐全完好，才能保证顺利装配和正常运行。一些总成部件上的个别小零件若漏装，将使总成部件无法工作甚至报废。

8. 不贪便宜买廉价货

假货的价格通常要比真货便宜十几倍，当然这是以品质的差别为代价的，消费者在购买时一定要弄清低价产品是商品正常折价还是降价。

9. 观察包装是否精致

一般来说，正品包装盒内有合格证和检验员章，一些重要部件如分电器、喷油泵等，还配有使用说明书。而不少假货的包装印刷很粗糙，也没有使用说明书。

10. 选择有溯源的零部件

购买的零部件能追溯到源头，不能使用无来路的零部件。而假冒伪劣零部件往往容易造成车辆机体的损害。

十、真假机油的鉴别

机油在发动机上发挥着重要作用，现今市场上出现了不少假冒产品，尤其是网上销售的产品更是真假难辨，售后索赔困难，有时不法分子会用再生废旧机油以假充真。由于假油品质低劣，对汽车危害较大，也给用户带来严重的经济损失。

有些不法分子为图厚利，做假油来欺骗消费者，其做法经常是将旧包装回收，然后灌装劣质油上市，有一定实力的不法分子甚至订做新包装，模仿名牌包装的外观，以低价入市。

一般假冒油品有三类：一是采用回收的废油经处理后灌装上市；二是采用单纯的基础油混合，不加任何添加剂，以求更低的成本；三是购买低档油灌装，以次充好。他们一般都是将假机油的颜色调至与真油相当，让消费者从外观上难以分辨，以假乱真。区分真假机油的方法如下。

1. 看包装外观

正规油品所用的包装都由定点厂商生产，外观质量统一，工艺精湛，单桶机油质量稳定。而不法分子伪造的假冒油品，一方面受生产技术设备所限；另一方面为尽量降低成本，故在外观、质量以及包装等一些关键部分，与真品有较大的差异。主要从以下几个方面进行鉴别。

新机油包装外观干净漂亮，无油污尘迹，封口盖是一次性的，缺口处有封口锡纸，锡纸上均有厂家特殊标记，无这些特点，有可能是假机油。另外，名牌机油为防假冒，从标签贴纸、罐底、罐盖内侧、把手等不显眼处均有特殊标记，如果不法分子自订包装造假，只要对比一下真假两个外包装就可分辨。

例如美孚机油，可从外观包装上辨别真伪。

（1）表面图案　真品油桶表面的各种图案印刷清晰，示意图上的颜色接近人的肤色；假冒伪劣产品，桶身表面的图案印刷模糊，套色深浅不一致、不匀称，与真品相比颜色偏红、偏淡。

（2）桶身焊缝　真品均匀、平滑、精致，无金属重叠；假冒伪劣产品粗糙，不均匀，刺手，有金属重叠。

（3）提把　真品焊点大小均匀且居中；假冒伪劣产品焊点大小不均匀，偏离中心，有开脱现象。

（4）图案印刷　真品清晰、细腻，套色准确；假冒伪劣产品线条模糊、粗糙，套色有偏差。

（5）桶身颜色　例如美孚机油，真品白色纯正，蓝色、红色不脱色，焊缝处蓝色处于同一水平面上；假冒伪劣产品白色不纯正，蓝色、红色会脱色，焊缝处蓝色不在同一水平面上。

（6）塑料盖　真品鲜艳，有光泽，图案清晰，具韧性；假冒伪劣产品颜色深浅不一，图案较模糊，塑料质硬，提拉时会刺手。

（7）塑料嘴　真品边缘光滑，反复提拉多次无裂纹，封口揭开整齐；假冒伪劣产品边缘粗糙，稍经提拉便开裂，有的封口无法揭开。

2. 质量方面

真品质量一般比较准确，每桶均为 3.9kg 左右，每桶之间的质量差很少；假冒伪劣产品的质量一般仅为 3.5kg 左右，且各桶间的差异比较大。

3. 从激光防伪标志上识别

真品上有激光防伪标志，防伪标志若撕下来可再粘贴上或撕下来便坏的均为假冒伪劣产品。

例如美孚机油，真品三维立体图案的立体感强，图案上的美孚英文字体、飞马图形、美孚中文字体分为三层，清晰可见；假冒伪劣产品则无立体感，光亮度差异较大。

另外，油箱塑料口盖端，假冒伪劣产品渗漏油，旋钮一提就断裂。但要注意，随着制假分子手段的不断提高，有时从外包装上很难辨别真伪。

4. 从内在质量上辨别

用再生机油假冒，一般颜色浑黑，不像真品那样颜色清纯透明；也可用鼻子闻，假冒伪劣产品可闻到一股汽油、柴油等异味。观察油外观，将机油倒出来观察，真品色浅透明，无杂质，无悬浮物，无沉淀物，味淡，晃动时流动性较好。假冒伪劣产品，或油色较深，或有杂质沉淀物，或味浓有刺激性，晃动时流动性较差，或用手摸有拉丝现象。

5. 仪器检验

假冒伪劣产品用国产油冒充的，难以用简单方法鉴别假油，需通过仪器检验方能鉴别。检验关键性能，如润滑性能（试验台加压机油抗磨实验）、抗氧化性能（试管钢球稀硫酸抗氧化实验对比）。这种方法复杂，不适合车主个人使用。

6. 长期使用后的效果对比

两种机油使用后积炭对比，用内窥镜观察，使用假冒伪劣产品的，活塞顶和气门上均有严重的积炭。

十一、真假冷却液的鉴别

1. 冷却液的种类

假冷却液大体可分为两种。一种是用低沸点醇类如甲醇等勾兑的假冷却液，这类假冷却液沸点低，为70～80℃，极易挥发并造成液体沸腾，即水箱“开锅”，并且挥发的蒸气对人的眼睛有严重伤害。购买到这种假冷却液后，在确信水箱管不漏的情况下，会因挥发严重而产生经常补加的现象，它还可能经常“开锅”，而对发动机造成很大伤害。真正的冷却液，只要水箱管不漏，基本上是不需补加的，因为真正的冷却液沸点在107℃以上，比水的沸点还高，一般不会“开锅”。另一种是用工业盐和卤水勾兑的，这种假冷却液最大的危害是腐蚀，它腐蚀水箱、发动机及整个冷却系统的速度极快，一个完好的水箱两三个月就会因腐蚀而出现泄漏，发动机也会因腐蚀严重而损坏。

2. 冷却液的鉴别方法

（1）价格　就目前的价格来看，在5元/kg以下，基本就不会是真货了。

（2）闻味　有各种刺鼻难闻气味的一定是假货，真货没有太大的气味。

（3）手感　不润滑、易挥发的（严禁用嘴尝！冷却液的添加剂中含有致癌物）是加了低沸点醇类的假冷却液；包装桶口有白色固体出现的，用手提起较重，手感很涩，没有很特别气味的，为工业盐或卤水加工的假冷却液。

（4）浊度　无论何种颜色的产品，都要保持一定的透明度，浑浊的产品不是好的产品。

3. 冷却液的检测

（1）测冰点　将冷却液装在透明的瓶子里放入冰柜或冰库中，将温度调到冷却液的冰点，放置1～2天以后取出，看冷却液是否还保持透明及流动性，是否有冰花析出，如果无则为正品。

（2）测pH值　采用pH试纸测定，在纸上滴一两滴冷却液，呈绿色至蓝色甚至紫色为碱性，是合格品，否则不合格。有些冷却液加绿色染料，影响显色效果，可观察渗水边缘，若边缘也为绿色则为合格品。

（3）测防腐性　取一杯冷却液加热至80～90℃（不必煮沸，模拟水箱温度），然后加入铝线、铜线、铁钉之类浸泡3～5天，每天都加热3次，伪劣产品很快就会使这些物质生锈变质。

十二、真假制动液的鉴别

1. 制动液的鉴别方法

倒少许制动液在手掌上，真制动液通常会先感到有些凉，片刻后又会感到有些热，且不易挥发；假如感觉到制动液异常的凉，没有热的感觉，并且会慢慢挥发，则很可能是假制动液，不可购买和使用。

2. 制动液的更换

为了能够保证行车安全，制动液的使用和更换千万不能马虎，一定要小心谨慎，应注意以下几点。

① 当制动液中混入或吸入水分，或者是发现制动液有杂质或沉淀物时，应该及时更换或者认真过滤，否则会造成制动压力不足，从而影响制动效果。

② 车辆正常行驶 4 万千米或超过 2 年，制动液很容易由于使用时间长而变质，所以要注意及时更换。

③ 车辆在正常行驶中，若出现制动忽轻忽重时，要对制动液及时进行更换，在更换之前先用酒精将制动系统清洗干净。

④ 车辆制动出现跑偏时，要对制动系统进行全面检查。若发现分泵皮碗膨胀过大，就说明制动液质量可能存在问题。这时应选择质量比较好的制动液予以更换。

⑤ 换季时，尤其在冬季，要是发现制动效果下降，则有可能是制动液的级别不适应冬季气候，此时更换新制动液，应选择在低温下黏度偏小的制动液。

第三章　发动机保养

03 Chapter

第一节　发动机机油及机油滤清器

一、发动机机油

1. 机油品质的检查

机油质量很重要，变质的机油起不到润滑作用，致使运动机件容易磨损，造成零件过早损坏。检查的方法主要有机油外观和气味的检查，以及油滴斑点的检验。

抽出机油尺，取几滴机油，直接用眼睛观看，可以大致分清机油的情况。

① 如果机油比较清澈，表示污染不严重。但要注意，掺有浮游性添加剂的机油在使用中，很快会变成暗黑色，这是添加剂的作用，属正常现象，不能误认为机油已经变质。

② 如果机油显示雾状，油色浑浊或乳化，表示机油被水严重污染。

③ 如果机油呈灰色，闻之有燃油气味，表示机油被燃油稀释。

④ 如果机油放置一段时间后，上层油色变淡，表示机油添加剂已失去作用。

⑤ 如果用手捻搓机油，感觉有细颗粒，表示机油里已含有较多的杂质。

油滴斑点的检验是指在发动机运转或刚停机后，直接从发动机取样，将机油尺滴下的第 3 或第 4 滴油滴在专用滤纸上。滤纸应平放，背部不与其他物体接触，即展示一个油斑痕迹，如图 3-1 所示。

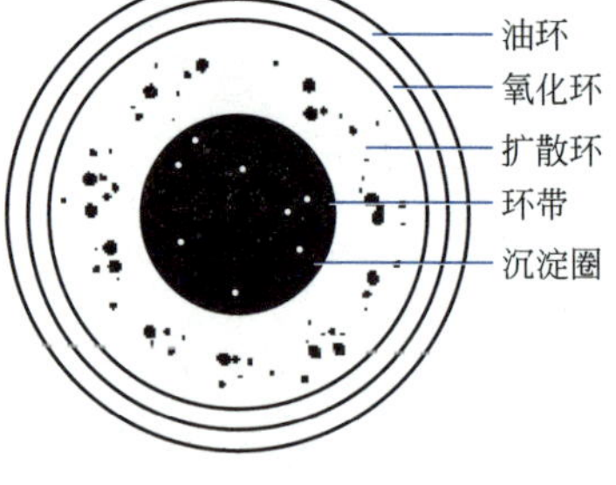

图 3-1　机油斑点检验

把滴定好的滤纸斑点图与标准滤纸斑点图进行对比分析，即可对在用机油的品质做出判断。

2. 机油使用注意事项

使用机油时一定要注意不要污染环境，影响人们的生活。机油接触人的皮肤，如不及时清洗干净，轻者可能引起皮炎，重者会发生皮疹或皮瘤。机油误入口内或吸入人体内，轻者发生胃肠病或肺炎，重者可能导致癌症。所以不要将机油弄到食品上，更不要误入呼吸道内，也不要弄得满身是机油或满地是机油，这不但造成浪费，而且有碍个人健康。

因为机油有毒性，所以不能将废机油随便倒掉，污染环境。换出的已变质的旧机油，只能作为废油处理，而且废机油应妥善处理，以免造成环境污染。废机油应收集起来统一处理，盛装机油的油桶或瓶子不得乱丢，也要统一妥善处理，以免造成环境污染。使用后的废机油，尤其是含添加剂较多的废机油难以再生利用，但一般可以作为燃油烧掉。

二、机油油位的检查

难度等级：★

安全等级：★

① 将汽车停放在平地上，关闭点火钥匙，打开发动机盖，找到机油尺，如图 3-2 所示。

② 发动机熄火后等待 5min，拔出机油尺，如图 3-3 所示。

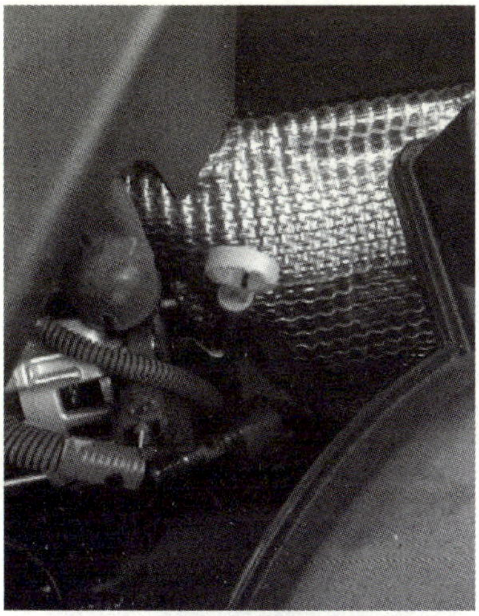

图 3-2　机油尺

图 3-3　拔出机油尺

③ 用布清洁干净机油尺，如图 3-4 所示。

④ 把机油尺插回到机油尺孔中，再次拔出机油尺进行检查。检查时，

机油尺沿水平向下方向（45°）且顶端放在纱布上面，水平目视检查机油液位是否在油位标记的上下刻线之间（图 3-5），若低于下刻线，则及时补充或更换，并查明是否泄漏。

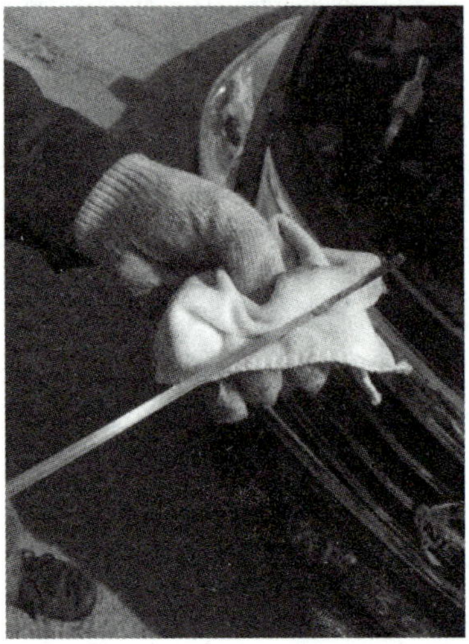

图 3-4 用布清洁干净机油尺

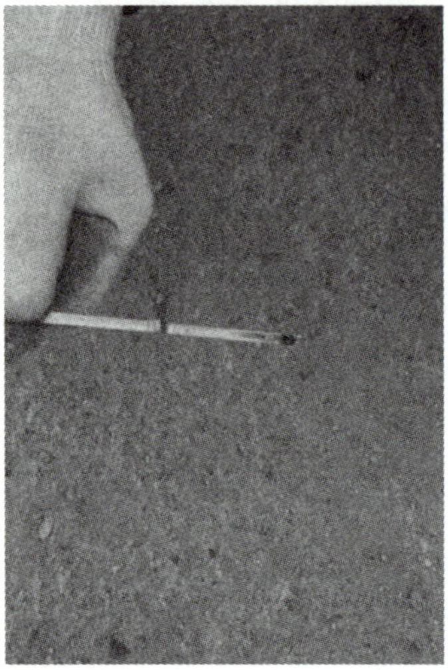

图 3-5 机油液位在油位标记的上下刻线之间

三、更换机油和机油滤清器

难度等级：★★★

安全等级：★★★

更换周期：一般 5000km（部分车型为 7500km 或 10000km）。

① 发动机达到正常的工作温度，熄火。找到加机油口盖，如图 3-6 所示。

② 打开加机油口盖，如图 3-7 所示。

图 3-6 加机油口盖

图 3-7 打开加机油口盖

③ 找到油底壳螺栓，如图 3-8 所示。

④ 选择合适的拆卸工具，注意拆卸螺栓的工具尺寸要合适，如图 3-9 所示。

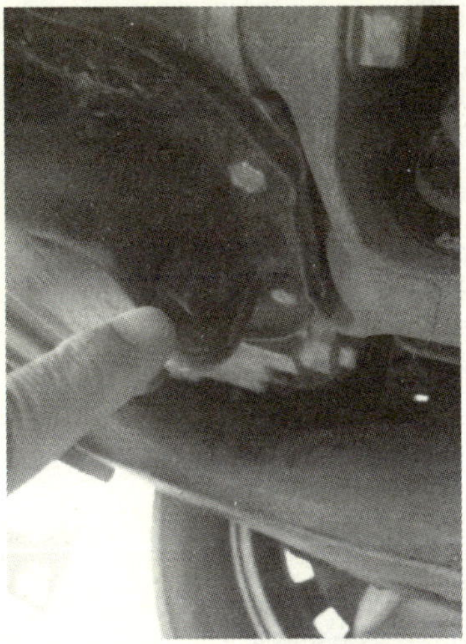

图 3-8 油底壳螺栓

图 3-9 选择合适的拆卸工具

⑤ 拆下油底壳螺栓，如图 3-10 所示。

⑥ 螺栓拆下后检查螺栓螺纹和油底壳螺纹是否有损伤，螺栓上的垫片是否损坏，如图 3-11 所示。按照要求，垫片应该每次都更换。

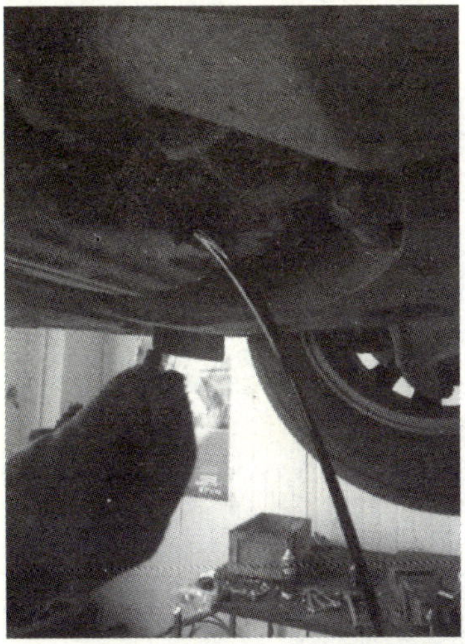

图 3-10 拆下油底壳螺栓

图 3-11 检查螺栓螺纹和油底壳螺纹是否有损伤

⑦ 若无问题，在机油放完后，将螺栓用手拧上并按标准扭矩拧紧，如

图 3-12 所示。注意，螺栓不要装偏。

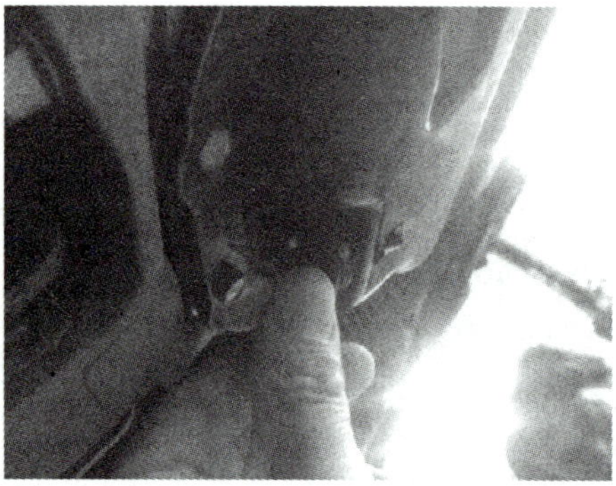

图 3-12　将螺栓用手拧上

⑧ 选择合适的工具拆卸机油滤清器，如图 3-13 所示。

图 3-13　选择合适的工具拆卸机油滤芯

⑨ 拆卸护板（如果需要），找到机油滤清器，如图 3-14 所示。

图 3-14　找到机油滤芯

⑩ 把工具套在机油滤清器上，如图 3-15 所示。

图 3-15　把工具套在机油滤清器上

⑪ 拆下机油滤清器，如图 3-16 所示。

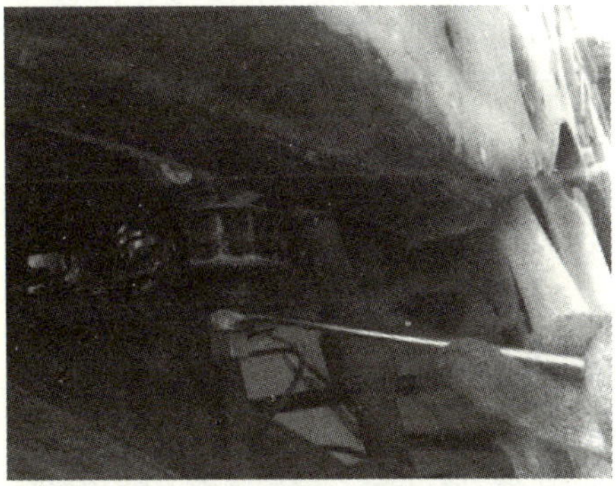

图 3-16　拆下机油滤清器

⑫ 注意检查滤清器的 O 形圈是否和滤清器一起拆下来，如图 3-17 所示。有些 O 形圈会粘在机油滤清器底座上，如果不拿下来，新装的滤清器 O 形圈和原来的叠在一起，很容易漏油。

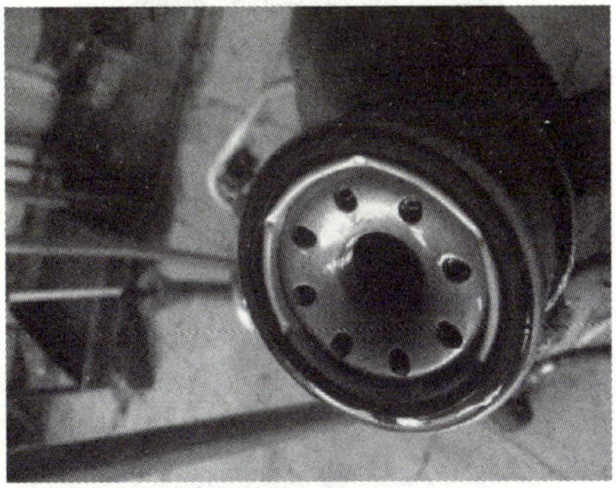

图 3-17　检查滤清器的 O 形圈

⑬ 拿来新滤清器，核对型号是否合适，如图 3-18 所示。

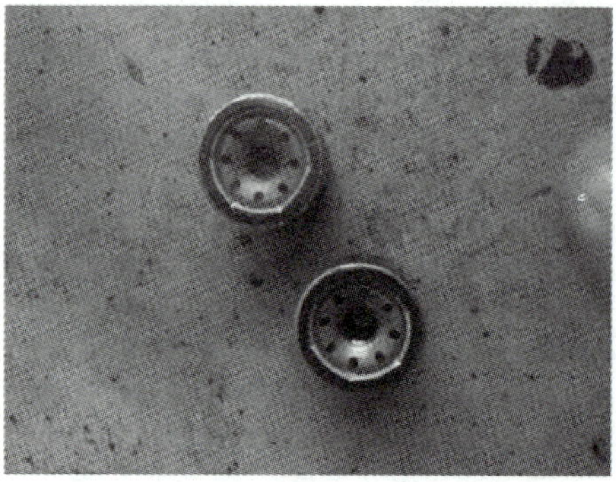

图 3-18　拿来新滤清器核对型号是否合适

⑭ 在新滤清器的 O 形圈上涂上机油，如图 3-19 所示。

图 3-19　在新滤清器的 O 形圈上涂上机油

⑮ 用手将机油滤清器拧到机油滤清器底座上，如图 3-20 所示。

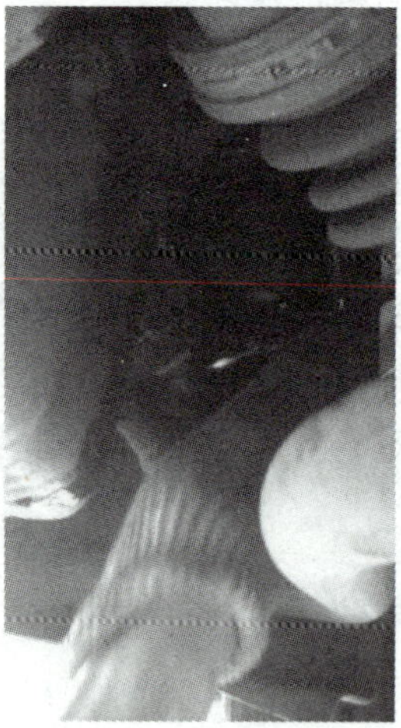

图 3-20　用手将机油滤清器拧到机油滤清器底座上

⑯ 用专用工具拧紧机油滤清器，注意所用工具要合适。如果用链式扳手，注意工具不要在滤清器表面打滑。如打滑严重，建议更换新的滤清器。

⑰ 将机油滤清器底座和机油滤清器处的油渍擦干净，方便以后检查。

⑱ 加入机油，注意量要适当。如果首次不知道加入量，要加一会儿，检查一下，不可加多。

⑲ 启动发动机，观察机油滤清器和油底螺栓处是否漏油，若漏油，需要重新处理。

⑳ 熄火，检查油量，如果缺少机油，继续添加。

㉑ 拧紧加机油口盖。

㉒ 有护板的，安装好护板。

㉓ 进行保养复位。

案例 1：上海通用克鲁兹轿车保养后，发动机故障灯亮

故障现象： 一辆上海通用克鲁兹轿车在某修理厂做 6 万千米保养后，发动机故障灯亮。

故障检查及分析： 保养后出现发动机故障灯亮，不知是巧合还是保养不慎造成的。修理工说发动机保养部分只更换了机油和机油滤清器，故障与他无关。对修理工动过的零部件进行检查。检查机油加注口盖，发现其没拧紧。

故障排除： 将机油加注口盖拧紧，试车，正常。

小结： 机油加注口盖没拧紧漏气引起发动机故障灯亮，机油加注口盖的密封圈损坏也会引起同样的故障。

案例 2：换错了油

一辆 2.4L 奥迪轿车更换机油，修理工举起车辆，看到一个螺栓就拆，油流了出来。修理工拧上螺栓，更换机油滤清器后，加上机油马上发动着车，一会儿排气管冒出了蓝烟，而且越冒越大。客户说我的车以前不冒蓝烟，换机油后怎么冒蓝烟了。修理工说哪里也没动，怎么会冒蓝烟呢？客户没办法只好上车准备开车走，谁知发动机工作后挂挡，车辆却不能行驶了。最后才知道修理工举起车辆，看到的螺栓是自动变速器的放油螺栓，发动机的放油螺栓被发动机下护板盖着看不见，流出来的油是自动变速器油。

第二节　发动机进排气系统

一、空气滤清器的检查和滤芯更换

难度等级： ★★

安全等级： ★★

更换周期：由于难以通过目视来判断空气滤清器滤芯的变质程度，所以应根据行驶里程和时间长短来清洁或更换空气滤清器的滤芯。一般来说检查的间隔为每 20000km 或 2 年进行 1 次，更换的间隔为每 40000km 或 4 年进行 1 次。具体要求视车型不同而异，可参考维修手册。另外当车辆经常行驶在沙地或尘土飞扬的地区时，清洁或更换滤芯的间隔就要变短，因为恶劣的空气环境可能使滤芯很快堵塞。

1. 空气滤清器的作用

空气滤清器安装于进气歧管和节气门体的前方，如图 3-21 所示，其作用是清除灰尘、砂土等，以清洁进入发动机的空气。它由壳体和滤芯组成，滤芯布置在壳体内，如果空气滤清器滤芯被堵塞，则由于进入到发动机的空气数量变少，发动机的输出功率将降低，燃油经济性会变差。

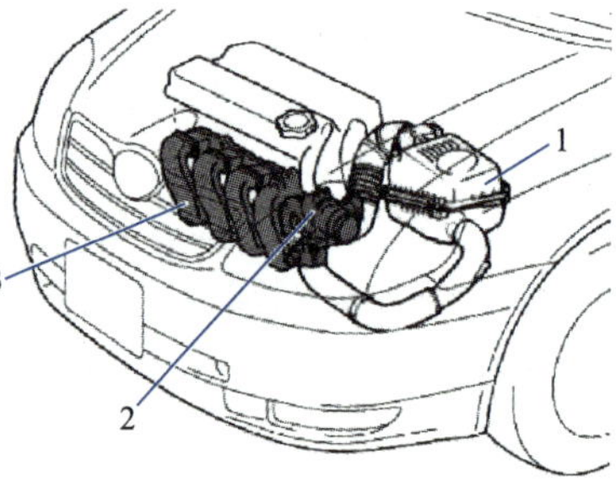

图 3-21 空气滤清器的位置

1—空气滤清器；2—节气门体；3—进气歧管

2. 空气滤清器的检查

① 拆下空气滤清器盖夹子（有的车型空气滤清器盖是用螺钉固定的），如图 3-22 所示。

图 3-22 拆下空气滤清器盖夹子

② 将空气滤清器滤芯拆下，如图 3-23 所示。

图 3-23　将空气滤清器滤芯拆下

③ 用气枪从空气滤清器滤芯的发动机侧吹入压缩空气，以便清除滤芯上的灰尘，同时清除空气滤清器盖内的污物，如图 3-24 所示。

图 3-24　用气枪从空气滤清器滤芯的发动机侧吹

④ 检查空气滤清器滤芯上的橡胶密封是否良好，并且确保其没有裂纹或者其他损坏，如图 3-25 所示。

图 3-25　检查空气滤清器滤芯上的橡胶密封

⑤ 将滤芯装入空气滤清器中，用空气滤清器夹子卡好，如图 3-26 所示。

图 3-26　用空气滤清器夹子卡好

3. 空气滤清器滤芯的更换

若空气滤清器滤芯已经达到规定的更换间隔，或经检查滤芯脏污严重，则应及时更换空气滤清器滤芯，更换步骤如下。

① 安装新的空气滤清器滤芯之前要彻底清除空气滤清器内部较多的灰尘及杂质。

② 安装车辆所配用的质量优良的空气滤清器滤芯。

③ 安装时保证空气滤清器滤芯的完好和安装方向正确。

二、排气管的检查

难度等级：★

安全等级：★★

排气管安装于汽车发动机排气歧管和消声器之间，如图 3-27 所示。燃料燃烧后的废气经由此管道排出，使整个排气系统呈挠性连接，从而起到减振降噪、方便安装和延长排气消声系统寿命的作用。排气管的主要材质是不锈钢，卡套和接管材质可为不锈钢或镀铝钢。排气管的检查主要有以下方面。

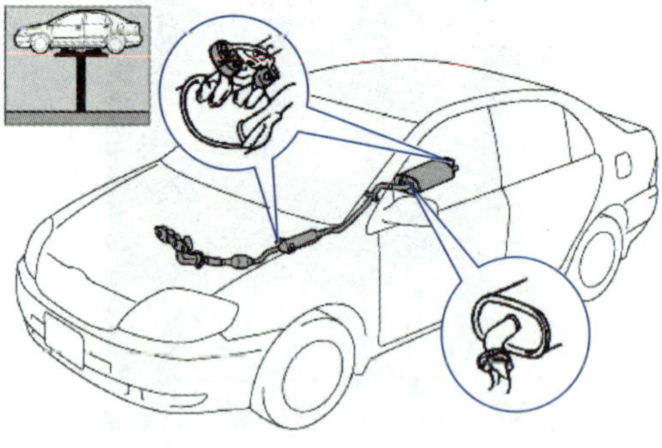

图 3-27　排气管的安装位置

1. 损坏和安装状况检查

① 检查排气管是否损坏，如图 3-28 所示。

图 3-28　检查排气管是否损坏

② 检查消声器是否损坏，如图 3-29 所示。

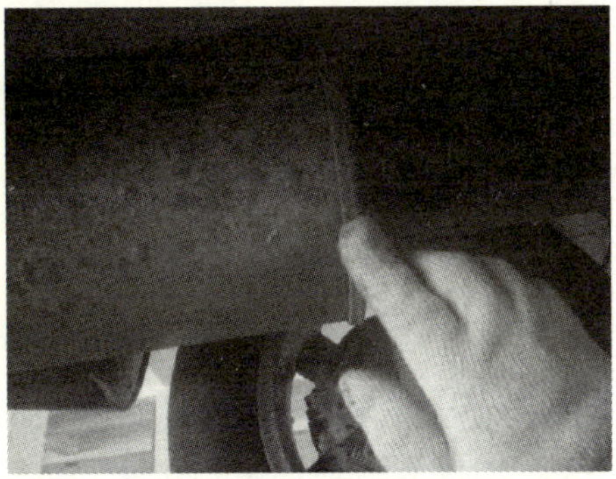

图 3-29　检查消声器是否损坏

③ 检查排气管支架上的 O 形圈是否损坏或者脱离，如图 3-30 所示。

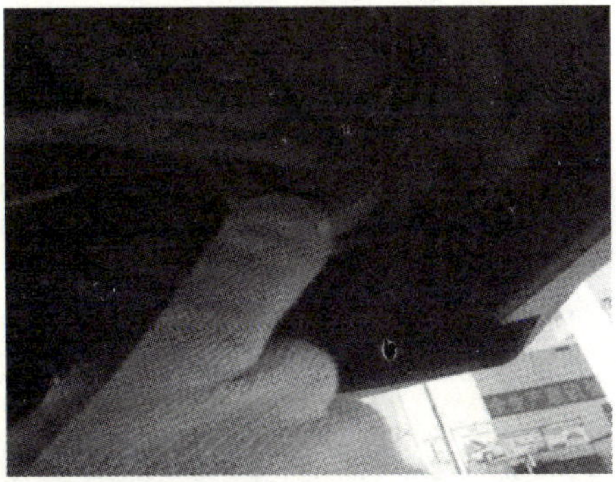

图 3-30　检查排气管支架上的 O 形圈是否损坏或者脱离

④ 检查垫片是否损坏。

2. 排气管渗漏

通过观察接头周围是否存在任何炭黑，检查排气管连接部分是否泄漏废气，如图 3-31 所示。

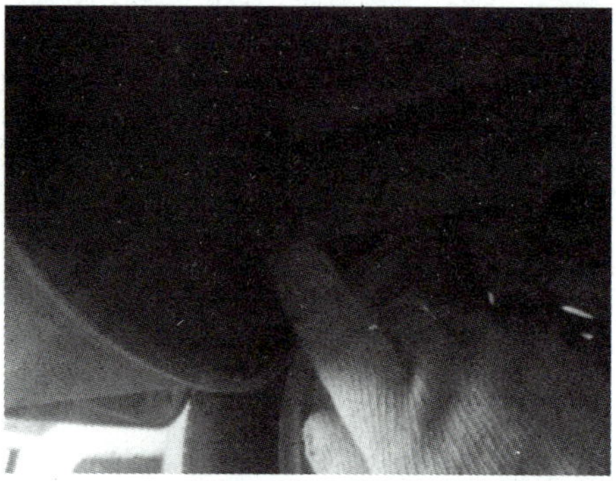

图 3-31 检查排气管连接部分是否泄漏废气

第三节 发动机燃油供给系统

一、燃油箱及管路的检查

难度等级：★

安全等级：★★★★★

1. 燃油系统的检查

燃油系统负责向发动机供应燃油，并能调节燃油供给量。燃油系统的结构组成如图 3-32 所示，燃油系统的检查作业主要有以下几个方面。

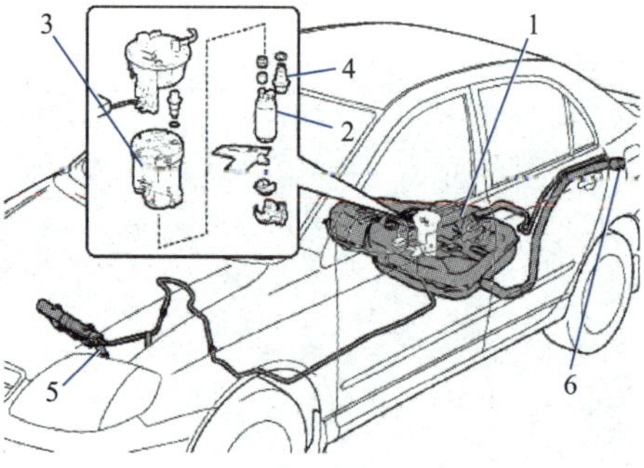

图 3-32 燃油系统的结构组成

1—油箱；2—燃油泵；3—燃油滤清器；4—压力调节阀；5—喷油嘴；6—燃油箱盖

（1）油箱盖检查（图 3-33）

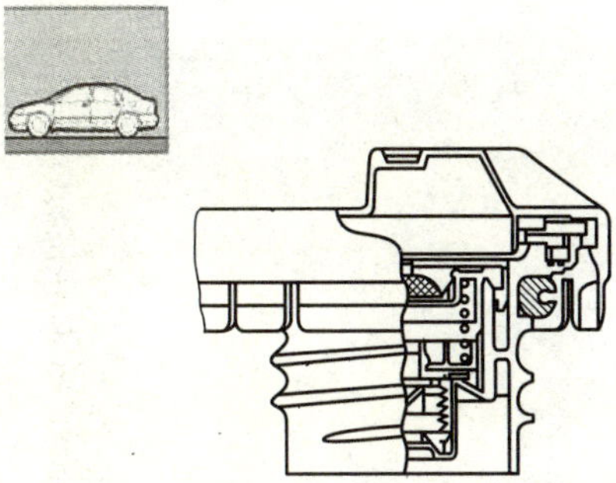

图 3-33 油箱盖

① 油箱盖变形或者损坏检查 通过检查确保油箱盖或者垫片都没有变形或者损坏。同时检查真空阀是否锈蚀或者粘住。

② 油箱盖附件情况检查 通过检查确保油箱盖能够被正确上紧。

（2）油管接头检查

① 燃油渗漏检查 检查燃油管路（图 3-34）是否渗漏。

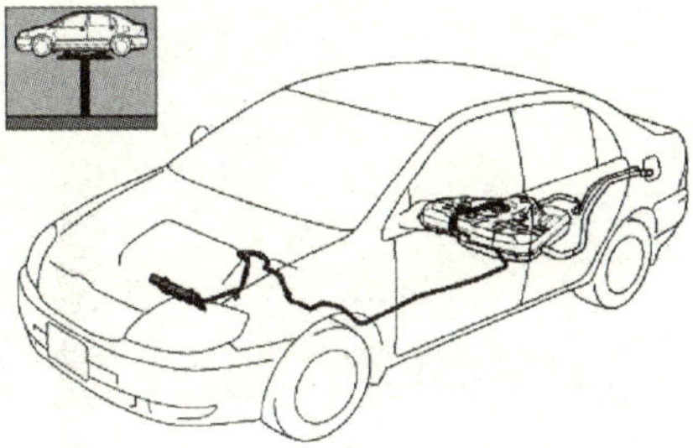

图 3-34 燃油管路

② 燃油管路损坏检查 检查燃油管路是否损坏。

③ 油箱盖扭矩限制器工作情况检查 安装油箱盖，进一步上紧油箱盖，确保油箱盖发出咔嗒声而且能够自由转动。

2. 实施

① 检查油箱盖密封圈（图 3-35）。

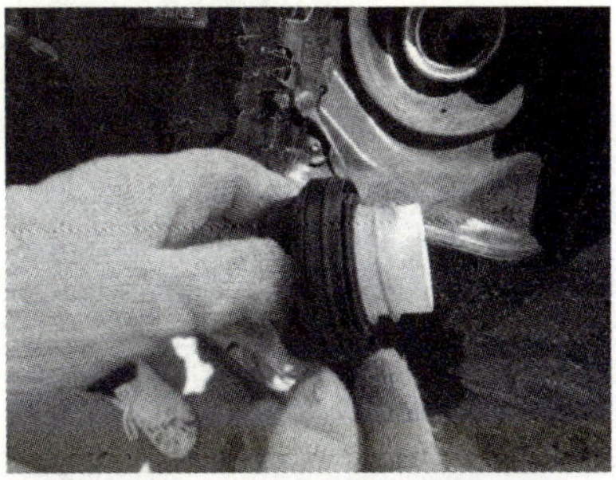

图 3-35 检查油箱盖密封圈

② 拧紧油箱盖时听到“咔嗒”声，表明已经拧紧（图 3-36）。

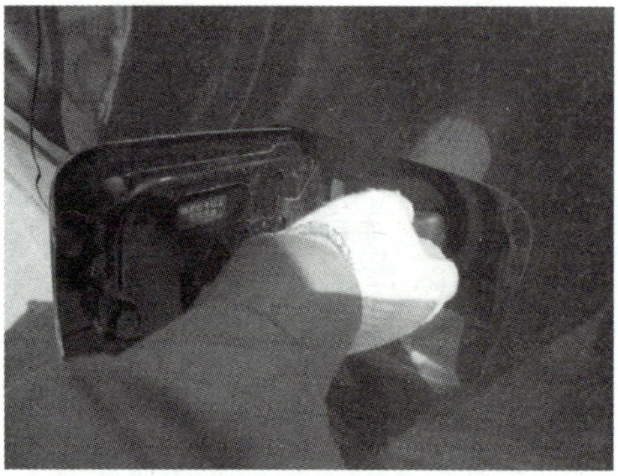

图 3-36　拧紧加注口盖时听到“咔嗒”声

③ 检查发动机舱内的燃油管路各处是否有漏油现象（图 3-37～图 3-39）。

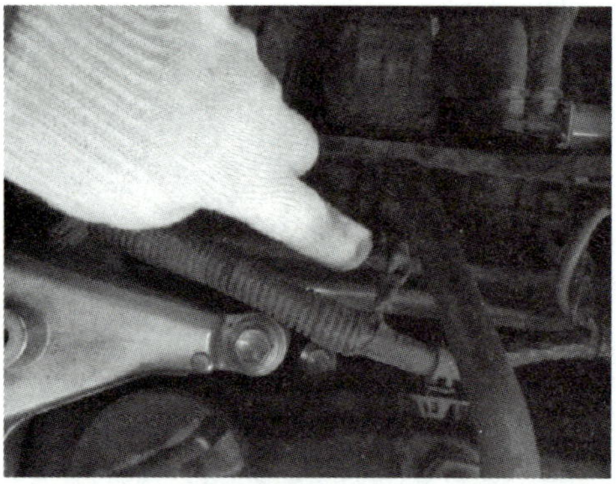

图 3-37　检查发动机舱内的燃油管路各处是否有漏油现象（一）

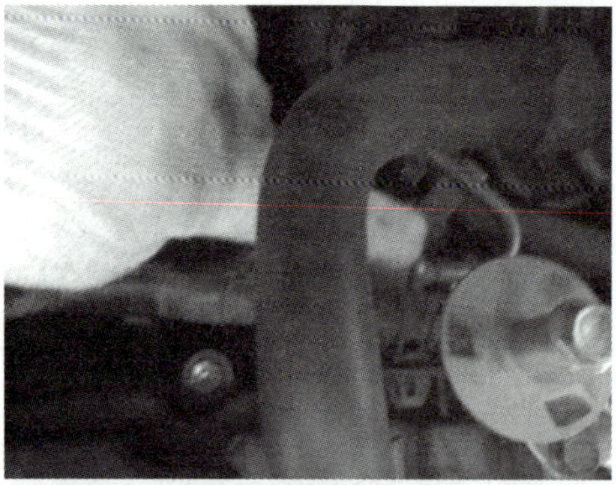

图 3-38　检查发动机舱内的燃油管路各处是否有漏油现象（二）

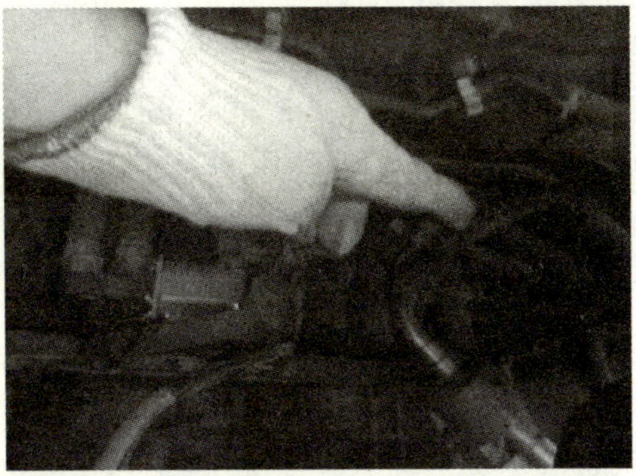

图 3-39　检查发动机舱内的燃油管路各处是否有漏油现象（三）

二、汽油滤清器及其更换

1. 汽油滤清器的作用

汽油滤清器的作用就是把含在汽油中的氧化铁、粉尘等固体杂质过滤掉，一方面可以减少喷油器被杂质堵住的概率；另一方面可以保证流入燃油系统的汽油油质。

电喷车需要更清洁的燃油，因为哪怕是极微小的杂质也会磨损电喷系统中的精密零部件。因此电喷车需要专用的汽油滤清器，用它过滤燃油中的杂质，避免杂质进入喷油器。只有优质的汽油滤清器才能提供电喷系统要求的清洁燃油，从而使发动机性能达到最优化，同时也给发动机提供最佳的保护。

2. 汽油滤清器分类

汽油滤清器主要分为以下三种：直进直出式、带回油管路式、集成油泵总成式。另外，直进直出式、带回油管路式汽油滤清器均为单导向的，因此在安装时要注意方向。

（1）直进直出式　直进直出式汽油滤清器，简单地说就是汽油滤清器一端是进油口，另一端是出油口，如图 3-40 所示。其优点是体积小、易拆装、

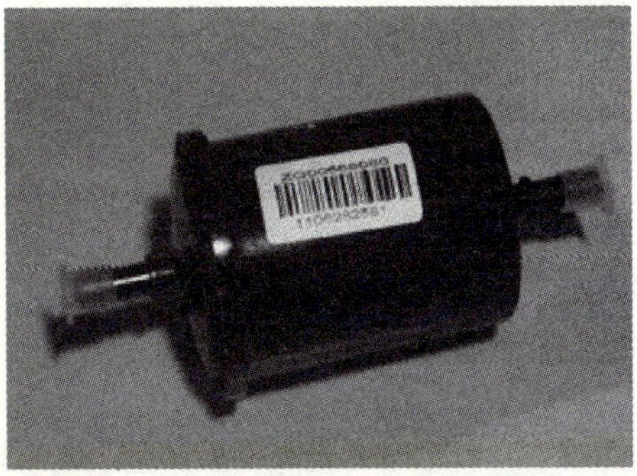

图 3-40　直进直出式汽油滤清器

成本较低；而不足之处主要体现在直进直出上，由于这类汽油滤清器是单管路串接的，因此容易造成油路堵塞。

（2）带回油管路式　相比于第一种，带回油管路式汽油滤清器多了一个回油管，如图 3-41 所示。回油管的作用主要是把喷油导轨内没有用完的燃油输送到油箱内。而在优点与不足方面，与直进直出式汽油滤清器并无太大差异。

图 3-41　带回油管路式汽油滤清器

（3）集成油泵总成式　集成油泵总成式汽油滤清器如图 3-42 所示。相比于前两种，它无论是在体积上或是在更换步骤上都有比较大的差别。其优点在于体积大，汽油通过率高，不易堵塞；而不足方面主要体现在成本上以及更换难度上。另外，要注意的是，集成油泵总成式汽油滤清器的拆装比较麻烦，首先要拆下后排座椅以及盖板之后才能看到拆装位置。

图 3-42　集成油泵总成式汽油滤清器

3. 注意事项

汽油滤清器外壳上的箭头表示汽油的流动方向，安装汽油滤清器时，不允许倒装，即使它在倒装状态下工作很短的时间也必须更换。不同车型汽车厂商所规定的保养周期不完全相同，具体更换周期以汽车厂商要求为准。

4. 自己动手更换汽油滤清器

安全等级：★★★★★

难度等级：★★★★★

① 为了安全，先拆掉蓄电池连接线，如图 3-43 所示。

图 3-43　先拆掉蓄电池连接线

② 去掉后座，如图 3-44 所示。

图 3-44　去掉后座

③ 此处下为油箱，如图 3-45 所示。

图 3-45　油箱的位置

④ 从三角符号处撬开，如图 3-46 所示。

图 3-46　从三角符号处撬开

⑤ 撬开后的景象，如图 3-47 所示。

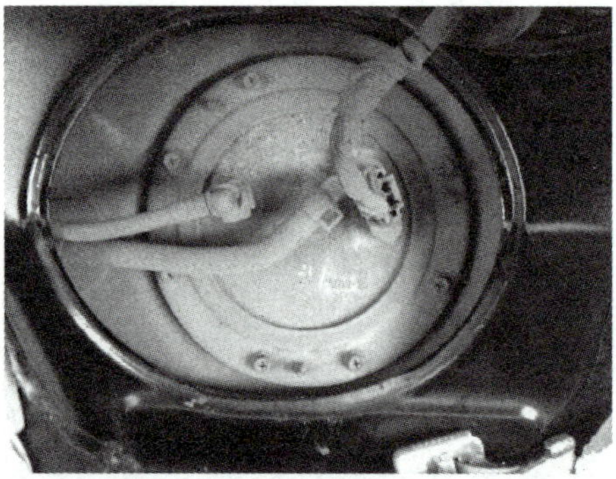

图 3-47　撬开后的景象

⑥ 拔掉插接器。这时候，启动发动机，发动机可以工作一会儿，因为汽油泵的插接器拔掉了，如图 3-48 所示。

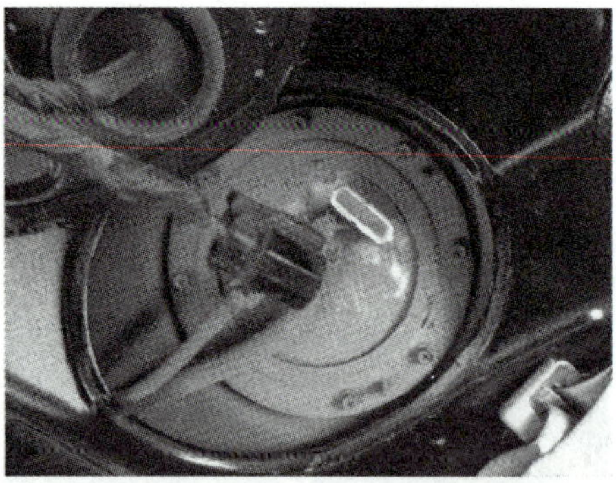

图 3-48　拔掉插接器

⑦ 擦干净后的景象，如图 3-49 所示。

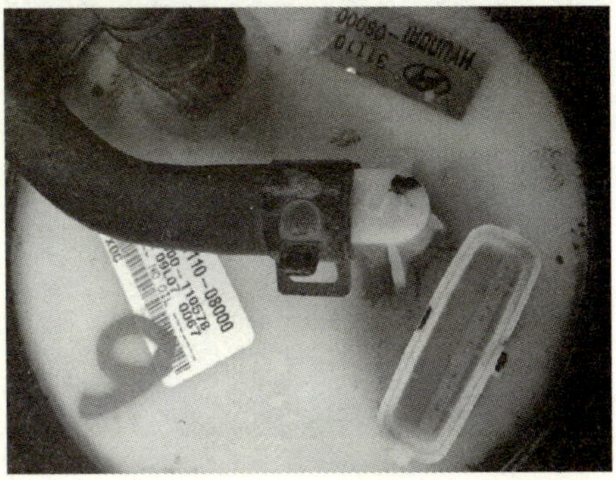

图 3-49　擦干净后的景象

⑧ 用钳子将油管卡子夹住向后移动，如图 3-50 所示。

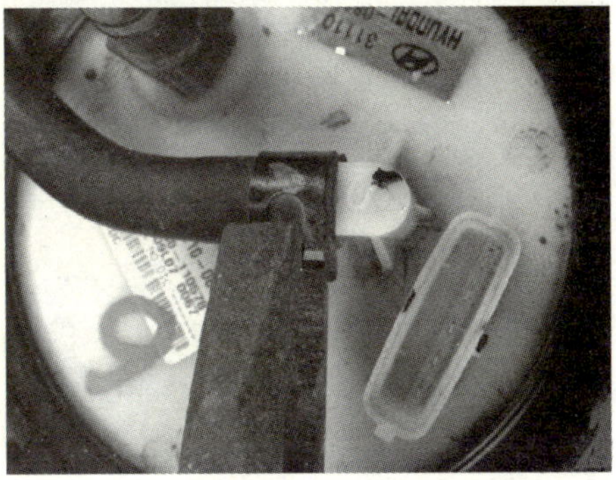

图 3-50　用钳子将油管卡子夹住向后移动

⑨ 用钳子夹住油管，左右摇动一下，使其松动，如图 3-51 所示。

图 3-51　用钳子夹住油管，左右摇动一下，使其松动

⑩ 取下一根，如图 3-52 所示。

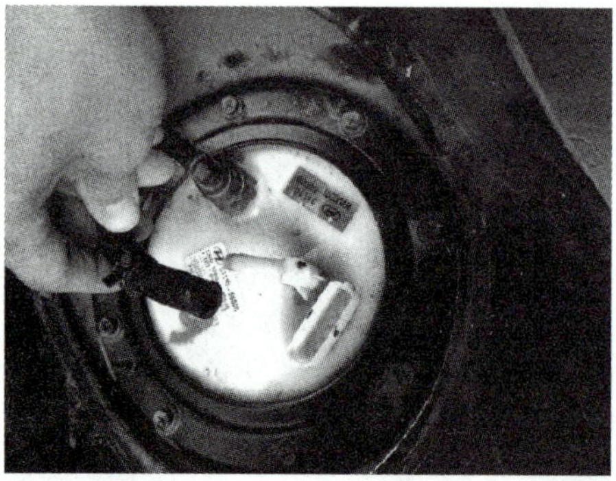

图 3-52　取下一根

⑪ 如图 3-53 所示，将此根油管两边蓝色的方形按钮捏住拔出即可。

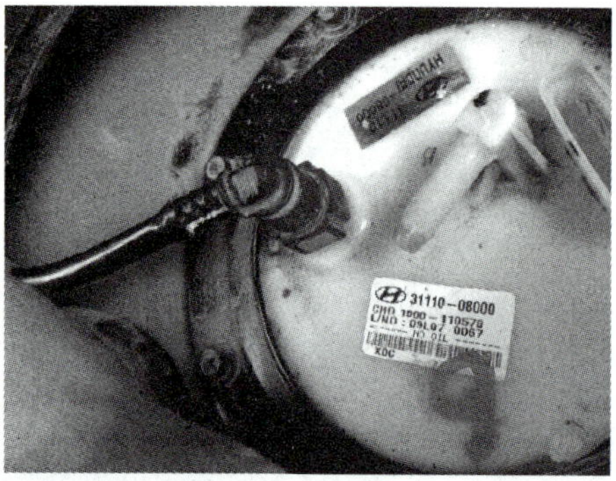

图 3-53　将方形按钮捏住拔出

⑫ 拆掉圆盘螺钉，如图 3-54 所示。

图 3-54　拆掉圆盘螺钉

⑬ 用螺丝刀撬一下，取出时应斜着取出，如图 3-55 所示。

图 3-55　取出圆盘

⑭ 注意，在取出时及取出后不要动油位计的浮子，如图 3-56 所示。

图 3-56　不要动油位计的浮子

⑮ 有一个卡扣，松掉后将上部拔出，如图 3-57 所示。

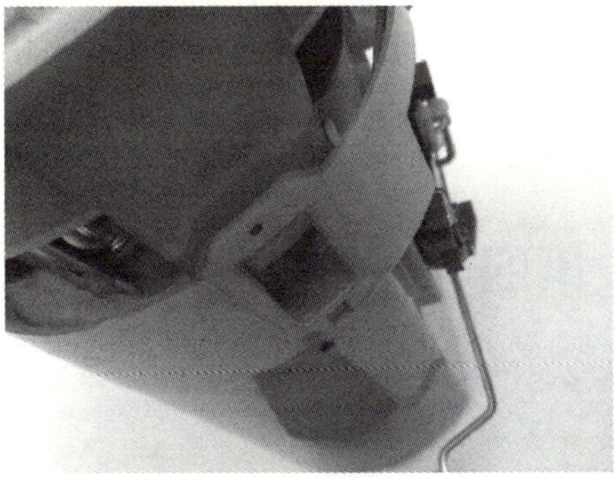

图 3-57　松开卡扣并将上部拔出

⑯ 打开盖子，如图 3-58 所示。

图 3-58 打开盖子

⑰ 有两个卡子，撬开后拔出，如图 3-59 所示。

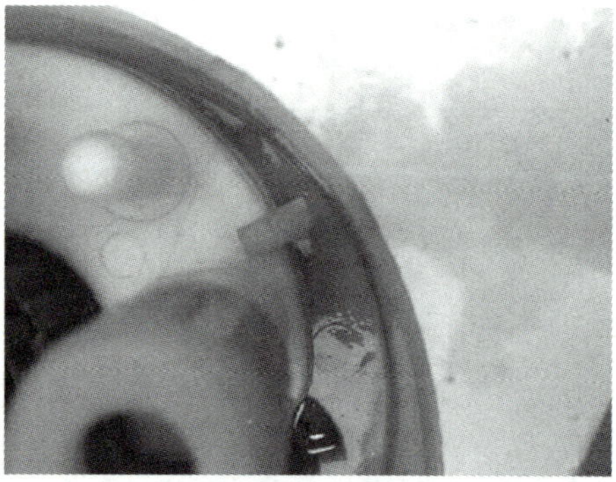

图 3-59 拔出卡子

⑱ 将新的汽油滤清器按照与拆卸相反的顺序装上。

注意事项如下。

① 最好将油箱里的油用尽，至少要等到油量报警灯点亮后更换，避免汽油挥发较多。

② 在拆掉蓄电池线前最好开启车辆天窗及所有玻璃窗，避免汽油挥发在车内。

③ 所有过程尽量轻手轻脚，不要使用蛮劲。

第四节 发动机冷却液

难度等级：★★★

安全等级：★★★★★

一、冷却液的检查

现代轿车汽油机冷却系统中大都装有冷却液补偿系统。补偿系统由膨胀水箱和连接到散热器加水口座上的溢流管等组成。膨胀水箱最低液面高度高出散热器液面，系统可以使散热器充满冷却液，以便发挥散热器的最大散热功能。发动机温度升高时，散热器的冷却液受热膨胀，冷却液和上方的热空气就会从散热器流入膨胀水箱；当发动机温度降低时，散热器中的冷却液就会收缩，冷却液就从膨胀水箱中流入散热器。这样，就使散热器中始终充满冷却液。所以，在发动机运转温度正常时，膨胀水箱中的冷却液液面高度应保持在最低位置和最高位置标记的范围内。

检查发动机冷却液液位时，要等发动机冷却后，检查冷却液储液灌中的液位，如图 3-60 所示。如果液位在储液罐上高位线与低位线之间，则表明液量充分。如果液位低，则需添加冷却液。随着发动机温度的高低，冷却液储液灌中的液位也随之变化。

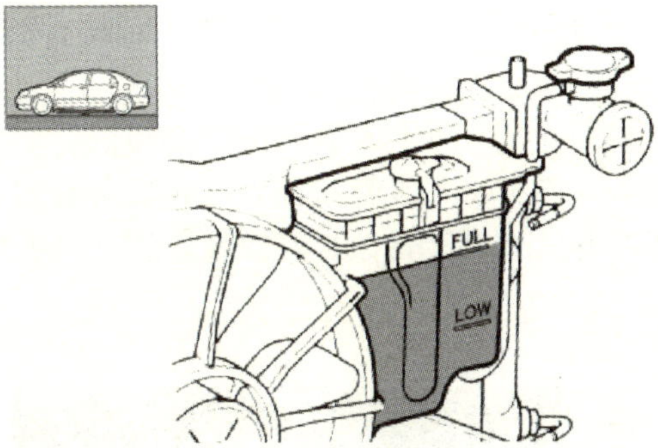

图 3-60　冷却液液位的检查

如果在加冷却液后，短时间内液位下降，则系统可能有泄漏。须检查散热器、软管、发动机冷却液箱盖、散热器旋塞以及水泵。如果仍然没有发现泄漏，则对冷却系统进行加压测试。

二、冷却液的更换

发动机冷却液在高温状态下长期使用，必然会导致变质，使用性能下降。因此，必须定期更换。一般厂家建议 2 年或每行驶 40000～50000km 更换 1 次。如果是出租车，则应更换得勤些，比如 1 年或 30000km 换 1 次，具体更换周期应根据车辆养护手册执行。

1. 排放冷却液的步骤

① 将汽车熄火，使冷却液温度降低，打开冷却液储液罐盖，如图 3-61 所示。如果想在发动机仍然发热时拧下，则应在盖上放一块布并且松开 45°，慢慢释放压力，然后再拧下冷却液储液罐盖。不要立即拧下冷却液储液罐盖，否则冷却液将会溅出伤人。

② 举升车辆，确认水箱放水开关、缸体放水开关及水箱下水管位

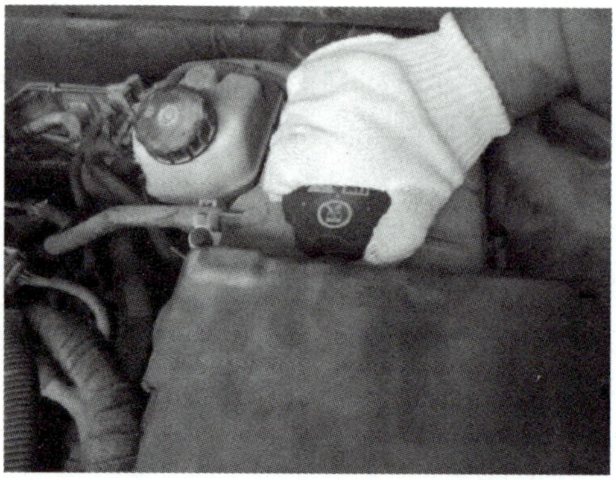

图 3-61 拧下发动机冷却液储液罐盖

置。有的车辆有水箱放水开关，可以从这放水，没有的可以从水箱下水管放水。

③ 拧松放水开关，如图 3-62 所示。排放冷却液，用容器收集冷却液。若该车型无放水开关，则拆下下水管夹箍，拉出冷却液软管，排放冷却液。检查排出的发动机冷却液中有无锈蚀、腐蚀或变色。如果受污染，应先冲洗发动机冷却系统。

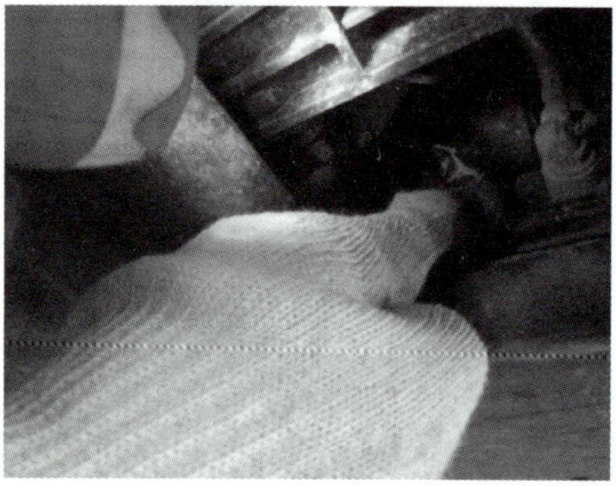

图 3-62 拧松放水开关

④ 松开缸体放水螺塞，排放冷却液。现在很多车上没有缸体放水开关，此步骤可以省略。

⑤ 紧固散热器放水螺塞，紧固气缸体放水螺塞。

2. 添加冷却液的步骤

① 将冷却液添加至散热器储液罐高位线，如图 3-63 所示。

② 用手按压散热器进水管和出水管数次，如图 3-64 所示，检查冷却液液位，若液面下降则及时添加冷却液至高位。

图 3-63　添加冷却液至规定高度

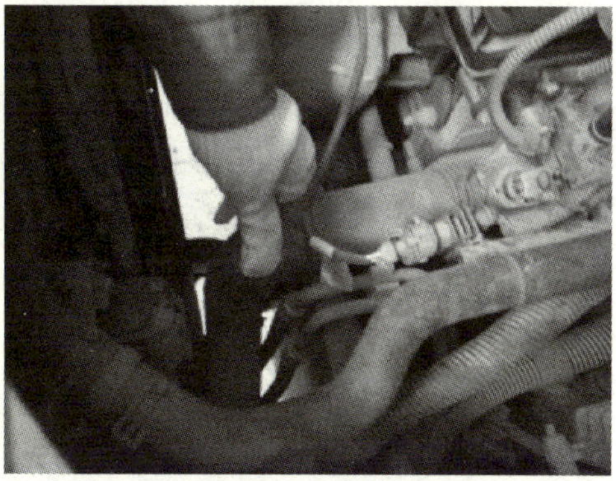

图 3-64　用手按压散热器进水管和出水管数次

③ 拧上储液罐盖，如图 3-65 所示。

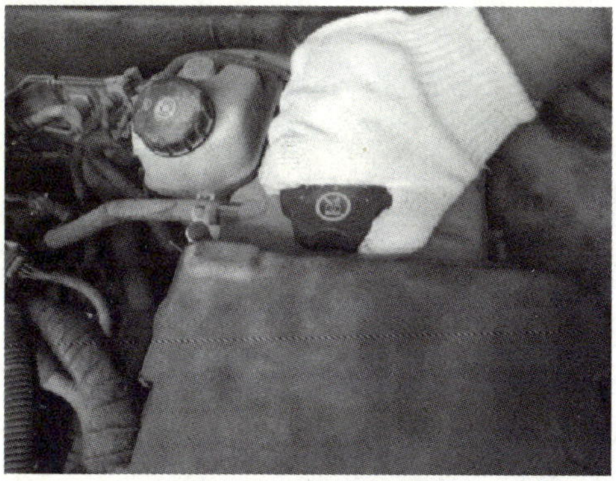

图 3-65　拧上储液罐盖

④ 打开暖风开关。

⑤ 启动发动机，使发动机充分暖机至冷却风扇运转，及时按压进出水管，排空冷却系统内的空气，确认冷却系统无泄漏。

⑥ 发动机熄火，冷却后检查冷却液液位，若液位过低，及时添加至高位。

⑦ 以上是无补充水罐的冷却液加注。对于有冷却液补充水罐的要先加满水箱，再加满补充水罐液面至规定位置，如图 3-66 和图 3-67 所示。

图 3-66　水箱加注口

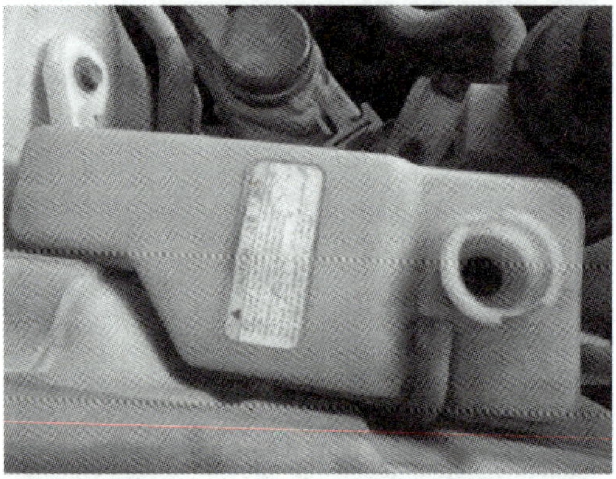

图 3-67　补充储液罐加注口

3. 更换发动机冷却液的注意事项

① 为了避免烫伤，请勿在发动机温度很高时更换冷却液。

② 用厚布包裹住冷却液储液罐盖，小心地拧开。先转动 1/4 圈，释放其内的压力，然后完全拧开此盖。

③ 小心不要让发动机冷却液溅到驱动皮带上。

第五节　火花塞

一、相关知识

1. 火花塞的作用

火花塞的作用是将点火线圈所产生的脉冲高压电引进燃烧室，利用电极产生的电火花点燃混合气，完成燃烧。汽油发动机上都有火花塞，一缸一个，个别的高速汽油发动机每缸装有两个火花塞。火花塞虽然是一个小零件，但它却极其重要。

2. 换火花塞的周期

由于火花塞材质的不同，按其类型可分为普通铜芯、钇金、铂金、铱金、铂铱合金火花塞等，这些类型的火花塞使用寿命有所不同，对应的更换周期也存在差异，在选择时要区分清楚。

一般来说，在正常使用的情况下，普通铜芯火花塞的使用寿命为 3 万千米，而贵金属材质火花塞的使用寿命为 6 万～9 万千米，不同车型汽车厂商所规定的保养周期不完全相同，所以具体的更换周期也要遵守汽车厂商的规定标准，不要随意延长，按需要择机进行更换。

如果发现车辆耗油量增大，可以考虑是否换个火花塞，一般修理厂会建议两三万千米就更换，因为这时火花塞虽然没有完全损坏，但效能有所下降。其实这是按火花塞的质量而定的。如果在汽配城或电商网站自行购买火花塞，价格一般在几十元到一百元。再找一个可靠的维修店进行安装，一般会收取 20 元左右的安装费。安装过程时间很短，也可以自己亲自查看，这样既可以省钱，还可以避免修理厂把从别人车上拆下来的半新的火花塞再次使用。

3. 观察外观颜色判断

车主可以学习此方法，在维修人员拆卸下火花塞后自己进行判断检查。拆下火花塞观察，根据以下的外观颜色观察判断火花塞的使用状况。

① 如果是赤褐色或铁锈色，表明火花塞正常，如图 3-68 所示。

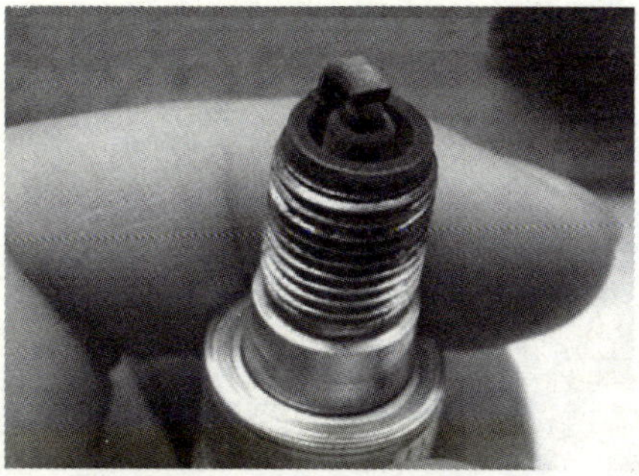

图 3-68　赤褐色或铁锈色火花塞

② 如果是渍油状，表明火花塞间隙失调或供油过多，高压线短路或断路，如图 3-69 所示。

图 3-69 渍油状火花塞

③ 如果是烟熏过的黑色，表明火花塞冷热型选错或混合气浓，机油上窜，如图 3-70 所示。

图 3-70 烟熏过的黑色火花塞

④ 如果在顶端处与电极间有沉积物，沉积物是油性物时，证明气缸窜机油，与火花塞无关；如果沉积物是黑色时，则说明火花塞积炭而旁路；如果沉积物为灰色时，则是因为汽油中添加剂覆盖了电极而导致的缺火，如图 3-71 所示。

图 3-71 在顶端处与电极间有沉积物

⑤ 如果火花塞严重烧蚀，顶端出现起疱、黑色纹路、破裂、电极熔化等现象，则表明火花塞已经损坏，必须立即更换，如图 3-72 所示。

图 3-72　火花塞严重烧蚀

4. 选购火花塞的方法

火花塞，看似不起眼的小零件，但是它的作用非常大，并且它属于易损件，需要定期更换。由于成本控制的问题，汽车生产商可能不会选择性能最佳的火花塞进行配备，但是能够保证车辆的正常运行。当车辆进入维修保养环节时，就要面临选择更新的火花塞了。目前市面上普遍见到的火花塞的品牌有德国的 Bosch、日本的 Denso、日本的 NGK、美国的 AC 德科、美国的 Autolite 等。购买时注意查看不同品牌车型的火花塞对照表，避免买错型号。

二、火花塞的检查和更换

难度等级：★★★

安全等级：★★★★

① 打开发动机舱盖，将发动机舱盖装饰板紧固螺栓拧下，将螺栓装饰板放到一起，如图 3-73 所示。

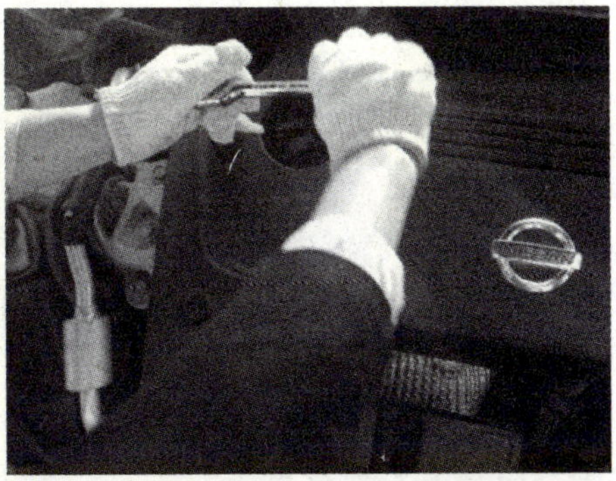

图 3-73　将发动机舱盖装饰板紧固螺栓拧下

② 断开火花塞点火线圈插接器，如图 3-74 所示。

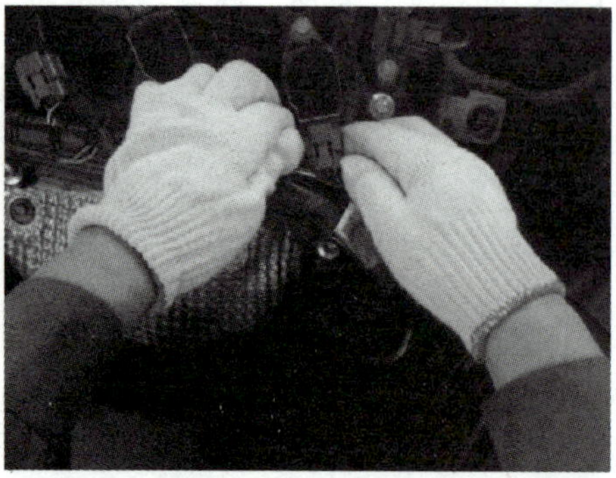

图 3-74　断开火花塞点火线圈插接器

③ 松开线圈螺母，如图 3-75 所示。

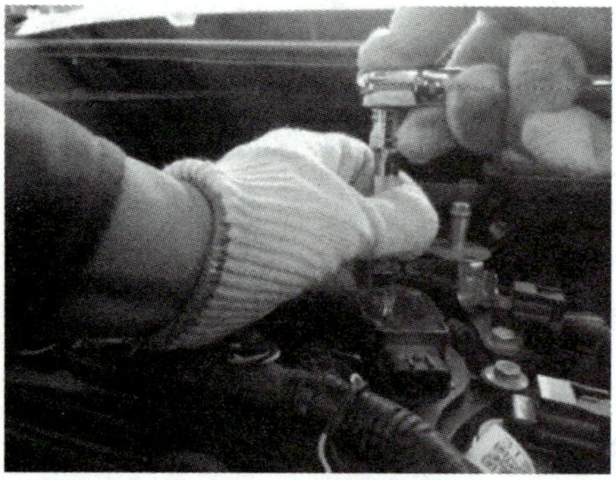

图 3-75　松开线圈螺母

④ 轻轻转动点火线圈，将线圈拔出，如图 3-76 所示。

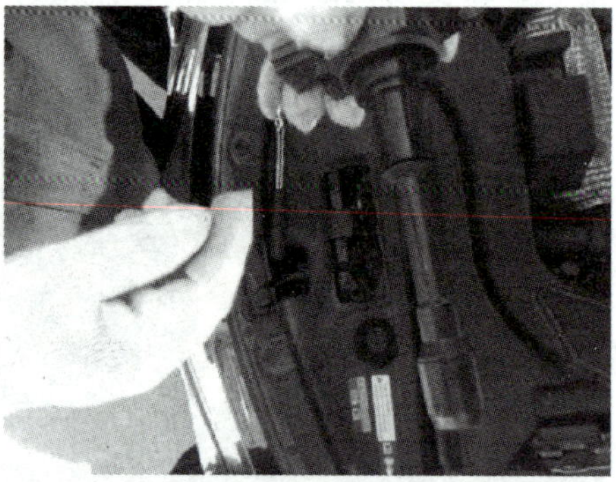

图 3-76　拔出点火线圈

⑤ 检查点火线圈表面是否有裂痕损坏，有无漏电风险情况，如图 3-77

所示。

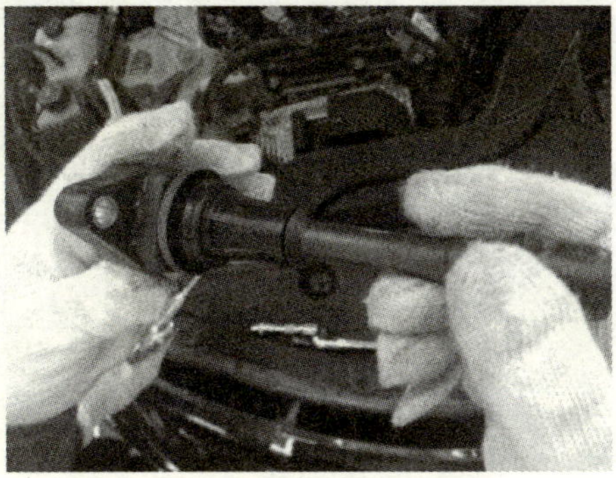

图 3-77　检查点火线圈有无异常

⑥ 用压缩空气枪清理火花塞四周灰尘，防止灰尘落入气缸，如图 3-78 所示。

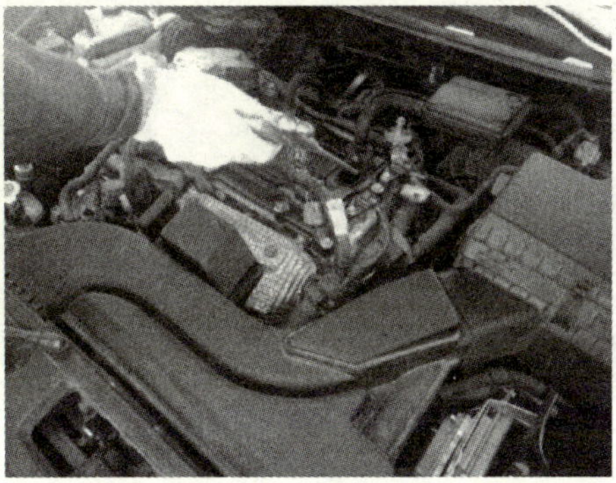

图 3-78　用压缩空气枪清理火花塞四周及空内，防止灰尘落入气缸

⑦ 用火花塞套筒（14mm）松开火花塞，如图 3-79 所示。

⑧ 用点火线圈套住火花塞顶部并取出火花塞，如图 3-80 所示。

⑨ 取新火花塞。将火花塞沿孔壁慢慢放入孔内，如图 3-81 所示。

⑩ 用火花塞套筒（14mm）预紧火花塞，如图 3-82 所示。

⑪ 将点火线圈放入，紧固螺栓，如图 3-83 所示。

⑫ 将火花塞插接器恢复，听到“啪”的一声表明安装固定好了，如图 3-84 所示。

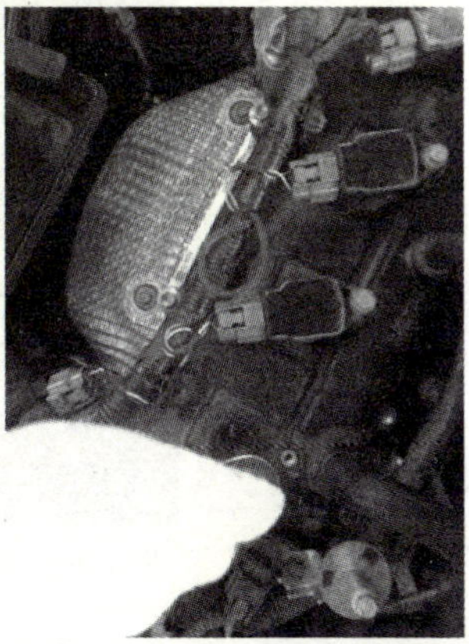

图 3-79　用火花塞套筒（14mm）松开火花塞

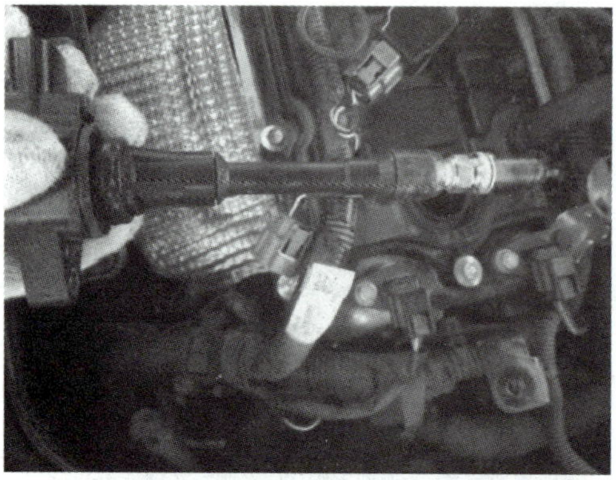

图 3-80 用点火线圈套住火花塞顶部并取出火花塞

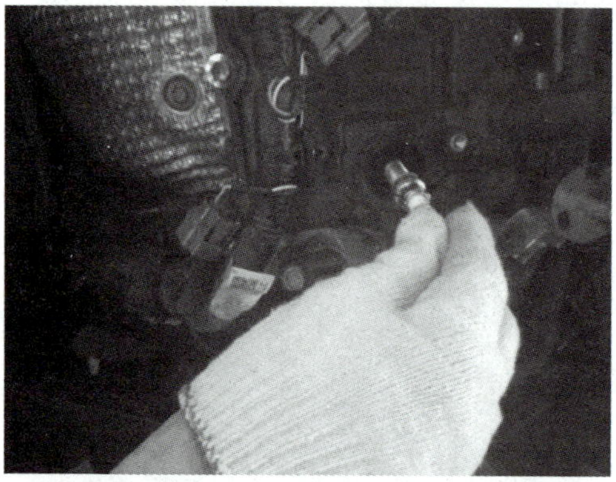

图 3-81 安装新火花塞

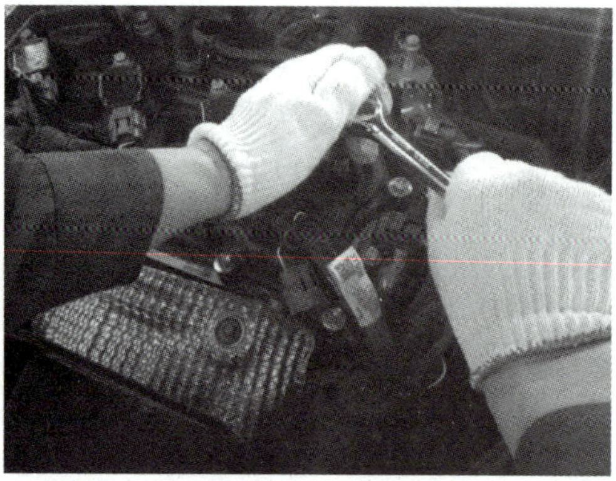

图 3-82 用火花塞套筒（14mm）预紧火花塞

⑬ 将发动机装饰板螺栓紧固（图 3-85），将发动机舱里的工具放回原位。

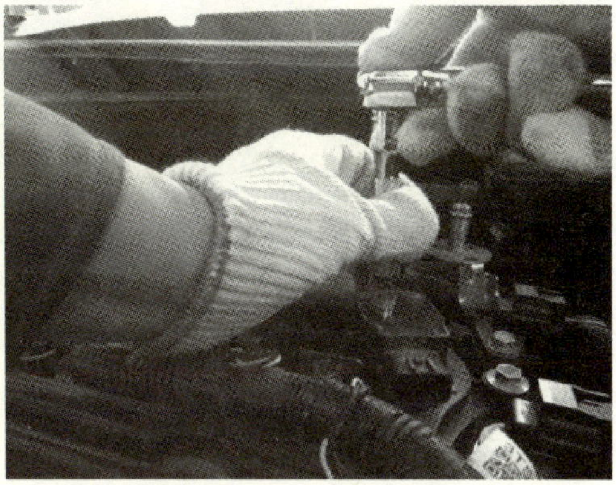

图 3-83　紧固螺栓

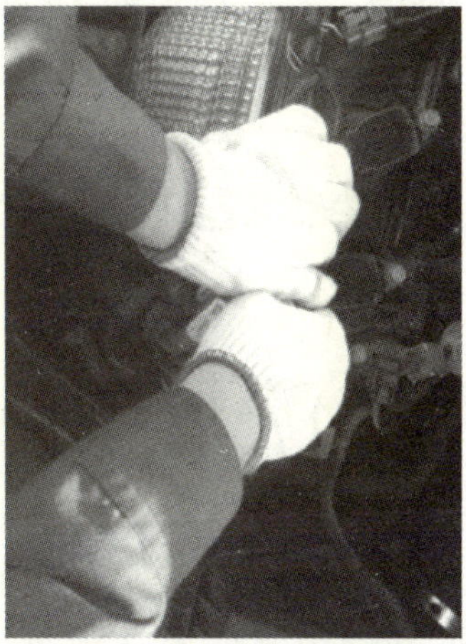

图 3-84　将火花塞插接器恢复

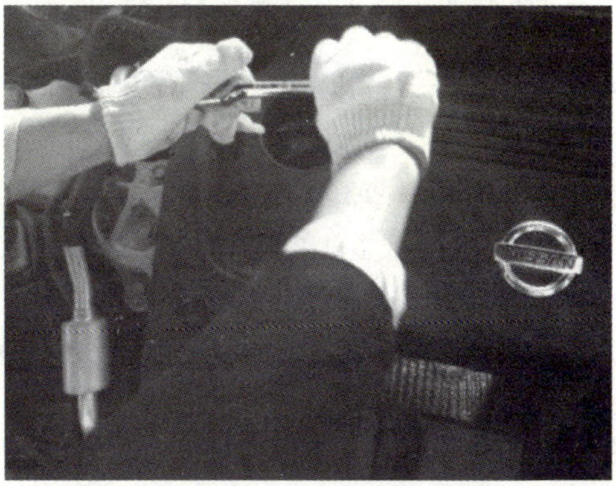

图 3-85　将发动机装饰板螺栓紧固

第六节　皮　带

一、皮带的作用与影响

皮带分为传动皮带和正时皮带。

1. 传动皮带

传动皮带一般位于发动机的前端，利用传动皮带，可把发动机曲轴与发电机、水泵、空气压缩机、转向助力泵等发动机附件联系在一起，以驱动这些附件运转，如图 3-86 所示。

传动皮带的主要功能是动力传输。当助力泵皮带损坏时，会感到助力发沉，没有转向助力；若空调皮带损坏，如果打开空调，由于空调压缩机不启动，所以不能制冷；若发电机皮带损坏，发电机不发电，所以不能给蓄电池充电。

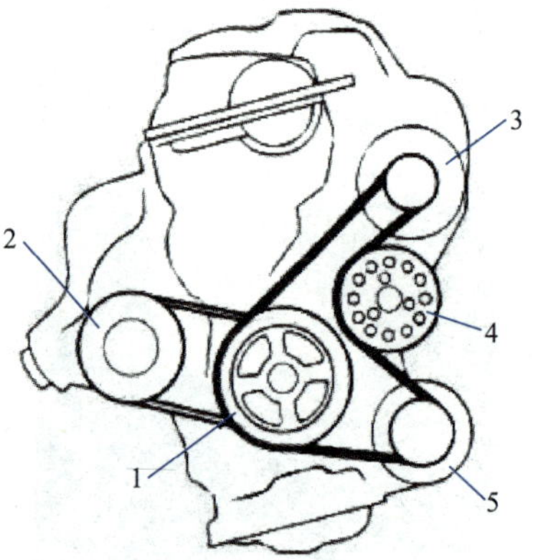

图 3-86　传动皮带

1—曲轴皮带轮；2—动力转向泵皮带轮；3—发电机皮带轮；
4—水泵皮带轮；5—空调压缩机皮带轮

传动皮带有风扇皮带、发电机皮带、转向助力泵皮带、空调皮带等，有时两个或三个机件共用一条皮带。

（1）风扇皮带　风扇皮带是一种由曲轴带动的皮带，其主要目的是带动发动机风扇和水泵。在夏天，有的车主认为提高风扇皮带的紧度，可以提高发动机的冷却效果，因此便提高风扇皮带的紧度，造成风扇皮带过紧，殊不知这种做法是不对的。风扇皮带应该保持松紧适当，因为过紧会使轴承负荷过大，磨损加剧，功率消耗增加，同时也会使水泵轴弯曲，皮带拉长变形，寿命缩短。

另外，风扇皮带打滑发出异响，如果在发动机启动时发生，怠速工作一会儿消失，则对车辆正常工作影响不大，可以不用排除；如响声一直存在或在发动机中、高速时也发生，则应加以排除，换上新的风扇皮带即可解决。

（2）发电机皮带　汽车发电机上的皮带都是通过皮带盘由发动机来带动的，有的是由一根皮带带动，有的是由专门的发电机皮带带动。具体采用几根皮带则根据车型由设计厂家决定。发电机皮带同样要松紧一致。

2. 正时皮带

正时皮带起到承上启下的作用，上部连接发动机缸盖的凸轮轴正时轮，下部连接曲轴正时轮。

正时皮带属于耗损品，而且正时皮带一旦断裂，凸轮轴则不会按照正时运转，此时极有可能导致气门与活塞撞击而造成严重毁损，所以正时皮带一定要依据原厂指定的里程或时间更换。

正时皮带属于橡胶部件，随着发动机工作时间的增加，正时皮带和正时皮带的附件，如正时皮带张紧轮、正时皮带张紧器和水泵等都会发生磨损或老化。因此，凡是装有正时皮带的发动机，厂家都会有严格要求，在规定的周期内定期更换正时皮带及附件，更换周期则随着发动机的结构不同而有所不同，一般在车辆行驶到 6 万～10 万千米时应该更换，具体的更换周期应该以车辆的保养手册说明为准。

不同于附属装置的传动皮带，它们很容易被看到而且易于检查。正时皮带往往隐藏在一个盖子后面，在多数情况下，正时皮带上的盖子，至少盖子的上半部，是可以拆下或者移开的，便于仔细地检查及更换皮带。检查时，如果看到的不是保养良好、张紧适度的皮带，就应该及时将其更换掉。更换正时皮带的难度很大，建议到专业的维修厂去检查或更换。这里只介绍传动皮带的检查。

二、传动皮带的检查

难度等级：★★

安全等级：★★★

传动皮带必须进行适度张力和磨损方面的检查，并按规定间隔时间进行更换。传动皮带更换的程序因皮带张紧力调节方法的不同而不同。取下传动皮带时，需要放松张紧力，而安装了传动皮带后需要对张紧力进行调节。若张紧力不当，皮带会滑脱或产生异常噪声。

1. 传动皮带张紧力的检查

规范的做法是将精密直规倚放在发电机和曲轴皮带轮之间的皮带上，如图 3-87 所示。用 98N 的力推压皮带的中心后部。用直尺测量变形量，与维

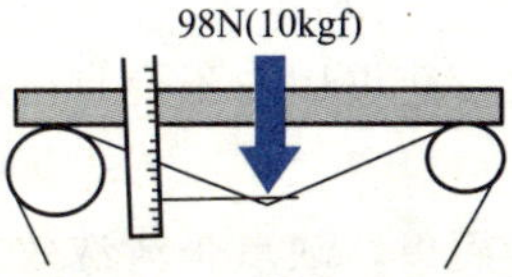

图 3-87　用手指压传动皮带以检查其变形

修手册上的标准值进行比较。

也可以选择在最长的、没有支撑的传动皮带跨度中间用拇指施加适度的压力，如图 3-88 所示，如果皮带的压下量在 10mm 左右，则认为皮带张力正好合适。如果传动带张力过大，或者太松，则可能造成滑齿、传动不完全。而传动带调整过紧，则会使传动带易拉伸变形，同时，也会加速皮带轮及轴承磨损。为此，应该把相关的调整螺母或螺栓拧松，把皮带的张力调整到最佳状态。

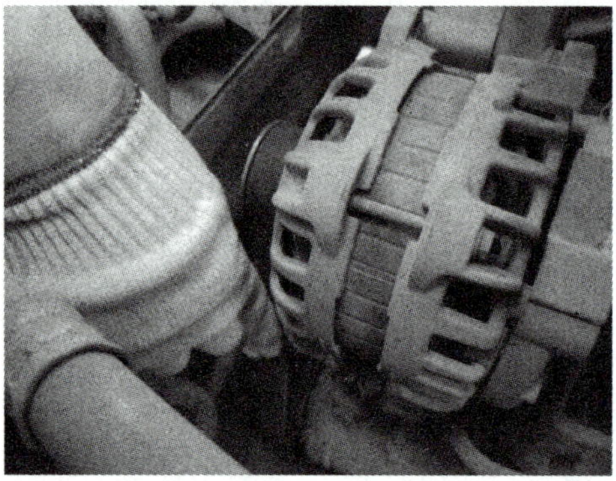

图 3-88　皮带张力的检查

2. 皮带损伤、安装状况的检查

① 检查传动皮带的整个外围是否有磨损、裂纹、层离或者其他损坏。

② 检查皮带以确保其已正确地安装在皮带轮槽内。

3. 皮带紧度的检查与调整

皮带张力有标准，不能过大或过少，否则会引起故障。例如，风扇皮带紧度过小，不仅影响冷却风量，使发动机工作负荷加大，而且因发生打滑会加速皮带的磨损。如皮带紧度过大，会加速水泵轴承、发电机轴承的磨损。因此，在使用中应检查皮带紧度，必要时应给予调整。如不符合规定，可以通过改变发电机/助力泵和调节臂的位置进行调整。

第七节　清　洗

一、喷油器的清洗

喷油器清洗的难度较大，建议用户不要自己进行，这里只做简单介绍。

1. 免拆清洗

免拆清洗的优点是操作简单，缺点是清洗效果不一定理想，适宜于喷油器轻微堵塞时采用。

免拆清洗的操作要点是使原车的汽油泵不工作，断开原车的进油管，将清洗剂输入燃油分配器中，并堵住回油管，清洗剂在清洗罐自身压力的作用下或靠外接压缩空气的驱动进入喷油器，启动发动机，发动机工作时燃烧的是清洗剂，喷油器喷射清洗剂的过程便是清洗的过程。

2. 拆卸清洗

当喷油器严重堵塞或免拆清洗效果不理想时，应将喷油器拆下，用专用喷油器清洗设备进行清洗，常用的设备为红外线超声波喷油器清洗机。拆卸清洗的优点是清洗干净，同时能进行喷油器的喷油量、喷射形状和滴漏检验，准确性高。缺点是拆卸喷油器操作不便。

二、节气门的清洗

难度等级：★★★★★

安全等级：★★★★★

难度较大，建议用户不要自己进行，这里只做简单介绍。

差不多行驶 5000km 就要清洗车辆的节气门，这是经常保养必须做的。洗一次节气门的费用比较高，高档车需要几百元，而一般车也需要几十元。节气门得不到清洁的危害如下。

① 会导致节气门的开度产生误差。

② 会导致有杂质的空气进入发动机燃烧室。

这两个结果会导致发动机工作异常，主要表现为怠速不稳；高速行驶出现突然瞬间失速（突然收油门的感觉）；动力下降；严重时会造成启动困难和增加油耗。

下面以雪铁龙富康 16V 车型为例，介绍节气门的清洗步骤。

第一步：准备工具（图 3-89）。

10 号小扳手一把（拆装蓄电池接线柱）、大十字旋具一把（拆装进气弯管）、T30 内花扳手一把（拆装节气门）、化油器清洗剂一瓶。

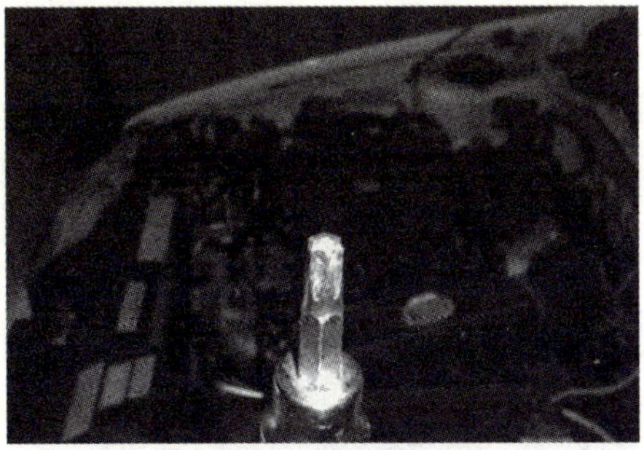

图 3-89　准备工具

第二步：拆卸节气门进气弯管（图 3-90～图 3-92）。

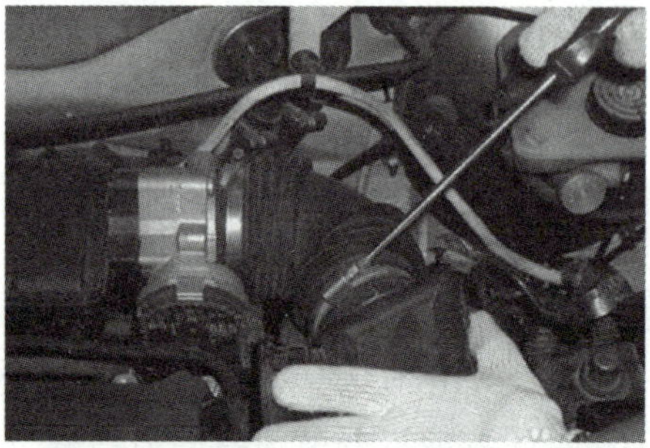

图 3-90 拆卸节气门进气弯管（一）

图 3-91 拆卸节气门进气弯管（二）

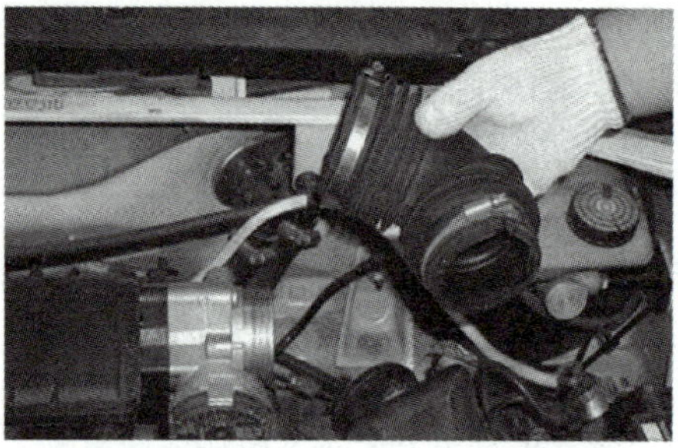

图 3-92 拆卸节气门进气弯管（三）

第三步：拔下节气门线束插头（图 3-93）。

图 3-93 拔下节气门线束插头

第四步：拆卸节气门体（图 3-94～图 3-96）。

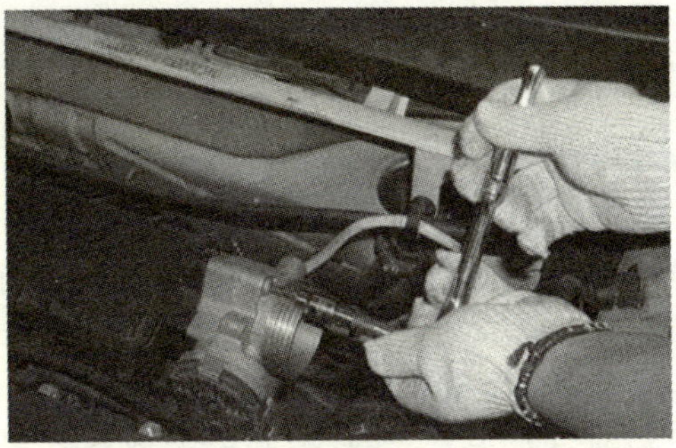

图 3-94　拆卸节气门体（一）

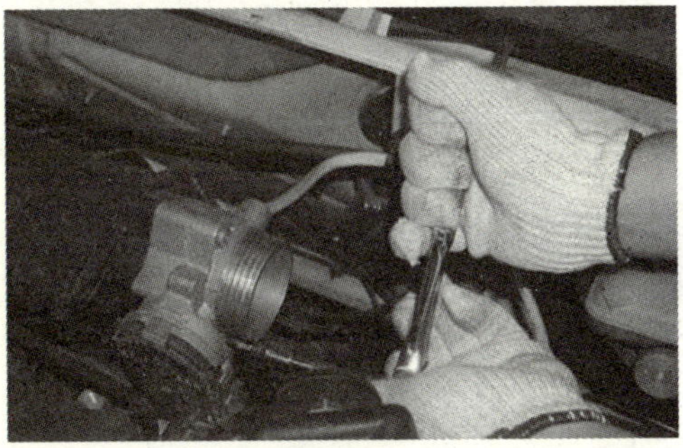

图 3-95　拆卸节气门体（二）

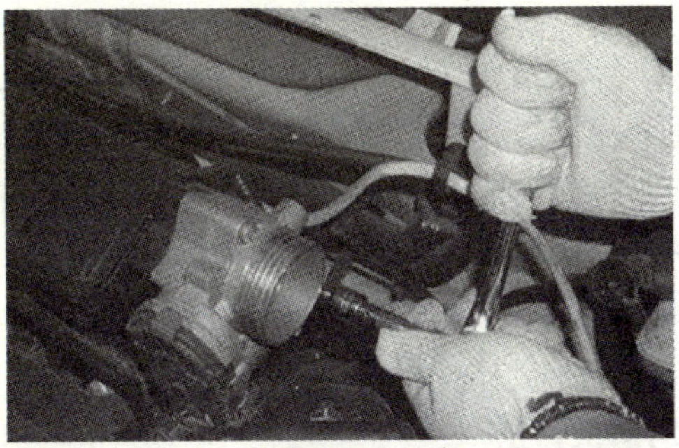

图 3-96　拆卸节气门体（三）

小贴士

汽车节气门的作用：控制空气进入，通过节气门位置传感器可以自动控制油量。换句话说就是控制油门的装置。

分类：一种是靠拉线来控制即半机械半电子节气门；另一种是通过传感

器输出信号即全电子节气门，通过电脑，随进气量和传感器角度来计算出节气门开启角度。

三、冷却系统的清洗

1. 清洗冷却系统的原因

冷却系统（图 3-97）中循环的冷却液主要有冷却水或防冻液。通常加注的冷却水大多没有经过软化处理，其中不同程度地含有钙、镁等盐类物质，如钙和镁的碳酸盐、硫酸盐和氯化盐等。这些盐类物质大多是不溶或微溶于水的，它们会以沉淀的形式积附在冷却系统的内表面，形成主要成分为硫酸钙、碳酸钙等物质（水垢），导致冷却系统内的容积减少，冷却效果降低。

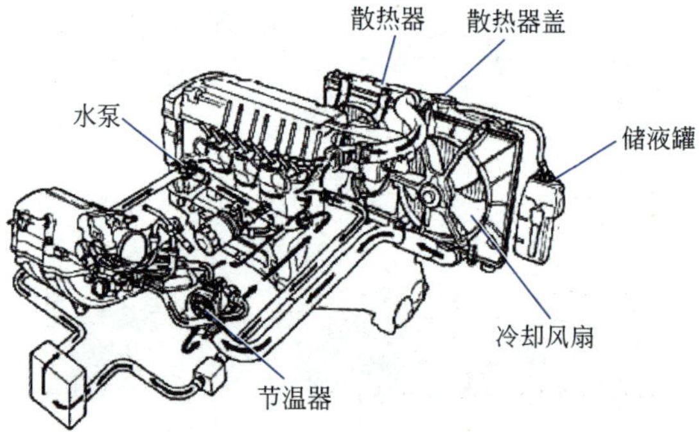

图 3-97 冷却系统的组成

另外，冷却水和防冻液中均含有硅酸盐，当冷却温度从高至低发生变化时，硅酸盐容易产生“分化”现象，在冷却液中形成一条条青苔状的絮状物。此物质的形成会降低冷却液的流速，从而导致散热功能的减退。由于冷却系统的积垢、沉积物的分化等都将影响发动机的冷却能力，使发动机过热、机油变质，从而破坏正常的燃烧，并引发发动机运动摩擦副的摩擦阻力增大、发热，直至卡死，因此必须定期对冷却系统进行清洁护理，以保证冷却系统正常工作。

2. 冷却系统的清洗方法

难度等级：★★★

安全等级：★★★★

用专用清洗剂可对冷却系统进行免拆清洗，能去除铁锈沉淀和油脂残余，提高冷却系统的效率（图 3-98）。无毒、无酸配方对所有冷却系统的金属物都是安全的，使用方便，快速高效，具体步骤如下。

① 关闭发动机，待发动机冷却后，拧开散热器盖，打开排水开关，将冷却液排干，然后关好排水开关。

② 向散热器内加入冷却系统清洗剂，然后加满水，盖好散热器盖并拧紧。

③ 调节加热器至最高温度，当到达正常操作温度时，运转发动机 10min。

④ 关闭发动机，待冷却后拧开散热器盖，排干冷却液，然后关好排水开关。

⑤ 加入清水，盖好散热器盖，重复第③步。

⑥ 关闭发动机，待冷却后拧开散热器盖子，排干之前加入的清水，然后关好排水开关。

⑦ 加入冷却液至 50%～70%的刻度，再加入清水。盖好散热器盖，拧紧。

⑧ 运转发动机 20min，使冷却液与清水充分混合。

⑨ 如果使用不加压的冷却储存器，则冲洗水口，重新加入 50%～70%的冷却液水溶剂。

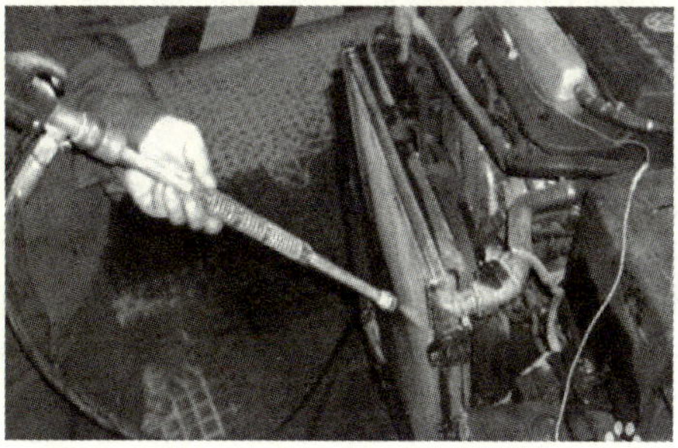

图 3-98　冷却系统的清洗

四、三元催化转换器的清洗

1. 三元催化转换器清洗的原理

三元催化转换器清洗剂通过进气真空管进入燃烧室燃烧后，在三元催化转换器周围建立一个高温氧化环境，通过氧化还原反应将附着在三元催化剂表面的硫、磷化学络合物以及汽油燃烧不完全产物，变成二氧化硫、二氧化碳气体排出，从而达到清洗三元催化转换器，恢复三元催化剂活性的目的，如图 3-99 所示。三元催化转换器清洗剂能在燃烧室充分燃烧干净，所以不会对发动机有任何危害。

2. 三元催化转换器的清洗步骤

难度等级：★★★★★

安全等级：★★★★★

① 将输液针头插入发动机橡胶进气真空管（切勿插入刹车真空管）。

图 3-99　三元催化转换器的清洗

② 将流量控制器开至最小位置。

③ 启动发动机，注入三元催化转换器清洗剂。

④ 发动机怠速运转，将三元催化转换器清洗剂全部吸完。

拔下输液针头后，清洗三元催化转换器全过程即告完成。

如果车辆准备做尾气工况检测，应先清洗喷油嘴和节气门，然后先在修理厂输入一半三元催化转换器清洗剂，到检测场现输入另一半三元催化转换器清洗剂，效果最佳。

3. 注意事项

清洗三元催化转换器的产品适合所有闭环多点电喷车，对于化油器闭环三元催化转换器改造车和单点电喷车因过量空气系数控制精度低，使用效果不稳定，对于三元催化转换器因金属中毒和高温烧结造成的失效，和超过20万千米使用寿命造成的失效，使用三元催化转换器清洗剂无效。

第八节　保养复位

现在不少车辆的发动机在到达保养里程或保养日期后，仪表盘上会出现保养提示，如图 3-100 所示。发动机保养后需要复位，各种车型复位方法不一样。

图 3-100　发动机保养复位

一、老款别克、君威、君越机油灯复位

在5s内完全踩油门踏板3次。

二、林荫大道机油灯复位

① 将点火开关置于“OFF”位置。

② 按住“TRIP”（行程）按钮。

③ 将点火开关置于“ON”位置。

④ 松开“TRIP”（行程）按钮。

⑤ 屏幕一旦出现保养复位，按住“ENTER”（回车）开关3～5s。

重要注意事项：复位后将会发“嘟嘟”声确认，如果启动车辆时出现保养提醒信息，则“保养提醒”没有复位，重复本程序。

⑥ 将点火开关置于“OFF”位置。

第四章　底盘保养

04 Chapter

第一节　离合器

难度等级：★★★

安全等级：★★★

离合器作为汽车传动系统（图 4-1）的部件，其主要功用有保证汽车平稳起步、保证换挡平顺、防止传动系统过载等。

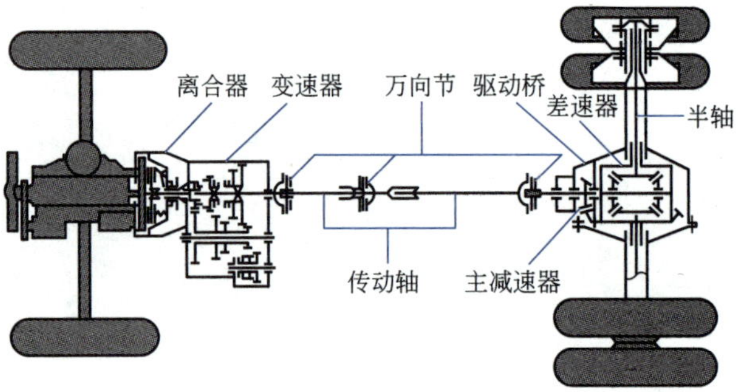

图 4-1　汽车传动系统

一、离合器维护检查的内容

离合器踏板是离合器操纵部分的部件，其维护检查的主要内容如下。

1. 离合器踏板工作状况的检查

踩下离合器踏板时，检查是否存在踏板的回弹无力、异常噪声、过度松动和感觉踏板重等现象。

2. 离合器踏板高度的检查

掀起地毯或地板革，用直尺测量地板到离合器踏板上表面的距离。如果超出标准，应调整踏板高度。

离合器踏板高度可以通过踏板后的限位螺栓进行调整。

3. 离合器踏板自由行程的检查

离合器踏板自由行程的检查如图 4-2 所示，用一个直尺抵在驾驶室地板上，先测量踏板完全放松时的高度，再用手轻按踏板，当感到阻力增大时再测量踏板高度，两次测量的高度差即为踏板的自由行程。

二、离合器踏板行程检查与调整举例

1. 说明

对离合器踏板行程检查与调整是一项基本技能。离合器操纵机构采用液压式，主缸推杆长度可调整，压盘采用膜片式，凯越离合器的操纵结构如图 4-3 所示。

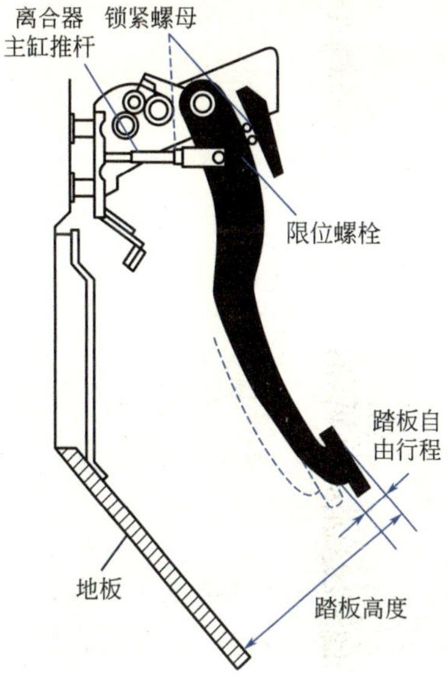

图 4-2　离合器踏板自由行程的检查

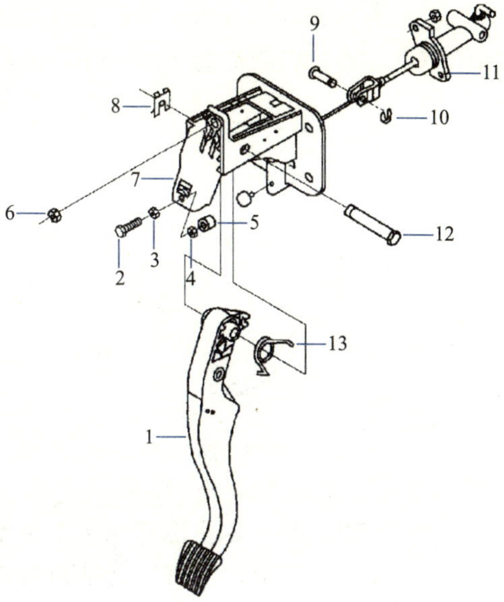

图 4-3　凯越离合器的操纵机构

1—离合器踏板；2—螺栓；3,6—螺母；4—锁止螺母；5—离合器踏板缓冲器；7—离合器踏板撑杆；8,10—E 形圈；9—销；11—离合器总泵；12—离合器踏板轴；13—扭转弹簧

2. 技术要求与常用工具

技术要求和常用工具如表 4-1 及表 4-2 所示。

表 4-1　技术要求　　单位：mm

项目	踏板自由行程	踏板工作行程	踏板分离行程	油液
数值	6～12	130～140	30～40	DOT3 制动液

表 4-2　常用工具　　单位：mm

名称	开口扳手	开口扳手	角尺
规格	8/10	10/14	150

3. 作业准备

① 检查举升机。

② 将车辆开进工位，拉紧驻车制动器，检查车辆是否平稳。

③ 铺上护套。

4. 操作步骤

（1）确定离合器踏板自由行程　用手轻压离合器踏板并在感到有阻力时测量离合器踏板下降距离，行程应该为 6～12mm，如图 4-4 所示。

（2）测量离合器踏板工作行程　将离合器踏板踩到底，测量起止位置之间的距离，踏板行程应为 130～140mm，如图 4-5 所示。

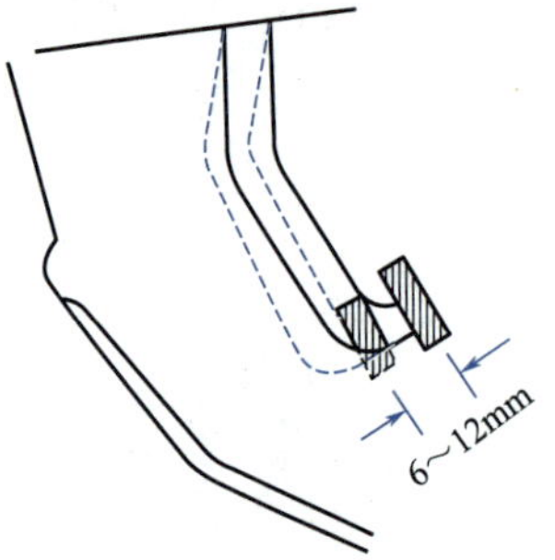

图 4-4　离合器踏板自由行程

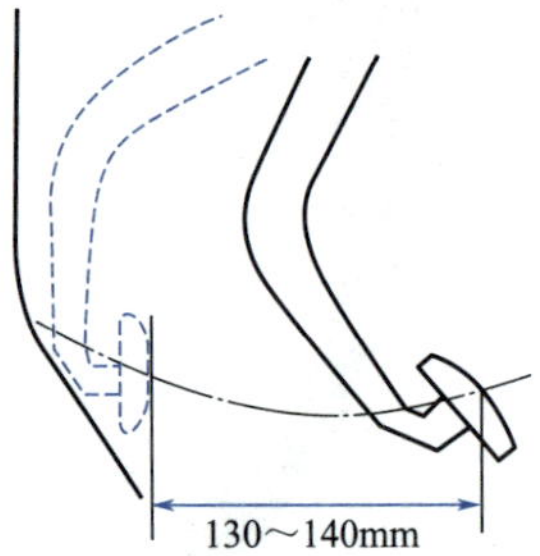

图 4-5　踏板工作行程

（3）调整行程　以上测量结果如果不符合要求，则松开锁止螺母并转动推杆，如图 4-6 所示，将离合器踏板自由行程调整到 6～12mm 之间，踏板工作行程应在 130～140mm 之间，调整后紧固锁止螺母。

（4）离合器分离检查与调整（图 4-7）

① 启动发动机，使发动机怠速运行。

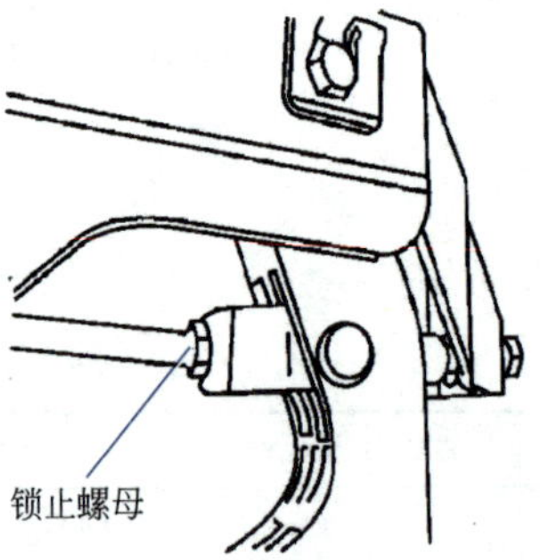

图 4-6　锁止螺母

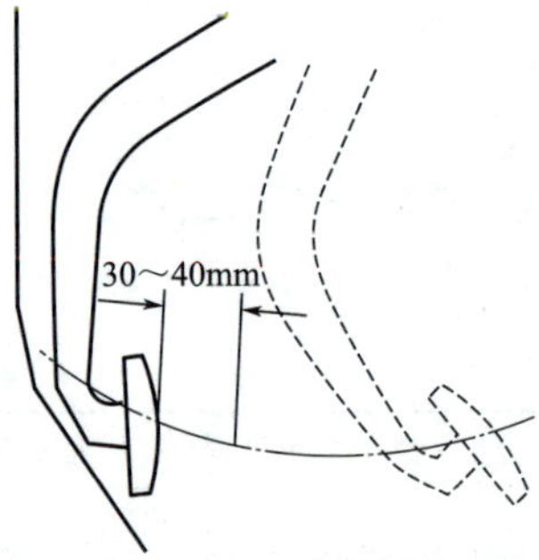

图 4-7　离合器分离点

② 在将换挡杆移到倒挡位置时，慢慢踩下离合器踏板并测量未听到齿轮噪声时的点和离合器踏板完全踩下时的点之间的距离，距离应为 30～40mm。

③ 如果该距离不在规定范围内，检查内容如下：离合器踏板高度；离合器踏板自由行程；系统中是否有空气；离合器盖板和压盘。

（5）排除空气　断开管路进行修理时，空气容易进入液压系统，在放气时，离合器/制动器储液罐中的制动液必须保持在 MIN（最低）或以上。

① 将乙烯树脂软管连接到放气塞上。将乙烯树脂管的另一端插入装有一半制动液的玻璃容器内，如图 4-8 所示。

② 缓慢来回踩动离合器踏板几次。

③ 踩离合器踏板时，松开放气螺塞，直到开始有油液流出，然后关闭放气螺塞。

④ 重复步骤③，直到油液不带气泡为止。

⑤ 将制动液加注到储液罐中，直到液面合适。

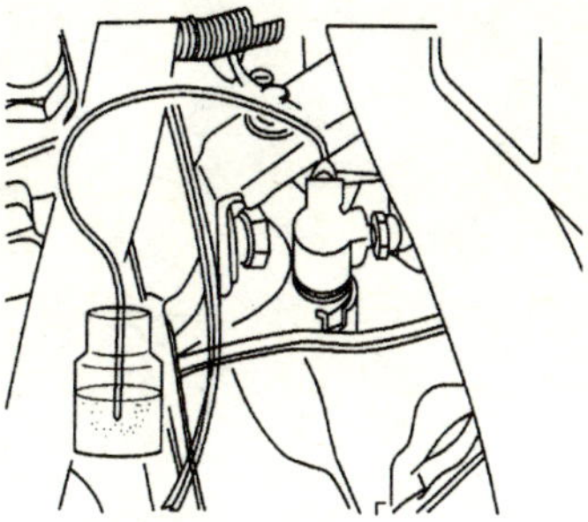

图 4-8　排除空气

第二节　手动变速器

一、手动变速箱油（齿轮油）渗漏的检查

难度等级：★★★

安全等级：★★★

检查手动传动桥的下述区域是否漏油。

① 壳接触面。

② 轴和拉索伸出的区域。

③ 油封。

④ 排放塞和加注塞。

二、手动变速箱油位的检查

难度等级：★★★

安全等级：★★★

从传动桥上拆卸油加注塞，将手指插入塞孔，并且检查油与手指接触的位置。乘用车一般的标准为油位距离加注口平面 0～5mm，如图 4-9 所示。

三、手动变速器油的更换

难度等级：★★★

安全等级：★★★

① 根据车型选择合适的发动机变速器油类型。

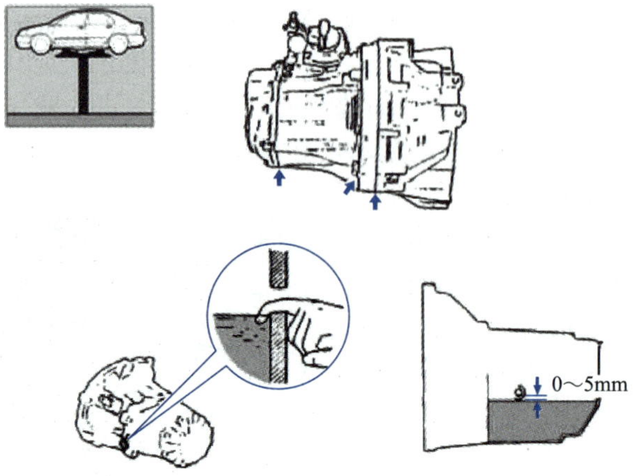

图 4-9　手动变速箱油位的检查

② 将车辆停至低位，将发动机预热至正常工作温度后熄火。

③ 举升汽车，按照要求进行变速器泄漏的检查，重点检查油底壳的接触面、油封、放油螺塞等处是否漏油。

④ 拆卸齿轮油加注塞和排放塞，排放旧齿轮油。

⑤ 更换新放油螺塞垫片，拧紧放油螺塞。

⑥ 加注新齿轮油，注意不要加注过量。

⑦ 拧紧加油螺塞，放下汽车到地面。

⑧ 启动发动机，预热至正常油温后，踩下离合器踏板来回换挡。路试无换挡异响，再次检查油面高度，正常后即可。若不足，继续从机油加注口添加，确保液位处于规定的范围内。

案例：手动变速器挂挡困难

一辆捷达轿车冬天早上挂挡困难，而且随着温度降低，此现象越来越严重。挂上挡行驶一段时间，等发动机达到正常温度，再挂挡则正常。考虑挂挡困难可能与变速器油的型号有关系，询问得知，客户在 6 月更换了手动变速器油，让他找来维修单一看，发现手动变速器油的型号为 80W90，而捷达车手动变速器油的型号应为 75W90。手动变速器油的型号不对在夏天表现不出来，到了冬天随着温度降低油变浓稠了，挂挡也就困难了。

第三节　自动变速器

一、ATF 的检查

在进行自动变速器维护时，对 ATF（自动变速器油）的检查是极其重要的工作。检查的内容主要包括油质检查、油量检查和漏油检查。

1. 油质检查

难度等级：★★★

安全等级：★★★

① 在检查油质时，可通过眼看、鼻闻、手摸的方法进行判断。

② 通常用手感的方法比视觉更有效，把一小滴油滴在两个手指之间，摩擦两个手指，如果感到油液脏且含有砂质，则说明 ATF 已经污染了。

提示：检查 ATF 的气味和状态同样重要，它可以反映变速器的工作状态，检查油液时，可从油尺上嗅一嗅油液的气味，判断 ATF 是否变质。

2. 油量检查

难度等级：★★★

安全等级：★★★

自动变速器中油位的高低对变速器的性能影响很大。若油位过高，旋转机件旋转时剧烈搅动油液并产生气泡，气泡混入 ATF 内，会降低液压回路的油压，影响控制阀的正常工作。同时，还会引起离合器、制动器打滑，加剧磨损。若油位过低，油泵吸入空气或油液中渗入空气，同样导致产生前述类似的问题。另外油位过低还会使润滑冷却条件变差，加速 ATF 的氧化变质。一般加入自动变速器中的油液数量，应保证在液力变矩器及各操纵油缸充满以后，变速器中油位高度低于行星齿轮等旋转件的最低点，高出阀体与变速器壳体的接合面。

在自动变速器中，ATF 油位的高低与油液的温度和变速器的工作状况有关。温度升高，油位也升高，当自动变速器正常运转时，ATF 充注在变矩器和各油缸油道内，油位下降，熄火后，油位会升高。因此油位高度的检查是在规定的条件下进行的。下面以凯越 4HP-16 自动变速器为例说明如何进行油位检查。

① 驾驶车辆，使发动机和自动变速器处于正常工作温度下，油液温度为 70～80℃。

② 将车辆停放在水平地面上，并驻车。

③ 在发动机怠速且制动踏板踩下的情况下，将换挡杆换到从 P 挡到 L 挡的所有位置，并使操纵手柄在每个挡位停留约 3s，然后回到 P 挡。

④ 拉出机油尺，并将其擦干净。

⑤ 将机油尺推回油管中。

⑥ 再次拉出机油尺，并检查油位，正确的油位必须介于油尺上 HOT MIN［热油液最低高度（刻度 2）］和 HOT MAX［热油液最高高度（刻度 1）］之间，如图 4-10 所示。

⑦ 如果油位低于 HOT MIN 刻线，通过加油口管加注自动变速器油并检查自动变速器是否泄漏。

⑧ 如果油位超过 HOT MAX 刻线，则表明自动变速器油加注过量。通

过储油盘放油螺塞（图 4-11）放出部分油液。

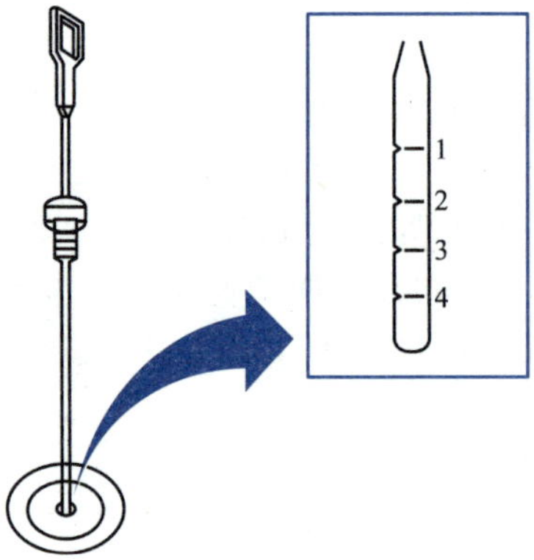

图 4-10　机油尺油位刻线位置

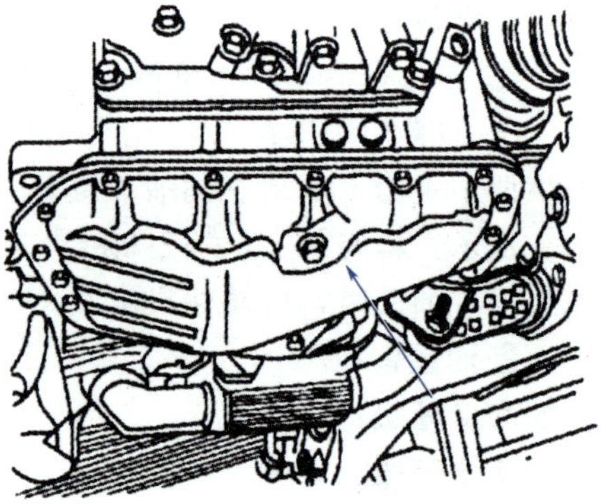

图 4-11　4HP-16 自动变速器放油螺塞

注意：

① 检查油位时，选挡杆挂在 P 挡，发动机怠速运行，而不能在发动机熄火的状态下检查。如果在发动机熄火的状态下检查油位正确，则发动机工作后油位就低了，长时间会造成自动变速器离合器和制动器等部件的烧蚀。

② 添加或完全更换油液时，务必使用说明书中要求的自动变速器油。

二、 ATF 的更换

难度等级：★★★★★

安全等级：★★★

1. 人工换油法

这种方法在行业内俗称“手换”，即打开自动变速器的放油螺钉，让里面的油液自然排出。这是一种旧的换油方式，优点是操作方便，耗时少，缺点是换油不彻底，只能放掉 1/4～1/3 旧油液，大约是 3L。这样，残留下来的旧油会污染新的变速器油，而新旧油混合后，必然会影响自动变速器各方面的性能。目前相当一部分服务店都沿用这种换油方式，所以只能缩短换油时间。

注意：更换时必须使用同一品牌的自动变速器油，因为在更换自动变速器油时，并不能够将所有的旧油全部排出，还有部分旧油残留在自动变速器内部，如使用不同品牌的自动变速器油与旧油混合后，会直接损坏自动变速器或缩短其使用寿命。

2. 专用换油机更换

这种方法在行业内俗称“机换”。利用机器产生的压力，把变速器的润滑油管和散热油管里的油进行动态更换。绝大部分自动变速器的油液是通过发动机冷却水箱进行循环冷却的，“机换”的方法就是把换油机接在自动变速器透入水箱冷却的两根管上，用压力进行循环换油。其操作方法是，往专用换油机中加入一定量的新油，通过进油管泵入自动变速器，再从出油管抽出旧油，旧油输入换油机后被机油滤清器过滤，然后又泵进自动变速器，这样不断循环对变速器进行冲洗，冲洗完成后把旧油抽出，泵入新油，整个过程约需要1h，所需自动变速器油是12L左右。这种换油方式的优点是换油比较彻底，能够放掉85%以上的旧油，而且可以把自动变速器内部的油垢和金属屑清洗干净，通过“机换”方式，更换油的周期可以达到4万～6万千米，缺点是需要专用机械，耗费的工时多。

两种换油方法都要在发动机启动的情况下进行。更换自动变速器油，在操作的时候必须是在热车的状态下，更换前应行驶20min以上，不能冷车换油。换油时要启动发动机，从P挡到R挡、N挡、D挡、L1挡、L2挡等挡位来回拨动，然后再开始换油。

3. 更换举例

下面以凯越4HP-16自动变速器为例说明如何进行自动变速器油的更换。

（1）自动变速器油的排放　如果油液加注过多或油质变差、达到自动变速器的更换周期，则需要对自动变速器油进行排放。

① 举升并支撑车辆。

② 将合适的接油容器放在自动变速器下。

③ 取下放油螺塞，完全排放掉油液。

④ 清洁放油螺塞螺纹。

⑤ 安装放油螺塞，将放油螺塞紧固至17N·m。

（2）自动变速器油的添加

① 取出接油容器并放下车辆。

② 添加T-IV自动变速器油至合适液位。

③ 启动发动机并预热至正常工作温度。

④ 将选挡杆挂遍所有挡位。

⑤ 检查油位，然后添加油液，直到油尺指示标准液位。

第四节　主减速器和差速器

发动机的动力经过变速器输出后，必须经过主减速器和差速器才能传递给车轮，对于前轮驱动的汽车，主减速器和差速器安装在变速器壳体内；对于后轮驱动的汽车，主减速器和差速器安装在后轿内，主减速器和差速器如图4-12所示。

目前很多轿车都是用前轮驱动方式，这样差速器和变速器已经可以合体设计，这样的差速器和变速器称为变速驱动桥，变速器和差速器共用变速器油润滑。但在发动机前置后轮驱动的汽车上，有的汽车后驱动桥的主减速器

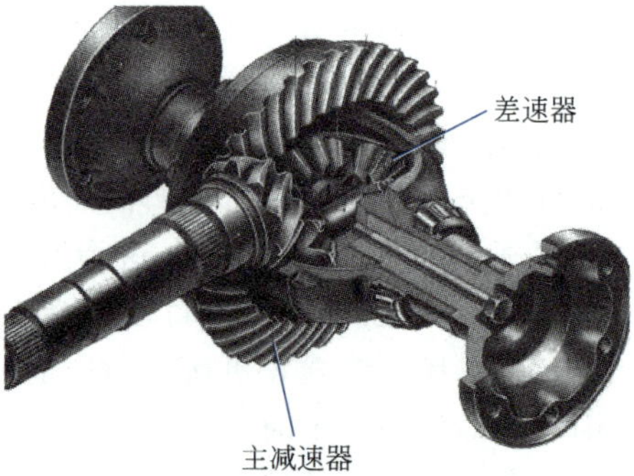

图 4-12 主减速器和差速器

如果采用普通齿轮传动，则采用与手动变速器相同等级的齿轮油。如果主减速器采用双曲面齿轮传动，则需采用质量等级高的齿轮油，或者手动变速器和后驱动桥都采用质量等级高的齿轮油。

更换主减速器和差速器油的方法如下。

难度等级：★★★

安全等级：★★★

1. 更换步骤

① 首先拆下加注塞，如图 4-13 所示。

图 4-13 拆下加注塞

② 在排放塞下放置容器，然后拆下排放塞，如图 4-14 所示，排放差速器齿轮油到容器里。

③ 将油排放之后，更换排放塞的垫片，并安装排放塞。

④ 从加注塞加注规定量的差速器油至标准位置，如图 4-15 所示。标准

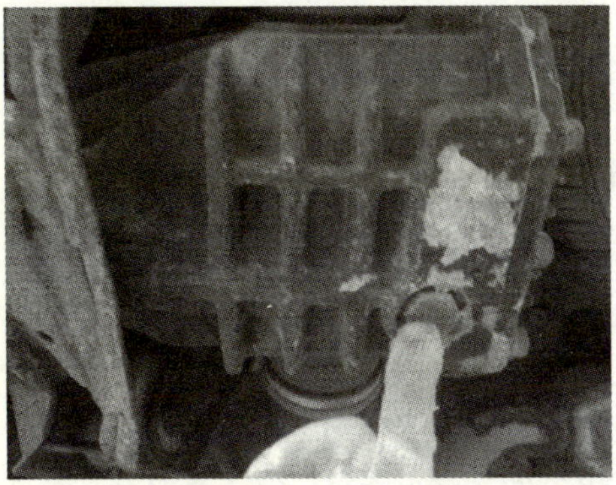

图 4-14　差速器油排放塞

位置是以将小拇指探入加注塞孔内，略微弯曲可接触到油位为准。

⑤ 检测加注塞垫片，如垫片变形，需要使用新垫片，然后安装加注塞。

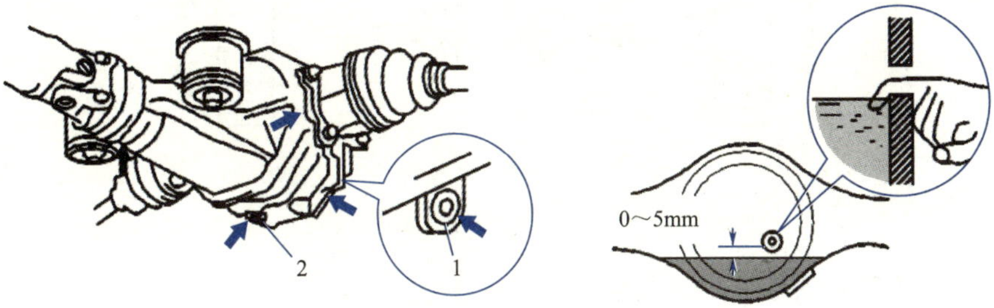

图 4-15　差速器油的标准位置

1—加注塞；2—排放塞

2. 注意事项

不同车型的差速器油有区别。有的有冬夏季之分，有的是四季通用的。但有一类差速器容易被忽视，即配备差速器锁的车辆。个别修理工不管什么型号的油，拿来就加，结果就会出现故障。另外，差速器油常常被人们忽视，不按时更换也会引起故障。

案例：

2011 车款宝马 M3 轿车装备 S54 发动机，在低速转弯时车辆后部发出异响。该车为后轮驱动，车辆转向时差速器工作，分析异响是从差速器发出的。该款车差速器装备了差速器锁，车辆转弯时差速器锁的钢片和摩擦片之间是黏性传动。因为车辆行驶了 15 万千米，差速器油也没更换，于是抱着试试看的想法，更换了差速器油。更换后，故障排除。注意：带差速器锁的差速器油和不带差速器锁的差速器油型号不一样，千万不能加混。

第五节　传动轴

一、传动轴的检查

难度等级：★★

安全等级：★★★

1. 相关知识

传动轴（也可称半轴）在差速器和车轮之间，其作用是将发动机的旋转运动传递给车轮，用以带动车轮旋转。对于带有独立悬架系统的车辆来说，由于要求车桥两边的车轮相互独立，互不影响，因此驱动轴的两侧需要用万向节连接。如图 4-16 所示，万向节外侧的橡胶护套即是驱动轴护套。

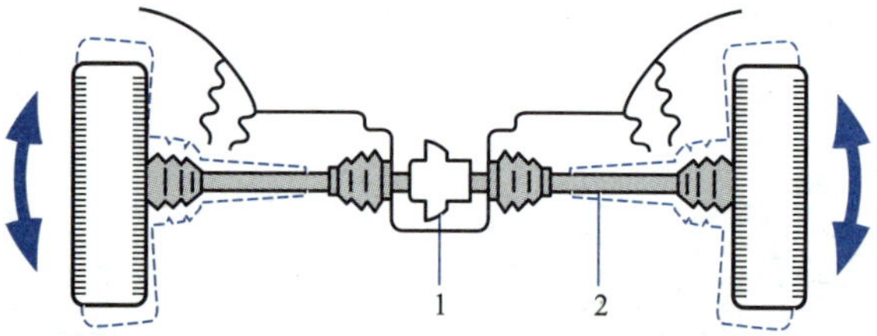

图 4-16　驱动轴

1—差速器；2—驱动轴

2. 传动轴弯曲变形的检查

检查传动轴是否弯曲、变形，检查传动轴是否有裂纹，如有则应更换。

二、驱动轴护套的检查

难度等级：★★

安全等级：★★★

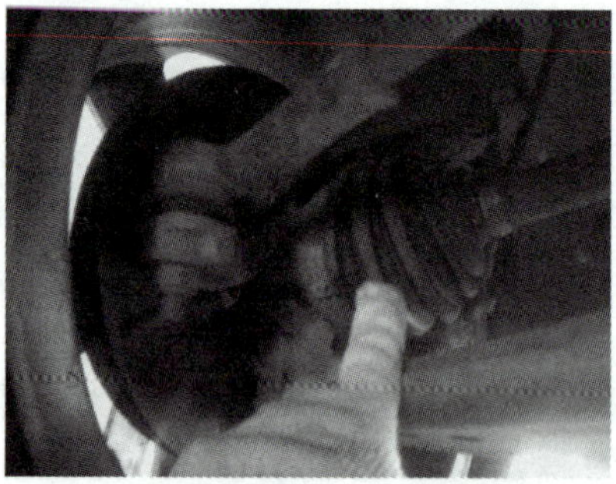

图 4-17　驱动轴护套的检查

1. 裂纹和损坏的检查

用手转动轮胎以便其被完全转向一侧，然后检查驱动轴护套的整个外围是否有任何裂纹或者其他损坏。若发现裂纹或损坏应及时更换（图 4-17）。

2. 检查护套卡箍

检查护套卡箍，确保其已经正确安装并且没有损坏（图 4-18）。

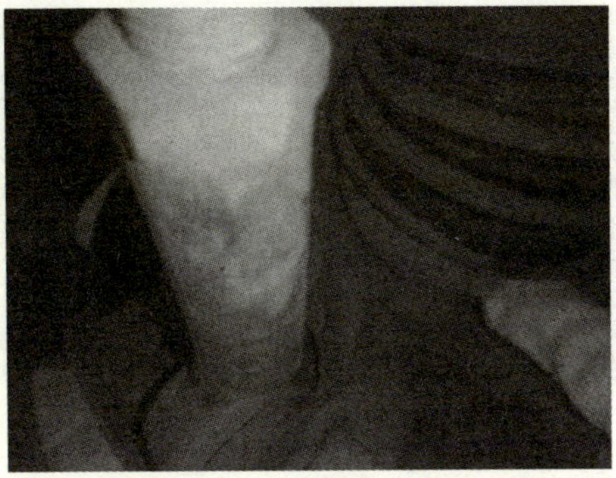

图 4-18　检查护套卡箍

3. 油脂渗漏检查

检查驱动轴护套是否有油脂渗漏，若有应查明原因。

第六节　转向系统

一、更换转向助力油

难度等级：★★★

安全等级：★★★

1. 放油

① 支起汽车前部，使前两轮离开地面。

② 拧下储油罐盖（图 4-19），拆下转向油泵回油管（图 4-20），将转向油放入容器中（图 4-21）。

图 4-19　拧下储油罐盖

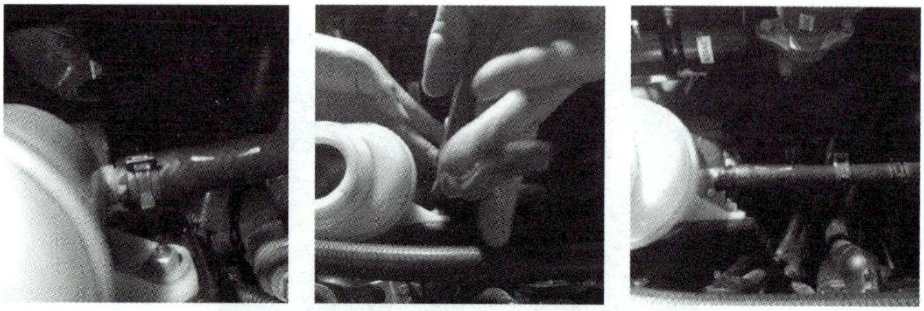

图 4-20　拆下转向油泵回油管

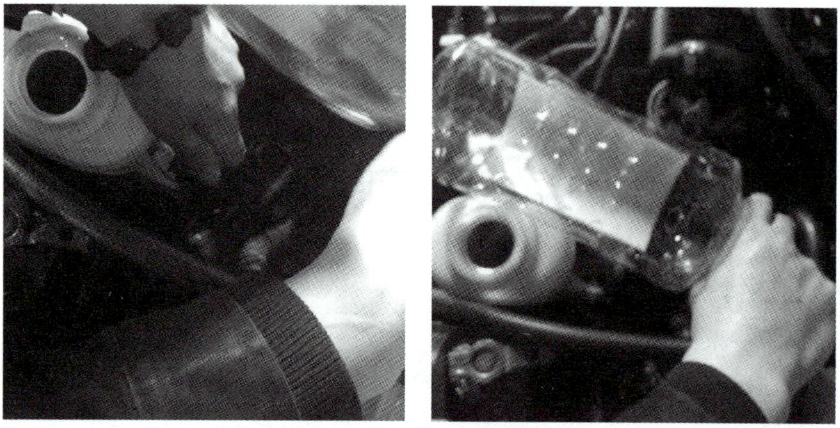

图 4-21　将转向油放入容器中

③ 发动机怠速运转，在放转向油的同时，左右转动方向盘。

④ 放完油后，将油管装回到原来位置，如图 4-22 所示。

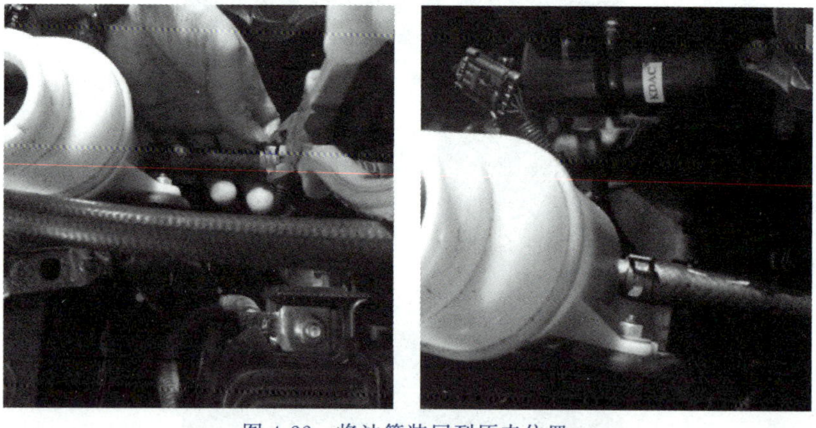

图 4-22　将油管装回到原来位置

2. 加油与排气

① 向转向储液罐加注符合规定的转向油，如图 4-23 所示。

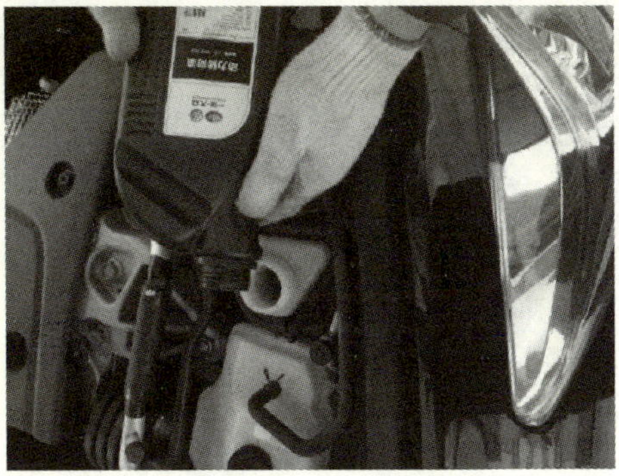

图 4-23　向转向储液罐加注符合规定的转向油

② 停止发动机工作，支起汽车前部，并用支架支撑，连续从左到右转动方向盘若干次，将转向系统中多余的空气排出。

③ 检查储液罐中油位高度（图 4-24），视需要加至“MAX”标记处。

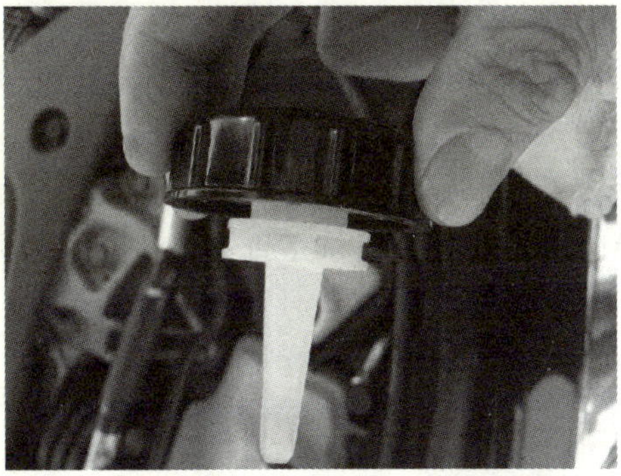

图 4-24　检查储液罐中油位高度

④ 降下汽车前部，发动机怠速运转，连续转动方向盘，注意油位高度变化，当油位下降时就应不断加注转向油，直到油位停留在“MAX”处，并转动方向盘后，储油罐中不再出现气泡为止。

二、方向盘的检查

难度等级：★★★

安全等级：★★★

汽车转向系统是汽车底盘的重要组成部分，由方向盘、转向器、转向柱管等部件组成，如图 4-25 所示，其功用是改变和保持汽车的行驶方向。

方向盘是根据驾驶员意向，改变前轮方向的零件。其维护项目包含对

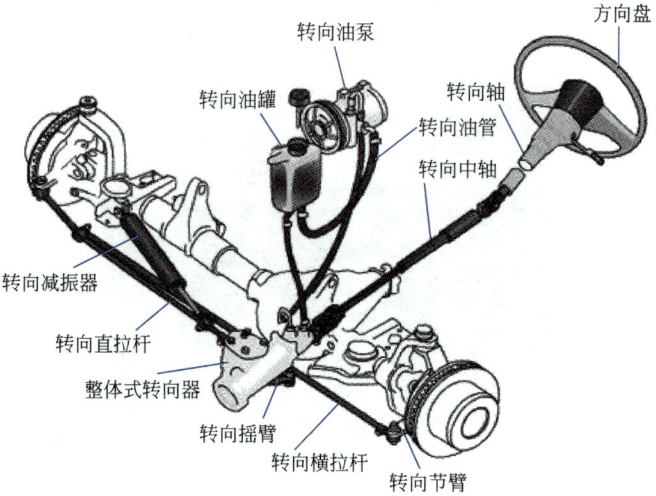

图 4-25　转向系统的组成

方向盘自由行程的检查，方向盘松弛和摆动的检查，以及方向盘锁定的检查。

1. 方向盘自由行程的检查

若车辆无动力转向系统，可直接检查；若配备动力转向系统，则启动发动机后进行检查。

① 将车辆停放在平坦地面上，使前轮处于直线行驶位置。

② 根据车辆转向系统类型，确认是否需要启动车辆进行检查。

③ 轻轻移动方向盘，在车轮就要开始移动时，使用一把直尺测量方向盘的移动量（自由行程），如图 4-26 所示。

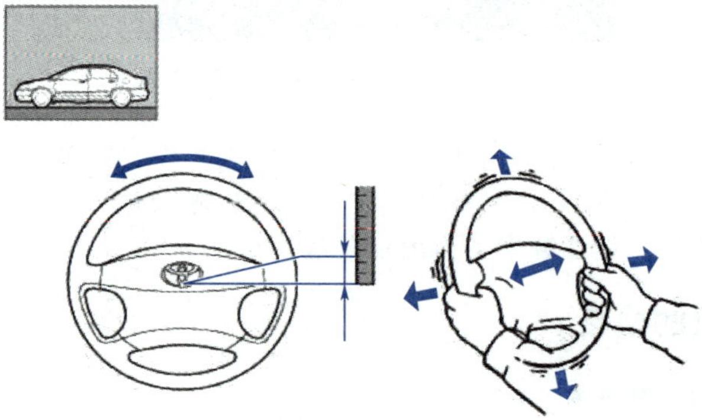
图 4-26　方向盘自由行程和松弛摆动的检查

④ 将测量的数据与维修手册中的数据进行对比，若超出规定值，则需进行维修调整。

2. 方向盘松弛和摆动的检查

用两手握住方向盘，垂直地或者向两侧移动方向盘，确保其没有松动或者摆动。若待检车辆配备倾斜转向或者伸缩转向系统，则在方向盘整个移动范围内检查松动情况。

3. 方向盘是否锁定的检查

将点火开关转动到 ACC 位置，确认方向盘不锁定和可自由移动。

三、球头的检查

难度等级：★★★

安全等级：★★★

球头又叫球节，位于车辆下部，如图 4-27 所示，主要用于转向系统各部件的连接，其结构视各车型的设计不同而不同，主要检查内容如下。

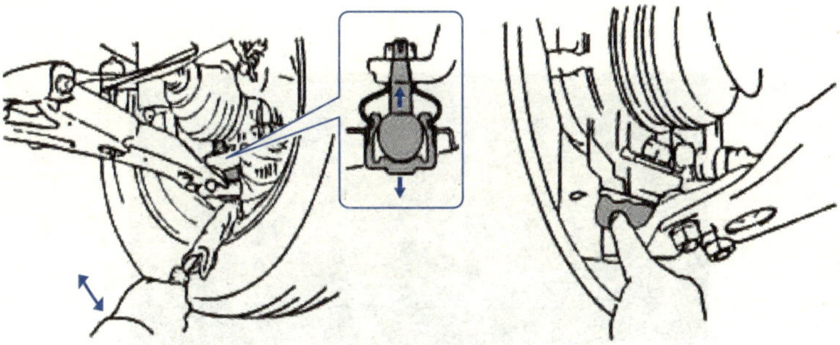

图 4-27　球头的检查

① 球节的上下滑动间隙检查。在球节上施加载荷以便检查其上下滑动间隙，若间隙过大应及时调整。

② 球节防尘罩损坏检查。检查球节防尘罩是否有裂纹、撕裂或者其他损坏，若发现损坏应及时更换，如图 4-28 所示。

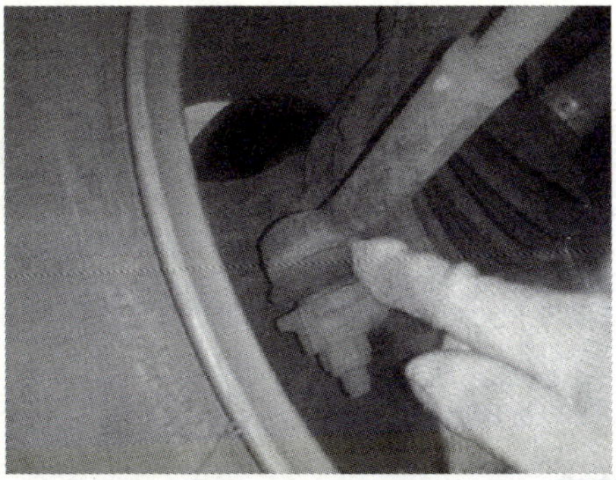

图 4-28　检查球节防尘罩是否有裂纹、撕裂或者其他损坏

③ 检查球头拉杆是否松动，如图 4-29 所示。

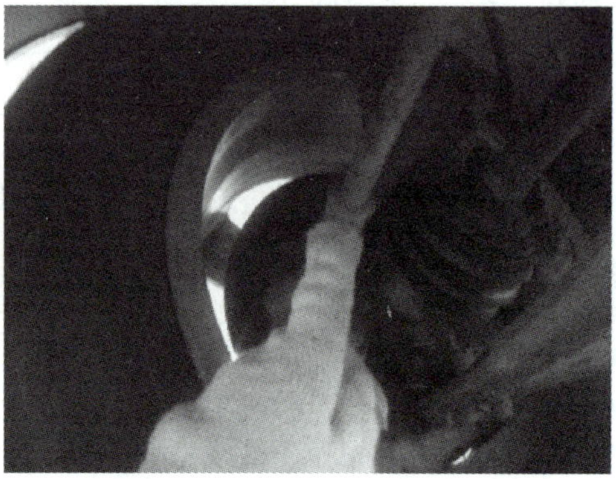

图 4-29 检查球头拉杆是否松动

④ 是否有裂纹、撕裂或者其他损坏，若发现损坏应及时更换，如图 4-30 所示。

图 4-30 检查球头拉杆是否损坏

第七节 制动系统

汽车制动系是汽车底盘的重要组成部分，由制动踏板、制动器、制动力调节装置等部件组成，其功用是根据需要使汽车减速或在最短的距离内停车，在下坡时保持车速稳定，以保证行车的安全。制动系统的结构如图 4-31 所示。

一、制动液的检查与更换

难度等级：★★★

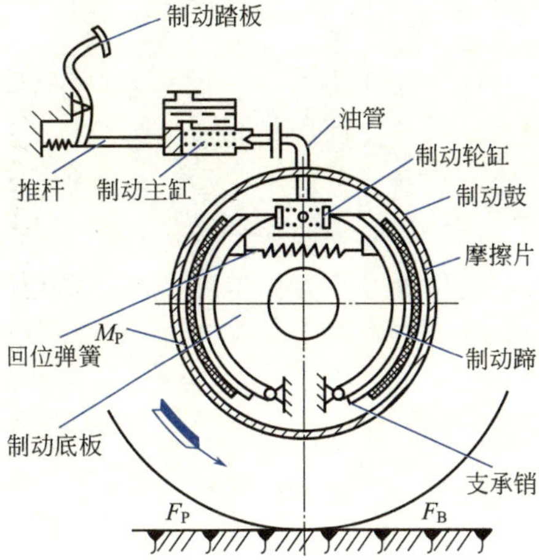

图 4-31　制动系统的结构

安全等级：★★★

1. 制动液的检查

（1）制动液液位检查　对于大多数手动挡汽车来说，离合器液也作为制动液使用，两者可共用储液罐，也可分开单独使用各自的储液罐，其液位检查方法一样。正常的离合器液或制动液的液位应在储液罐的上限与下限刻线之间或标定位置处，如图 4-32 所示。当液位低于标定刻线或下限位置时，应及时补充新的离合器液或制动液到标定刻线或上限位置。

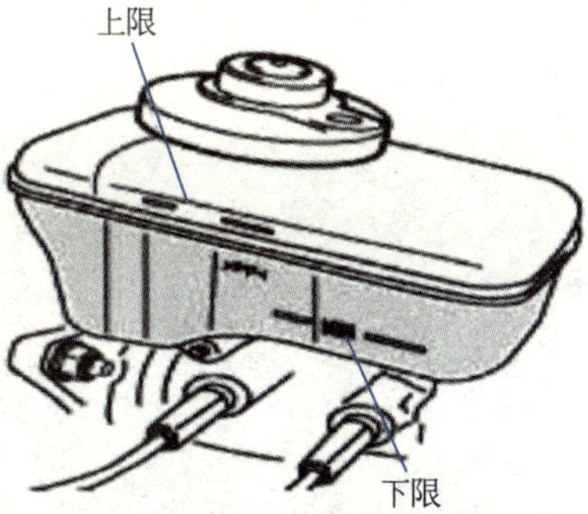

图 4-32　制动液液位检查

（2）油质检查　滴一滴制动液在白纸上，检查制动液中是否有杂物。观察制动液的颜色，如变色应更换。

2. 制动液的更换

（1）放出旧制动液　启动发动机并保持其怠速运转。拧下制动储液罐的加液口盖。在右后轮分泵放气螺钉上套上一根透明塑料管，将管的另一端放入装有制动液的容器内。拧松放气阀，连续踩下制动踏板，直到制动液不再流出为止，拧紧放气阀。按照同样的方法依次将左后轮、右前轮和左前轮制动分泵及管路内的制动液排放干净。

（2）添加制动液　打开储液罐盖，将同种型号的制动液加入储液罐中，直到液位达到规定要求为止，最后旋紧储液罐盖。

（3）排放液压管路内的空气　按由远至近的原则，根据制动管路分布情况对各轮缸进行放气。放气作业由两人配合进行，一个人在驾驶室内连续踩动制动踏板，使制动踏板位置升高并保持踩下制动踏板不动。此时在车下的另一个人拧松放气阀，使管路中的空气和制动液一同排出。当踏板位置降低时，立即拧紧放气阀。如此反复多次，直到塑料管内没有气泡排出为止。拧紧放气阀并装好防尘套。按上述方法依次对其他轮缸进行放气。

在排气时应一边排除空气，一边检查和补充制动液，以免空气重新进入制动管路，直到空气完全排放干净为止，将储液罐的制动液补充到规定位置。

（4）排气作业结束后　将储液罐制动液补充到上限位置，装好储液罐盖并擦净油污。试车检验制动性能，同时检查各部位有无漏油现象。如在检查过程中制动踏板发软，则表明制动系统内的空气没有完全排净，因此需要重新进行排气作业。

二、制动液渗漏的检查

难度等级：★★★

安全等级：★★★

① 检查制动管是否老化、裂纹或渗漏，如图 4-33 所示，如有应更换。

② 检查制动卡钳中是否有液体渗漏，如图 4-34 所示。

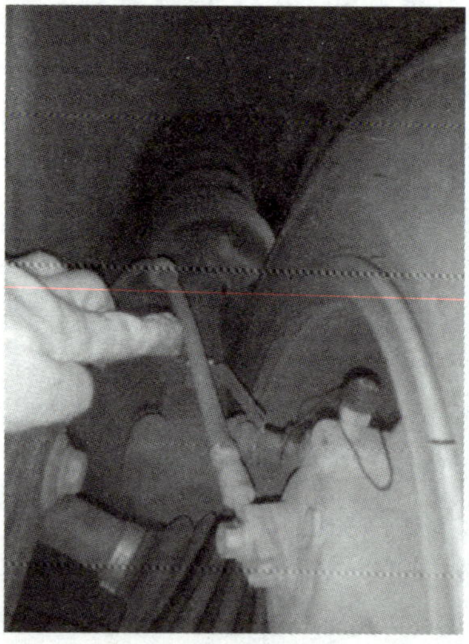

图 4-33　检查制动管

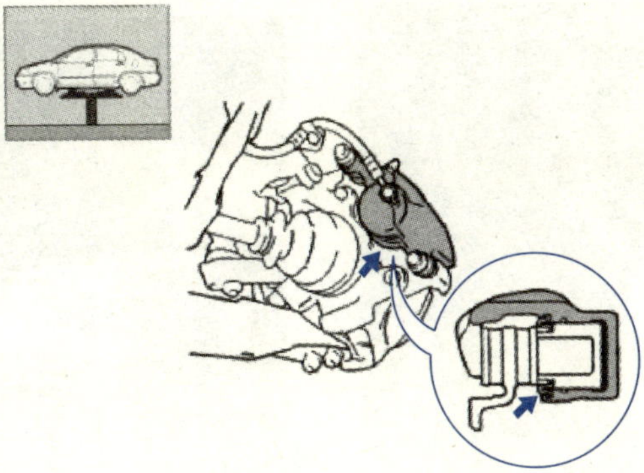

图 4-34　制动卡钳渗漏的检查

三、制动踏板的检查

难度等级：★★★

安全等级：★★★

制动踏板是汽车制动操纵部分的部件，其维护检查的主要内容如下。

1. 制动踏板工作状况的检查

反复踩踏制动踏板，检查制动踏板反应是否灵敏，能否完全落下，是否有异常噪声，是否过度松动（图 4-35）。

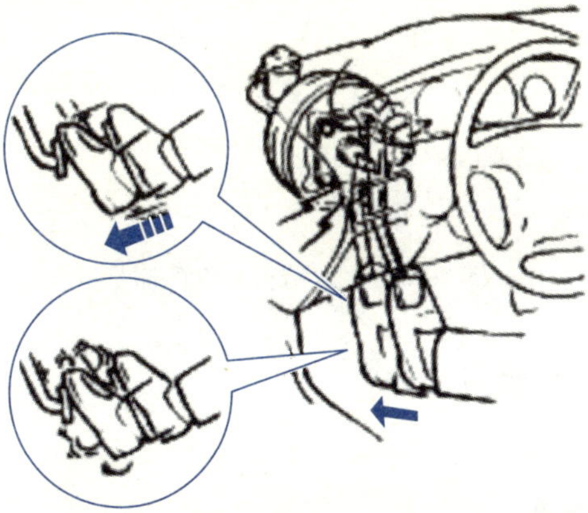

图 4-35　制动踏板的检查

2. 制动踏板自由行程的检查与调整

在发动机停止状态下踩制动踏板 2～3 次，清除助力器影响后，用直尺测量初始位置，如图 4-36 所示。然后用手轻压踏板，测量从开始压下至手感变重时的踏板行程，如图 4-37 所示。两者的差值即为制动踏板自由行程。制动踏板自由行程可通过调整推杆的长度来修正。

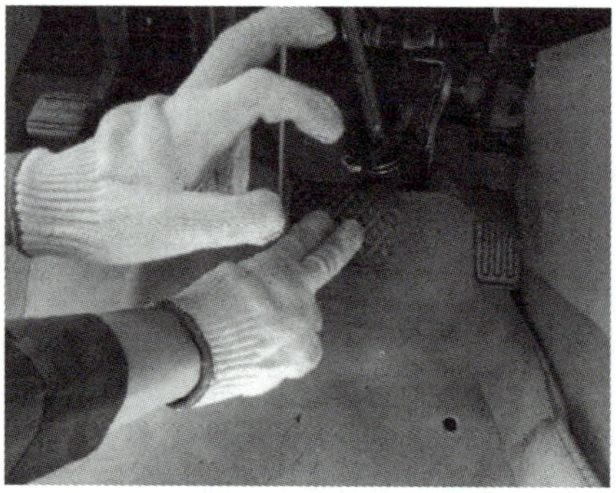

图 4-36　测量初始位置

图 4-37　测量手感变重时的数值

3. 制动踏板高度的检查

测量制动踏板从手感变重至压到底端的有效行程，制动踏板的高度等于自由行程加有效行程，如图 4-38 所示。

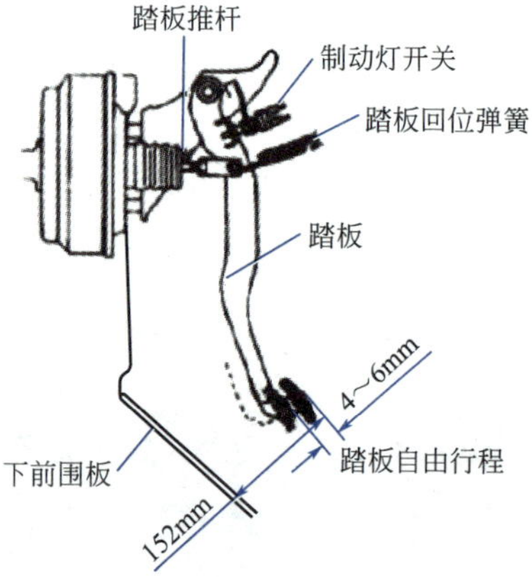

图 4-38　制动踏板高度的测量

四、真空助力器的检查

难度等级：★★★

安全等级：★★★

1. 制动系统真空动力器的检查

① 在发动机熄火时，来回踩制动踏板，排除助力器中的空气。

② 踩下制动踏板并保持在此位置。

③ 启动发动机。

④ 如果加力后制动踏板继续下降，表明助力器工常。

⑤ 如果制动踏板不下降，则真空系统（真空软管、真空阀等）可能有故障，需要检查。

⑥ 如果在检查真空系统后未发现故障，则助力器本身可能有故障。

2. 气密性检查

启动发动机，怠速运转 1～2min 后停机；踩下制动踏板数次，检查制动踏板是否升高，不升高说明气密性下降。

五、盘式制动器的检修

难度等级：★★★

安全等级：★★★

1. 制动器摩擦片厚度的检查（图 4-39）

对于专业人士，可使用一把直尺测量外制动器摩擦片的厚度，内侧摩擦片可通过制动卡钳内的检查孔目测摩擦片的厚度，确保其与外制动器摩擦片没有明显的偏差，没有不均匀磨损。对于非专业人士，可通过目测摩擦片的厚度来判断摩擦片的磨损程度，如果制动器摩擦片的厚度低于磨损极限，则应更换制动器摩擦片。

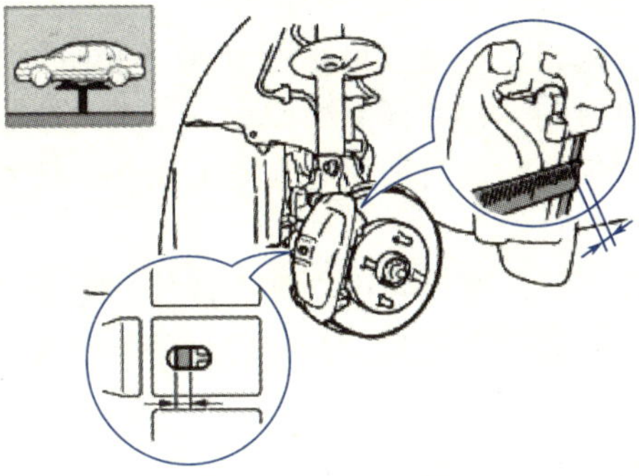

图 4-39 制动器摩擦片厚度的检查

2. 制动盘磨损和损坏的检查（图 4-40）

检查制动盘上是否有刻痕、不均匀或者异常磨损以及裂纹和其他损坏，如果磨损或损坏严重，则应更换。

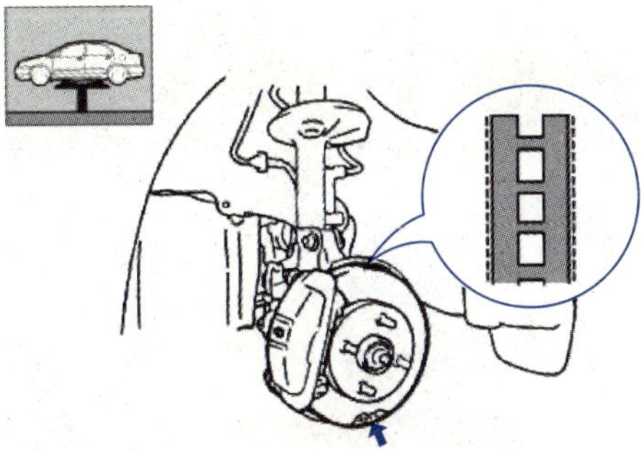

图 4-40 制动盘磨损和损坏的检查

3. 盘式制动器制动片的检查与更换

(1) 判断制动片是否更换的方法

① 看厚度方法

a. 新的制动片厚度一般在 1.5cm 左右，随着使用中不断摩擦，厚度会逐渐变薄。专业的技术人员建议，当肉眼观察制动片厚度已经仅剩原先 1/3 厚度(约 0.5cm) 左右时，车主就要增加自检频率，随时准备更换。当然个别车型由于轮毂设计原因，不具备肉眼查看的条件，需要拆卸轮胎才能完成。

b. 每个制动片的两侧都有一个突起的标志，这个标志的厚度为 2～3mm，这也是制动片最薄更换的极限，如果制动片厚度已经与此标志平行，则必须进行更换。因此当制动片厚度接近此标志的时候，车主就要随时观察准备更换，不过在不拆卸轮胎的情况下通过肉眼很难准确观察，目前不少车型在制动片过薄时仪表盘上的制动片磨损指示灯会有提示，相对自检会方便一些。

② 听声音方法　如果在轻踩制动踏板的同时伴随有“铁蹭铁的咝咝”声，这时要马上进行检查，很可能此时制动片已经磨损，必须立即更换。因为制动片两侧的极限标识已经直接摩擦制动盘，证明制动片已经超过极限。遇到这种情况，在更换制动片的同时要配合制动盘的检查，出现这种声音时往往制动盘已经受到损坏，此时即便更换新的制动片仍然不能消除响声，严重时需要更换制动盘。

另外，有些质量不好的制动片中有硬点，这样也会产生异响，有时这样产生的异响使用一段时间后会消失，有时需要更换制动片。

③ 感觉力度方法　如果制动感到很吃力，则有可能是制动片基本已经丧失摩擦力了，这时候必须要更换，否则会引发严重的事故。

(2) 更换制动片

① 更换步骤

a. 举升车辆，拆下后轮。找到制动卡钳的固定螺栓，如图 4-41 所示。用扳手拆下制动卡钳的 2 颗固定螺栓，如图 4-42 所示。

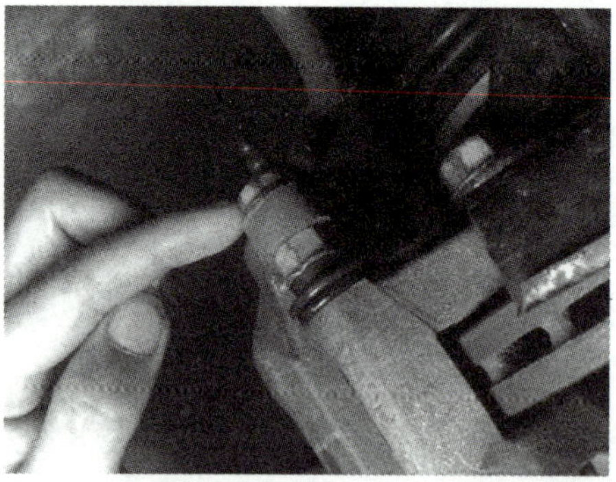

图 4-41　找到制动卡钳的固定螺栓

b. 从托架上取下制动卡钳，如图 4-43 所示。

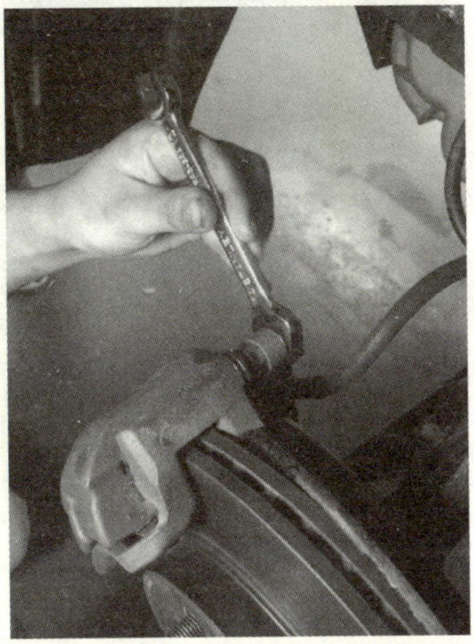

图 4-42 拆卸制动卡钳的 2 颗固定螺栓

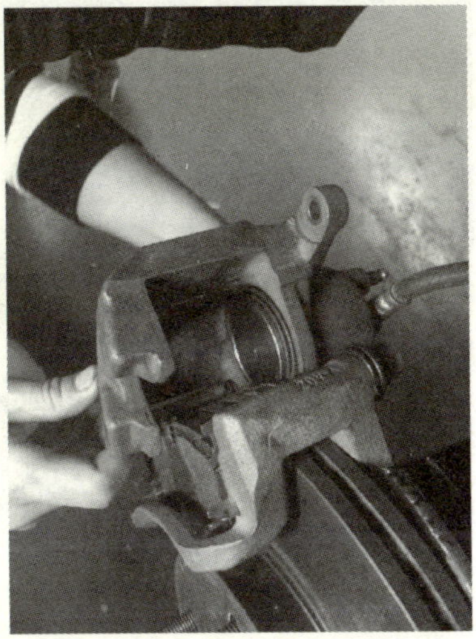

图 4-43 从托架上取下制动卡钳

c. 取下刹车片，如图 4-44 所示。

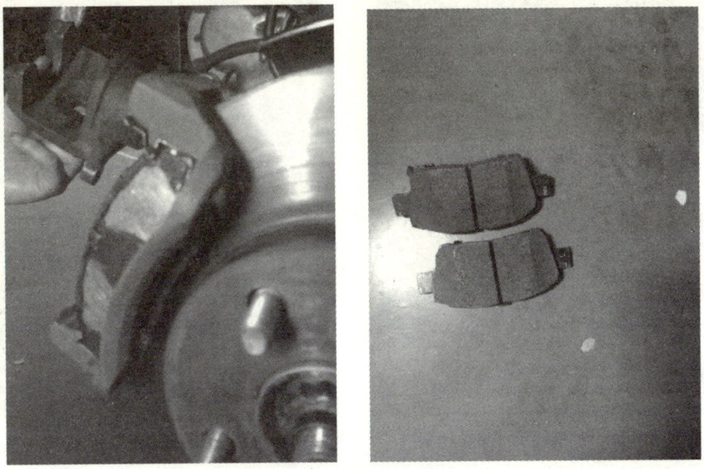

图 4-44 取下刹车片

d. 利用专用工具使后轮制动卡钳内的活塞回位，如图 4-45 所示。

e. 对比新旧制动摩擦片，确认规格一致，并在摩擦片背面及两侧与卡钳接触的区域涂抹消音膏，然后将新摩擦片安装在托架上，如图 4-46 所示。

f. 将制动卡钳安装到托架上（图 4-47），选择合适的工具拧紧固定螺栓（图 4-48）。

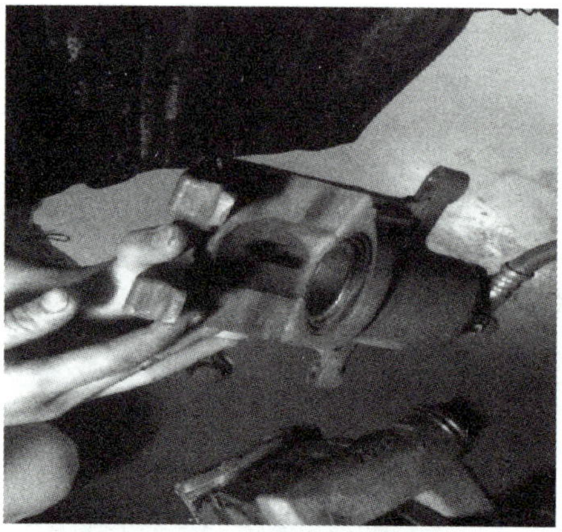

图 4-45　利用专用工具使后轮制动卡钳内的活塞回位

图 4-46　新摩擦片安装在托架上

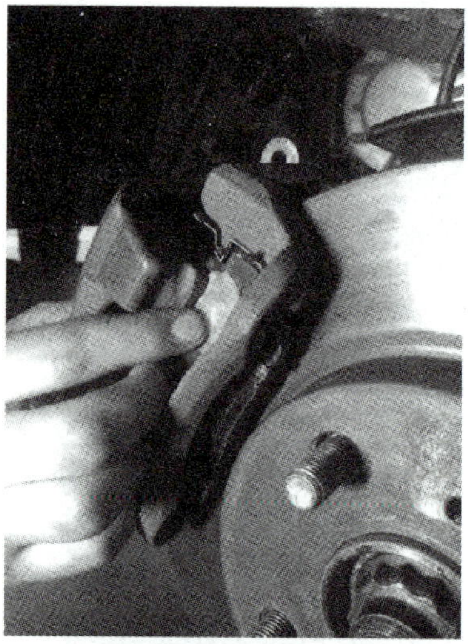

图 4-47　将制动卡钳安装到托架上

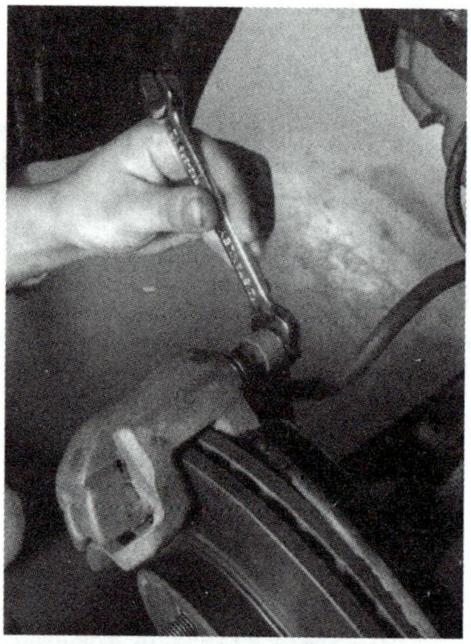

图 4-48　选择合适的工具拧紧固定螺栓

g. 检查制动液位是否正常，若制动液缺少，应该添加至正常位置。

h. 更换完毕后，用力踩几脚制动踏板，直到制动踏板升高至正常位置。

② 更换注意事项

a. 维修前，为避免制动储液罐中的制动液溢出，可酌情抽出部分制动液，维修完成后再补充，使其处于上、下限之间。

b. 拆下制动卡钳后，应使用挂钩悬挂于车体上，防止制动管路受力损坏。

c. 安装前，应先清洁制动盘、轮毂轴承之间的接触面，并在卡钳螺栓上涂抹润滑脂。

d. 安装新的制动摩擦片及制动盘前，应先清洁这些零部件的表面，去除防腐蚀保护涂层，以免影响制动效果。

e. 调整驻车制动机构时，应保证在不使用驻车制动时，制动盘能自如转动，使用驻车制动后，制动盘能可靠地固定住。

f. 全部维修操作完成后，应反复踩踏制动踏板，确认有可靠的制动效果之后才能启动发动机，移动车辆。

g. 维修结束后的试车过程中，应在低速条件下以中等力度进行多次制动，以使新更换的制动摩擦片和制动盘取得良好的配合效果。

六、鼓式制动器的检修

鼓式制动器的检修难度大，更换鼓式制动器摩擦片的难度更大，因此不建议车主自行更换，这里只做简单介绍。

难度等级：★★★★★

安全等级：★★★★★

1. 鼓式制动器的检查

① 制动鼓的检查。用目视方法检查制动鼓是否出现裂纹。检查鼓内壁工作面，应无明显的沟槽。

② 制动衬片厚度的检查（图 4-49）。使用一把直尺测量制动衬片的厚度。如果厚度低于磨损极限，则更换制动衬片。

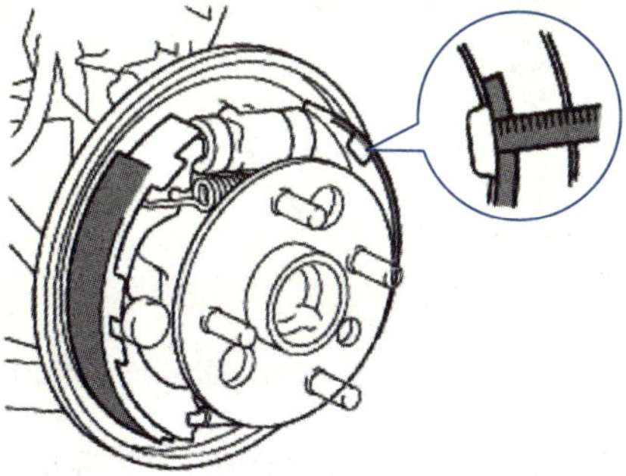

图 4-49　制动衬片厚度的检查

③ 制动衬片损坏的检查。检查制动衬片是否有裂纹、“蜕皮”和损坏，如图 4-50 所示。

④ 检查制动回位弹簧，应无变形、裂纹、丧失弹性和拉长现象，若拉

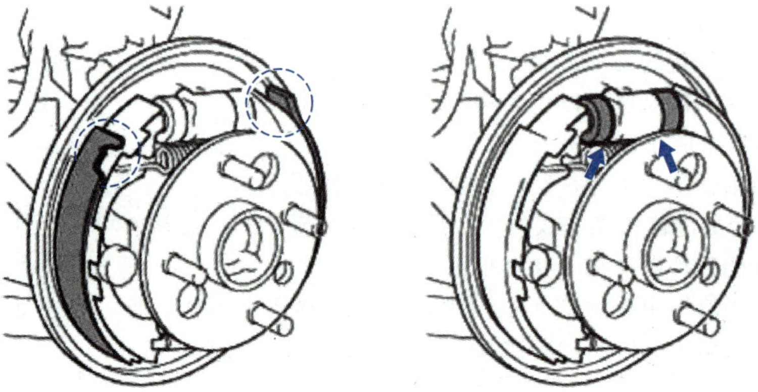

图 4-50　制动衬片损坏的检查

长超过 5%，应进行更换。

⑤ 检查制动底板，不应该有翘曲、变形。

⑥ 检查制动蹄片与背板接触区域的磨损。手动前后移动制动蹄片并检查制动蹄片移动是否顺利，检查制动蹄片与背板和固定件之间的接触面是否磨损（图 4-51）。检查制动蹄片、背板和固定件是否生锈。

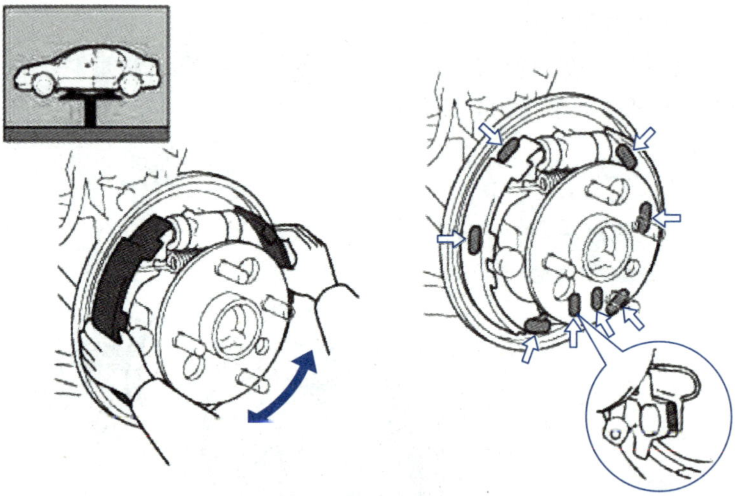

图 4-51　鼓式制动器的检查

⑦ 检查制动鼓与制动蹄衬面是否正常接触。在制动鼓内表面涂上粉笔灰后，将制动蹄与制动鼓内表面贴合，进行研磨，如果制动鼓与制动蹄片衬面接触不良，应研磨或更换制动蹄。

⑧ 检查制动分泵缸中是否有液体渗漏。如果制动液溅出或者粘在油漆上，立即用水漂洗。否则，制动液将损坏油漆表面。

2. 鼓式制动器制动片的更换

① 拆下轮胎螺栓，取下轮胎，松开驻车制动器，拆下制动鼓。有的车辆制动鼓紧，需要用螺栓从制动鼓上的螺纹孔拧入，将制动鼓顶出，如图 4-52 所示。

② 取下制动鼓，如图 4-53 所示。

图 4-52　制动鼓上的螺纹孔

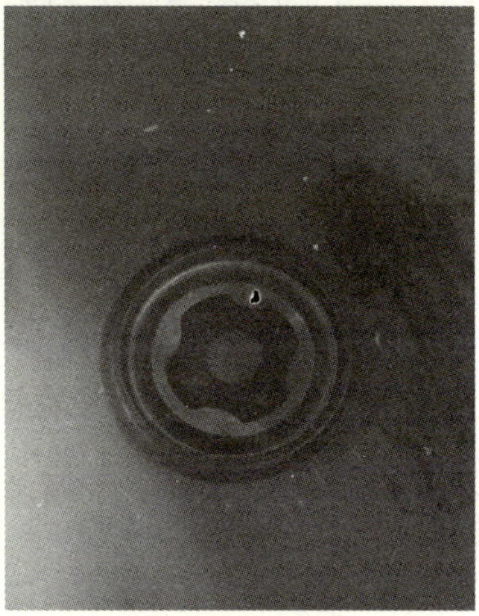

图 4-53　取下制动鼓

③ 这时可以看见制动鼓和制动分泵，如图 4-54 所示。

④ 用专用工具拆卸左侧制动蹄片的限位销，若没有专用工具可以用钳子，如图 4-55 所示。

图 4-54　制动鼓和制动分泵

图 4-55　拆卸左侧制动蹄片的限位销

⑤ 取下限位销和限位销弹簧，如图 4-56 所示。

⑥ 取下右侧制动蹄片的限位销和限位销弹簧，如图 4-57 所示。

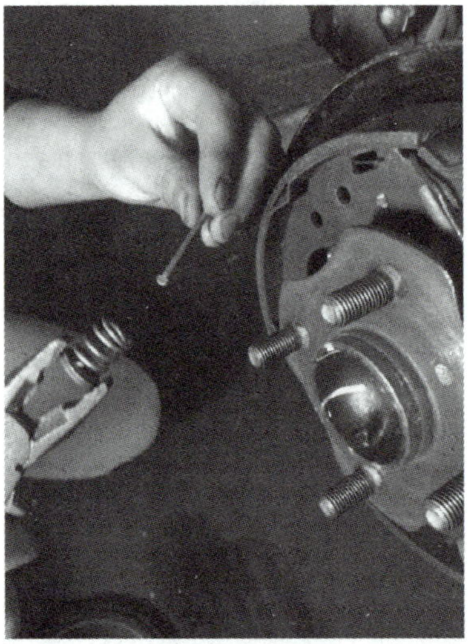

图 4-56 取下限位销和限位销弹簧

图 4-57 取下右侧制动蹄片的限位销和限位销弹簧

⑦ 用尖嘴钳取下制动蹄片回位弹簧，如图 4-58 所示。制动蹄片回位弹簧如图 4-59 所示。

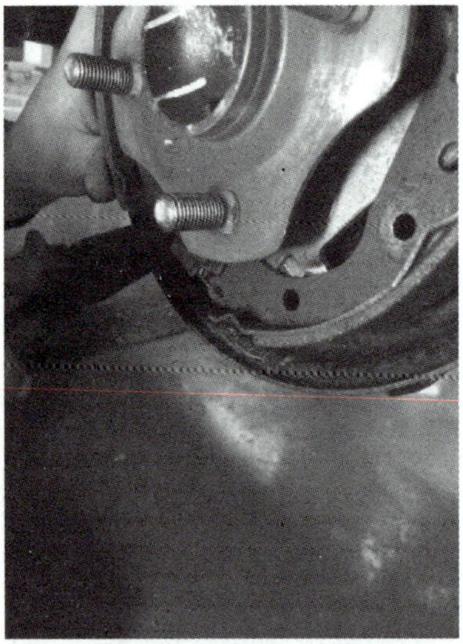

图 4-58 用尖嘴钳取下制动蹄片回位弹簧

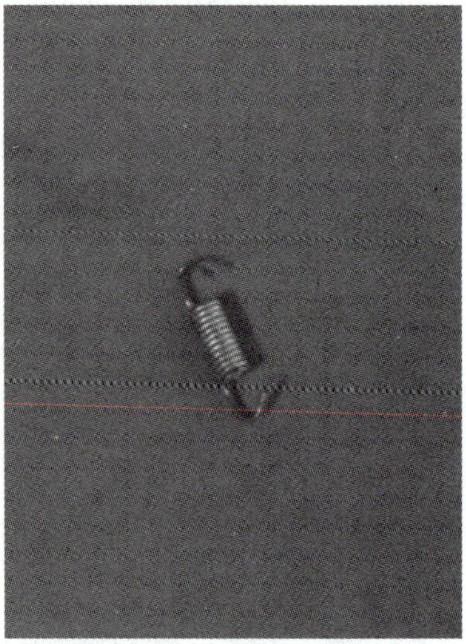

图 4-59 制动蹄片回位弹簧

⑧ 将左右制动蹄片一起从制动分泵和制动底板上拆下，如图 4-60 所示。

⑨ 用钳子将左右制动蹄片总成从驻车制动拉线上拆下，如图 4-61 所示。拆卸后的驻车制动拉线如图 4-62 所示。

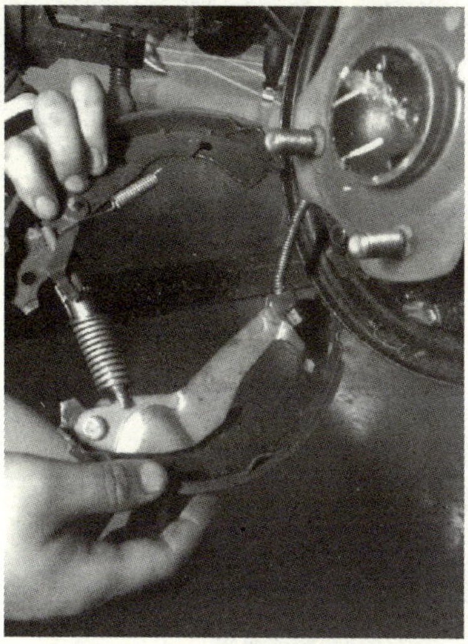

图 4-60　将左右制动蹄片一起从制动分泵和制动底板上拆下

图 4-61　用钳子将左右制动蹄片总成从驻车制动拉线上拆下

图 4-62　拆卸后的驻车制动拉线

⑩ 将拆下的左右制动蹄片总成分解，拆下驻车制动推杆和回位弹簧

（图 4-63）。带驻车制动杠杆的制动蹄片如图 4-64 所示。带制动自动调整拉杆的制动蹄片如图 4-65 所示。

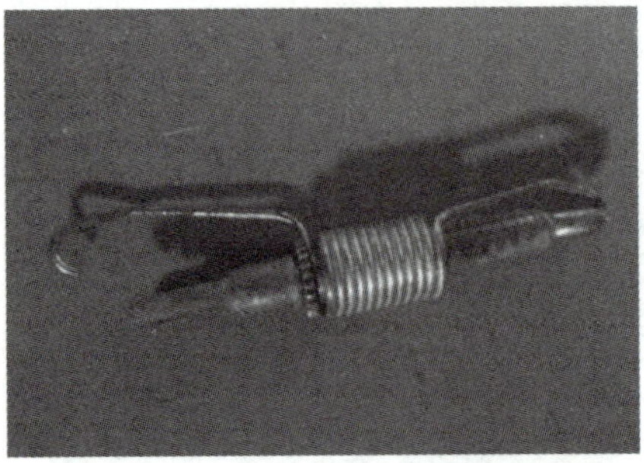

图 4-63　拆下驻车制动推杆和回位弹簧

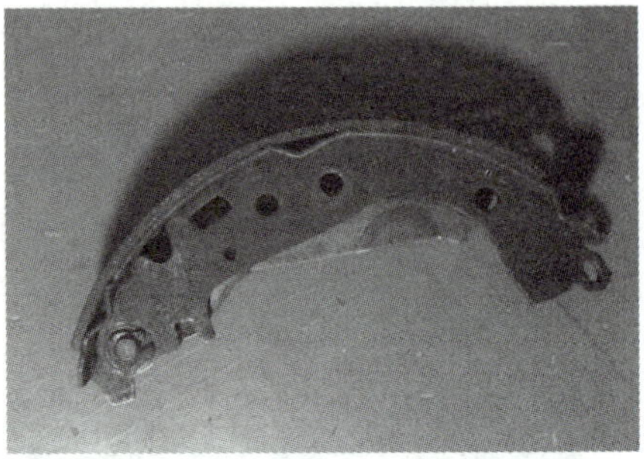

图 4-64　带驻车制动杠杆的制动蹄片

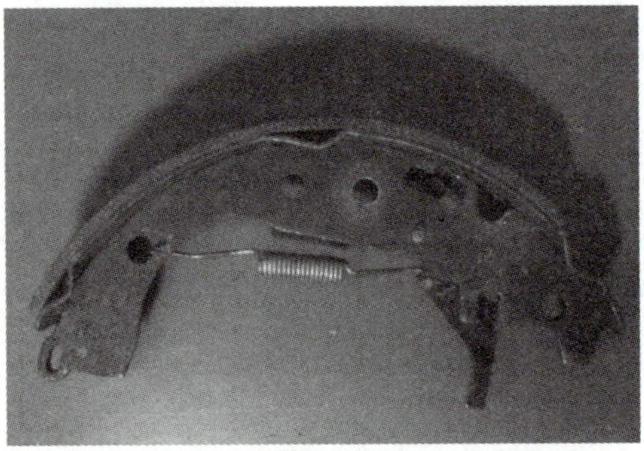

图 4-65　带制动自动调整拉杆的制动蹄片

⑪ 将带制动自动调整拉杆的制动蹄片分解为制动自动调整拉杆（图 4-66）和制动蹄片（图 4-67）。

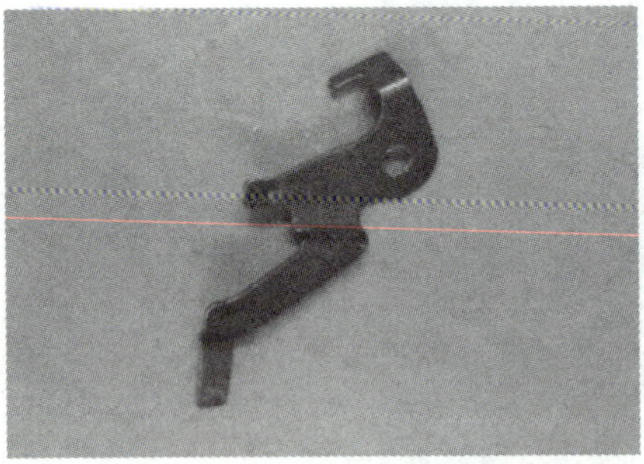

图 4-66　制动自动调整拉杆

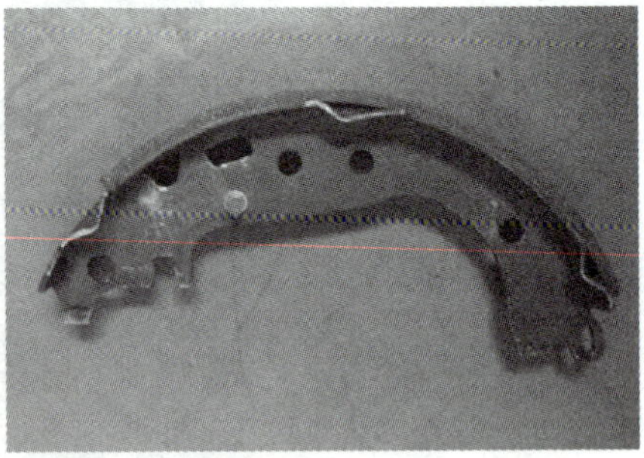

图 4-67　制动蹄片

⑫ 检查拆下的部件是否良好，检查制动分泵是否泄漏，如图 4-68 所示。

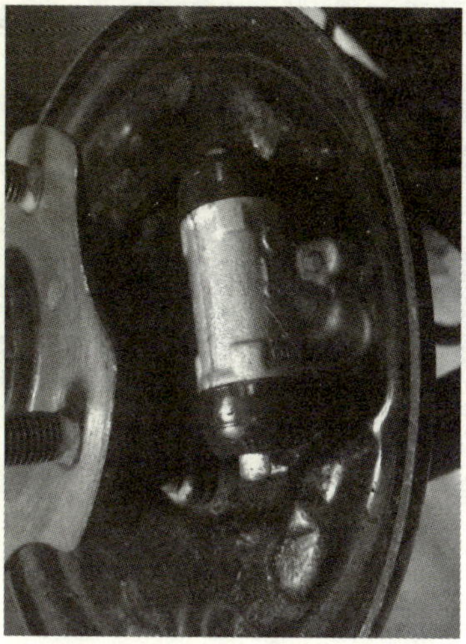

图 4-68　检查制动分泵是否泄漏

3. 安装

按拆下相反的顺序进行安装，这里只介绍一些重点的步骤。

① 找到制动自动调整拉杆定位销，如图 4-69 所示。

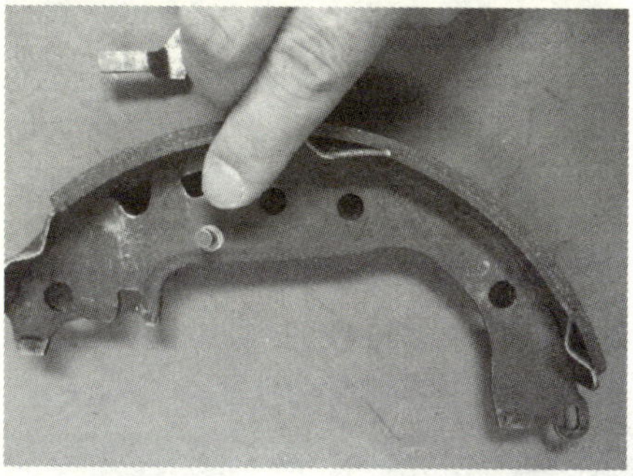

图 4-69　制动自动调整拉杆定位销

② 如图 4-70 所示，将制动自动调整拉杆安装到定位销上。

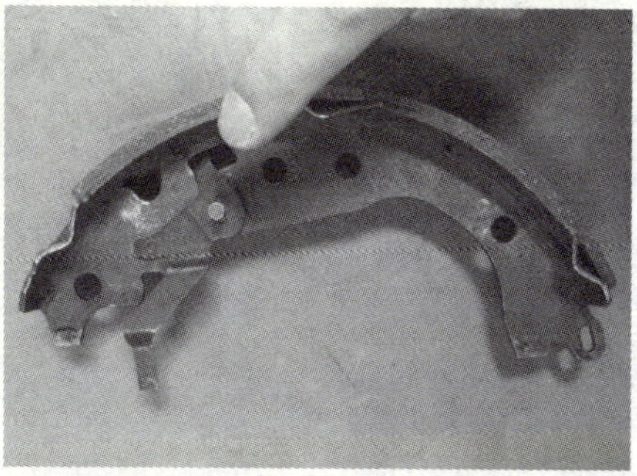

图 4-70　将制动自动调整拉杆安装到定位销上

③ 如图 4-71 所示，将制动自动调整拉杆弹簧安装到调整拉杆上。

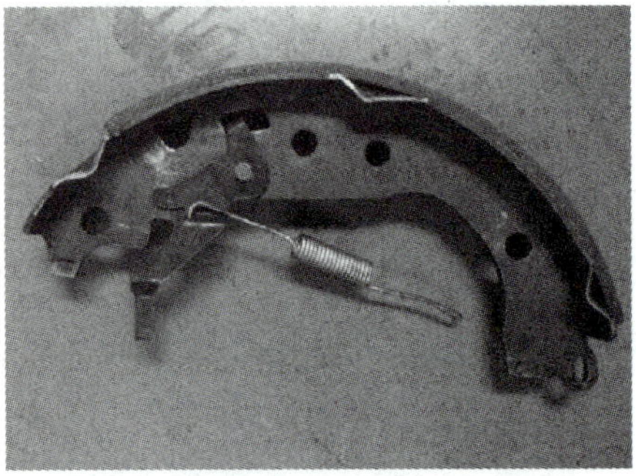

图 4-71 将制动自动调整拉杆弹簧安装到调整拉杆上

④ 如图 4-72 所示，将制动自动调整拉杆弹簧安装到制动蹄片的孔中。

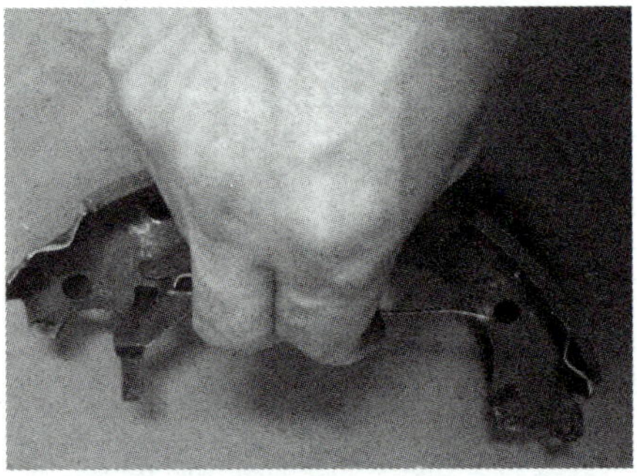

图 4-72 将制动自动调整拉杆弹簧安装到制动蹄片的孔中

⑤ 安装好的带制动自动调整拉杆的制动蹄片正面如图 4-73 所示，反面如图 4-74 所示。

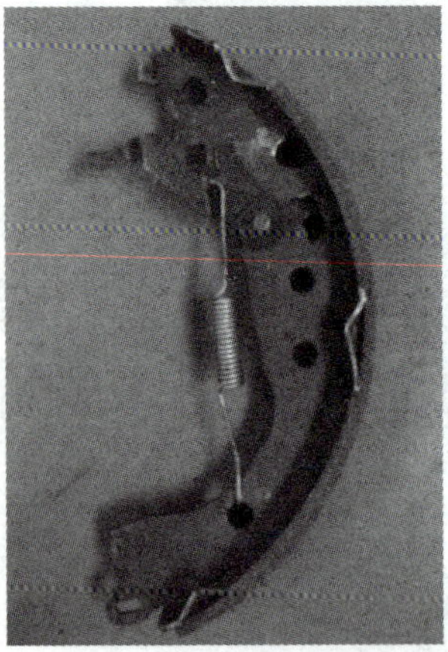

图 4-73 安装好的带制动自动调整拉杆的制动蹄片正面

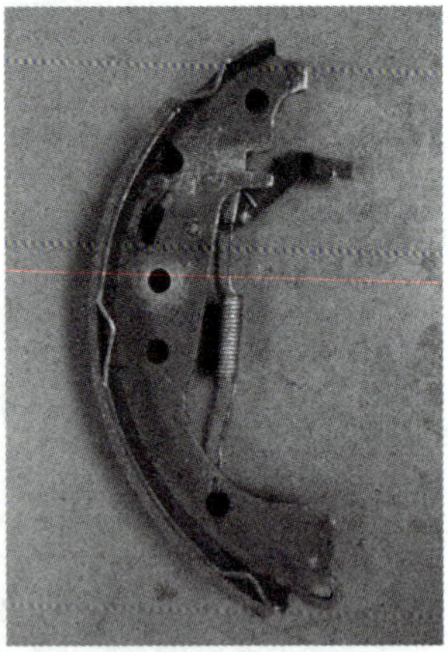

图 4-74 安装好的带制动自动调整拉杆的制动蹄片反面

⑥ 将左右制动蹄片总成一起安装到制动分泵和制动底板上，如图 4-75 所示。

⑦ 安装左右制动蹄片总成后，将驻车制动推杆的回位弹簧安装到位。

⑧ 将限位销插入制动蹄片孔内，如图 4-76 所示。

图 4-75　将左右制动蹄片总成一起安装到制动分泵和制动底板上

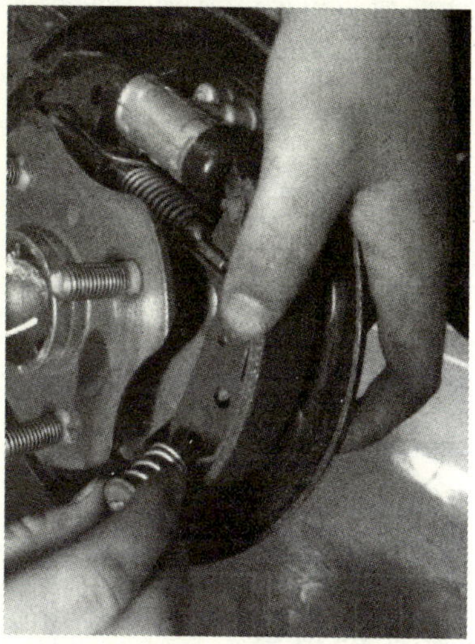

图 4-76　将限位销插入制动蹄片孔内

⑨ 用专用工具或钳子将左右制动蹄片的限位销弹簧安装到位，如图 4-77 所示。

⑩ 安装制动鼓，踩几下制动踏板，应感觉制动踏板的高度正常。

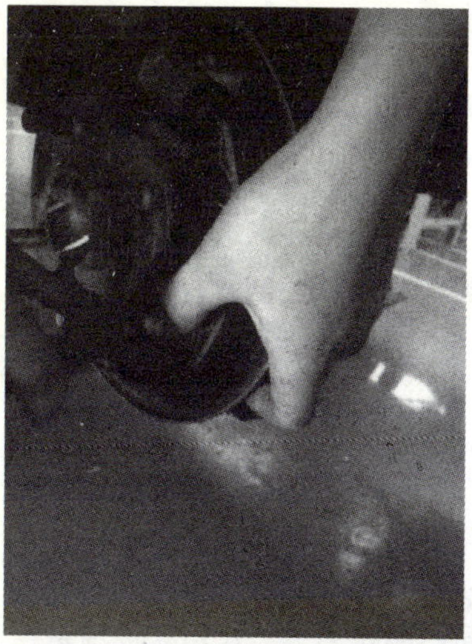

图 4-77　用专用工具或钳子将左右制动蹄片的限位销弹簧安装到位

⑪ 连续拉紧驻车制动器几次。

第八节 轮 胎

车轮与轮胎是汽车行驶系统中的重要部件，轿车轮胎一般都采用子午线结构的低压轮胎。

一、轮胎的正确使用

轮胎在汽车各部件中的地位十分重要，对汽车行驶性能影响很大。轮胎的正确使用包括以下几个方面。

① 限制行车速度。

② 根据道路情况行车。

③ 掌握轮胎的温度变化。

④ 合理搭配轮胎。

⑤ 保持气压正常。

⑥ 及时进行轮胎更换和换位。

二、轮胎的检查

难度等级：★★

安全等级：★★★

1. 裂纹或者损坏检查

检查轮胎胎面和胎壁是否有裂纹、割痕或者其他损坏，如图 4-78 所示。

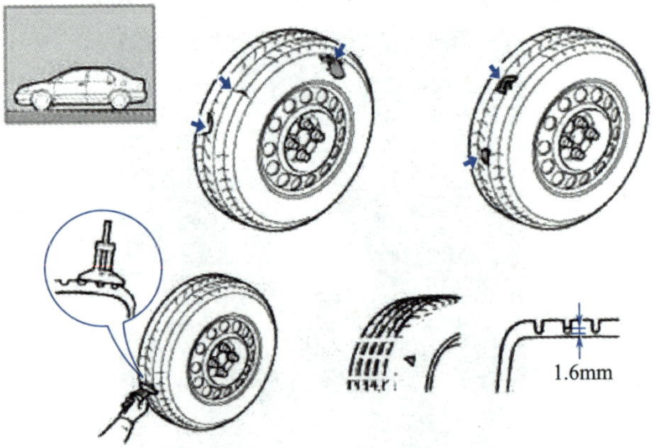

图 4-78　轮胎检查

2. 嵌入金属微粒或者外物检查

检查轮胎的胎面和胎壁是否嵌入任何金属微粒、石子或者其他异物。

3. 胎面花纹深度的检查

《机动车运行安全技术条件》规定，乘用车轮胎胎冠上花纹磨损至花纹深度小于 1.6mm，载货汽车转向轮轮胎冠上的花纹深度小于 3.2mm，其余轮胎胎冠花纹深度小于 1.6mm 时，禁止使用。轮胎花纹深度可以用深度尺进行测量，如图 4-79 所示。轮胎磨损标记如图 4-80 所示。

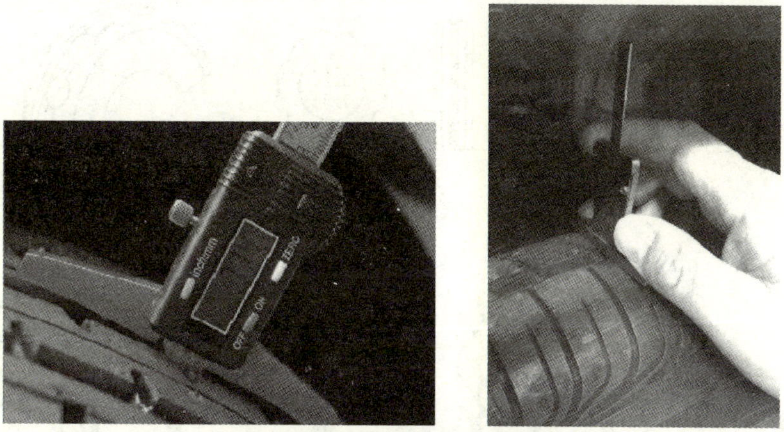

图 4-79　用深度尺测量轮胎花纹的深度

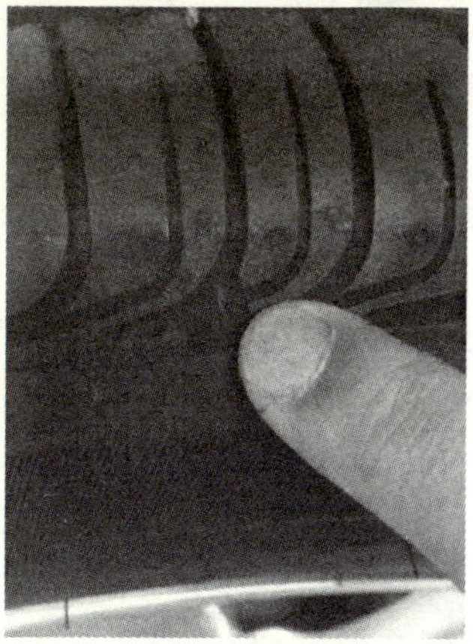

图 4-80　轮胎磨损标记

4. 轮胎异常磨损的检查

轮胎的常见故障是轮胎的异常磨损，检查轮胎的异常磨损，可以发现故障的早期征兆和原因，以便及时排除影响轮胎寿命的不良因素，防止早期磨损和破坏。常见前轮轮胎的偏磨如图 4-81 所示。

（1）胎肩或胎面中间磨损

① 现象　轮胎的胎肩或胎面中间出现磨损，如图 4-82 所示。

② 原因　集中在胎肩或胎面中间的磨损，主要是由于未能正确保持充

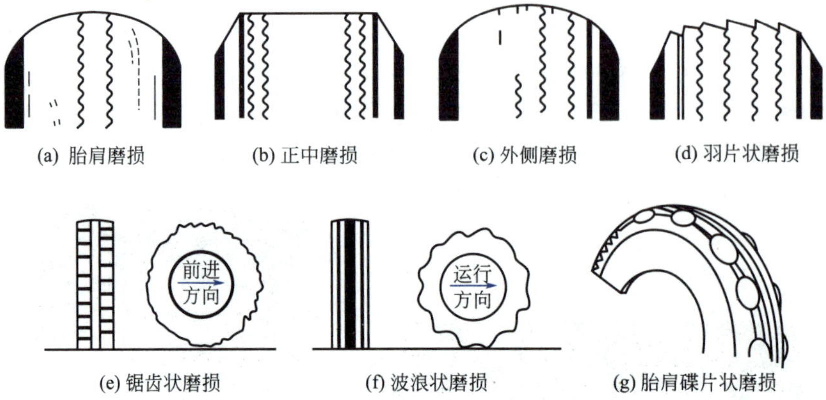

图 4-81 常见前轮轮胎的偏磨

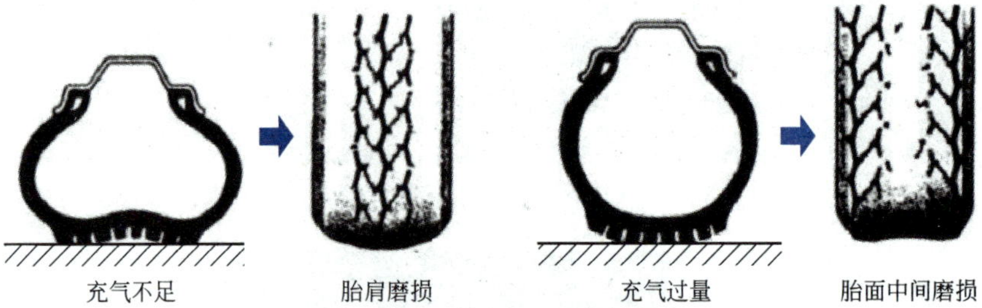

图 4-82 胎肩或胎面中间磨损

气压力所致。如果轮胎充气压力过低，轮胎的中间便会凹入，将载荷转移到胎肩上，使胎肩磨损快于胎面中间。如果轮胎充气压力过高，轮胎的中间便会凸出，承受较大的载荷，使轮胎中间磨损快于胎肩。

③ 故障排除步骤

a. 检查是否超载。

b. 检查充气压力。如果充气过量或充气不足，应调整充气压力。

c. 调换轮胎位置

(2) 轮胎的内侧或外侧磨损

① 现象 轮胎的内侧或外侧磨损，如图 4-83 所示。

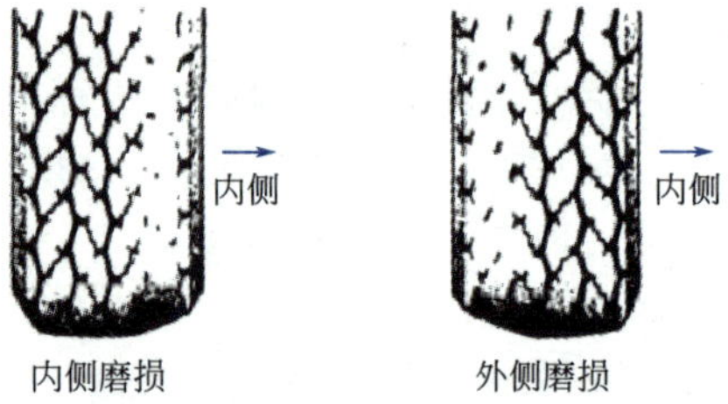

图 4-83 轮胎的内侧或外侧磨损

② 原因

a. 在过高的车速下转弯会造成转弯磨损。

b. 悬架部件变形或间隙过大，会造成不正常的轮胎磨损。

c. 如果轮胎面某一侧的磨损快于另一侧的磨损，其可能是外倾角不正确。

③ 故障排除步骤

a. 询问驾驶员是否高速转弯，如果是则要避免。

b. 检查悬架部件。如果松动，应将其紧固；如果变形和磨损，应修理或更换。

c. 检查外倾角。如果不正常，应矫正。

d. 调换轮胎位置。

(3) 前端和后端磨损

① 现象　前端和后端磨损，如图 4-84 所示。

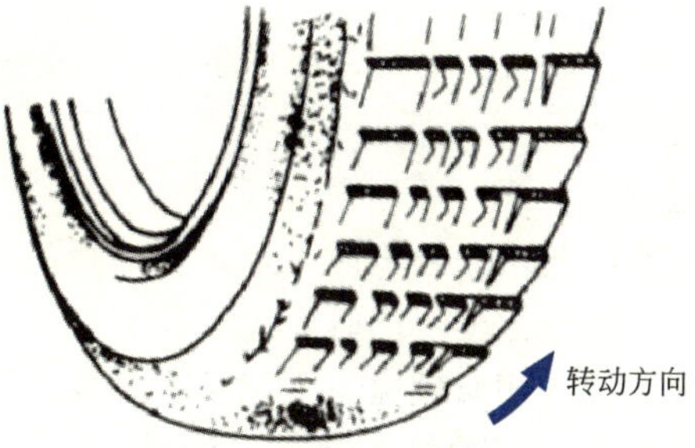

图 4-84　前端和后端磨损

② 原因　前端和后端磨损常常出现在具有横向花纹和区间花纹的轮胎上，胎面上的区间发生斜向磨损（与鞋跟的磨损方式相同），最终变成锯齿状。

非驱动轮的轮胎只受制动力的影响，而不受驱动力的影响，因此往往会有前后端型式的磨损，如反复使用和放开制动器，便会使轮胎每次发生短距离滑动而磨损，前后端磨损的型式与这种磨损相似。

③ 故障排除步骤

a. 检查充气压力。

b. 检查车轮轴承。

c. 检查外倾角和前束。

d. 检查轴径或悬架部件。

e. 调换轮胎位置。

(4) 前端和后端磨损（羽状磨损）

① 现象　前端和后端磨损，如图 4-85 所示。

② 原因　胎面的羽状磨损，主要是由于前束调节不当所致。过量的前

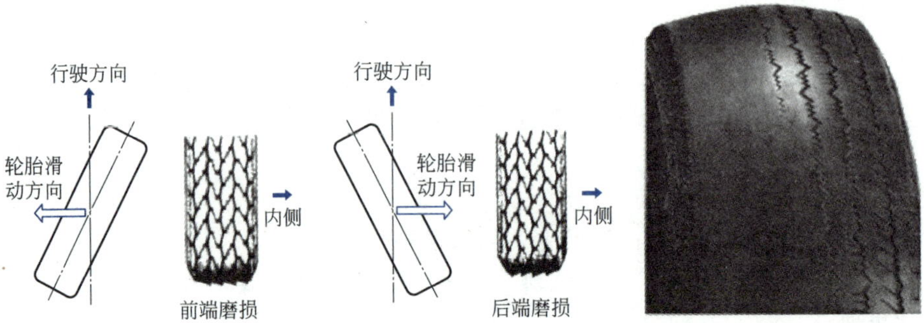

图 4-85 前端和后端磨损

束，会迫使轮胎向外滑动，并使胎面的接触面在路面上朝内拖动，造成前束磨损，胎面呈明显的羽毛形。过量的后束，会将轮胎向内拉动，并使胎面的接触面在路面上朝外拖动，造成后束磨损。

③ 故障排除步骤

a. 检查前束和后束，如果前束过量或后束过量，应该加以调整。

b. 调换轮胎位置

5. 轮胎气压的检查

夏季气温高，轮胎的气压一般不能太足。秋季则不同，由于气温相对较低，应补充轮胎气压到规定范围。同时，还应检查轮胎是否有明显的外伤、刮痕等。秋冬季橡胶变硬，相对较脆，不但摩擦因数会降低，也易漏气、扎胎。轮胎气压标准值一般在驾驶侧车门立柱的标签上，如图 4-86 所示。在标签上标注了轮胎规格和前后轮胎的标准气压值，如图 4-87 所示。

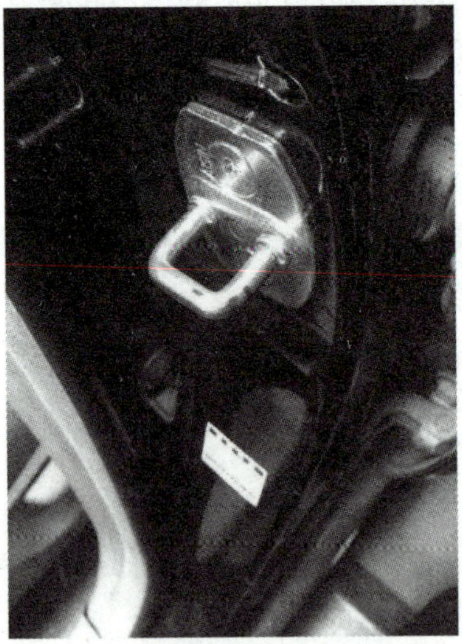

图 4-86 轮胎气压标准值

图 4-87 轮胎标签

轮胎气压可用气压表进行检查。轮胎气压应保证在该车型规定的标准值，过高和过低都需要进行调整。

6. 漏气检查

检查气压后，采用在气门周围涂肥皂水的方法检查是否漏气，如图 4-88 所示。

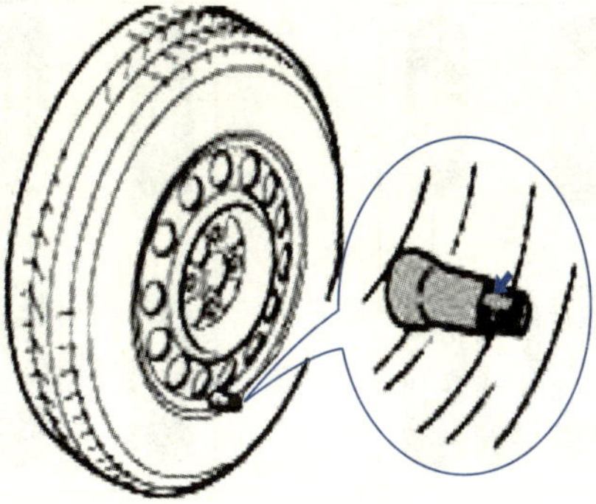

图 4-88 漏气检查

7. 轮圈和轮盘的检查

检查轮圈和轮盘是否损坏、腐蚀、变形和跳动，如图 4-89 所示。

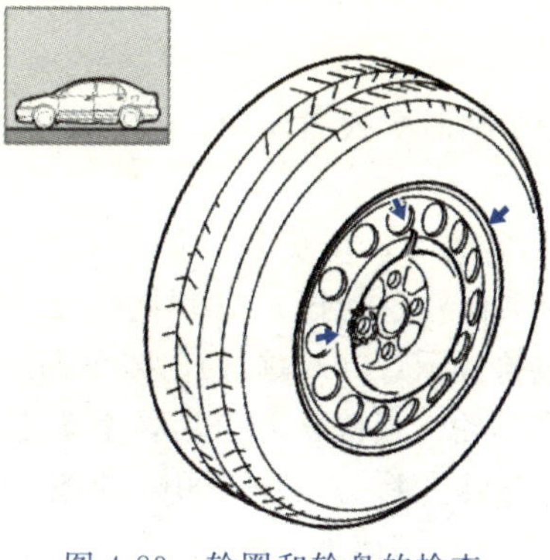

图 4-89 轮圈和轮盘的检查

三、轮胎换位

难度等级：★★★

安全等级：★★★

车辆经过一段时间的使用后，由于轮胎的安装位置和受力情况不同，磨损情况也不同，在行驶一定的里程后，有必要将轮胎进行换位。建议每隔 1 万千米进行 1 次互换。

若 4 条轮胎新旧程度一样且花纹无方向，可采用交叉换位方式，即左前和右后互换，右前和左后互换的方法。若花纹有方向，可采用前后互换，即右前和右后互换，左前和左后互换。若轮胎新旧程度不一，对于采用前轮驱动的车辆，建议将较新胎装于前轮，较旧胎装于后轮，左右互换。对于采用后轮驱动的车辆，建议将较新胎装于后轮，较旧胎装于前轮，左右互换。具体换位方法可参考图 4-90 和图 4-91。

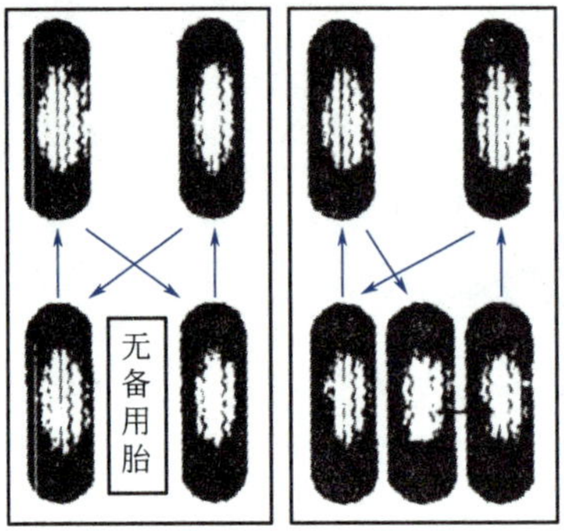

图 4-90　斜交轮胎的换位

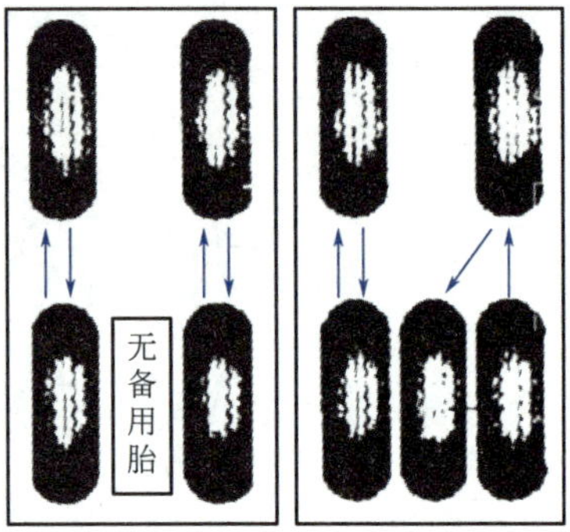

图 4-91　子午线轮胎的换位

四、更换备胎

难度等级：★★★

安全等级：★★★

当遇到爆胎或者需要临时更换备胎时，按照下面介绍的步骤进行。

1. 轮胎的拆卸

① 先将车辆停到安全地带，切莫在公路中央更换备胎。应选择水平路面停车，将换挡杆拨到空挡（手动挡）或 P 挡（自动挡）。

② 按下车辆危险报警提示灯（双蹦灯），待车辆停好后，拉起手制动（手刹），用三角木楔住某个车轮。当确认安全后，下车走到车尾处，从后备厢中取出三角警示牌，在车尾部左后方 50～100m 的地方摆好，如图 4-92 所示，以便提前提醒后方的车辆，该车出现了故障。

③ 从后备厢中取出备胎、轮胎扳手和千斤顶等，如图 4-93 所示。先将

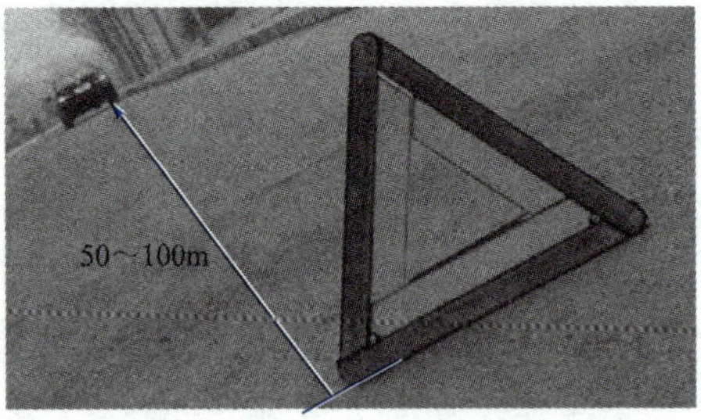

图 4-92　在车尾部左后方 50～100m 的地方摆好三角警示牌

备胎平放于车身下方，以备不测。

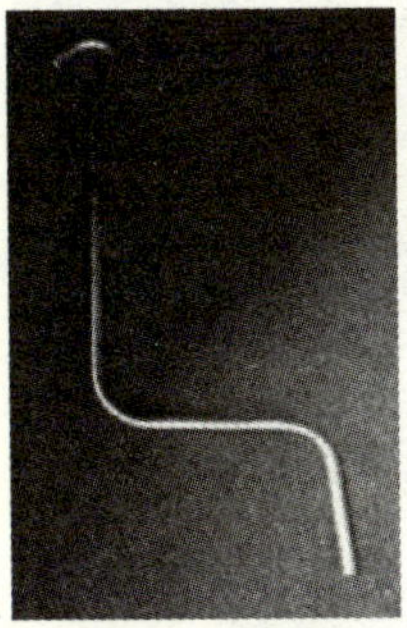

(a) 千斤顶摇把

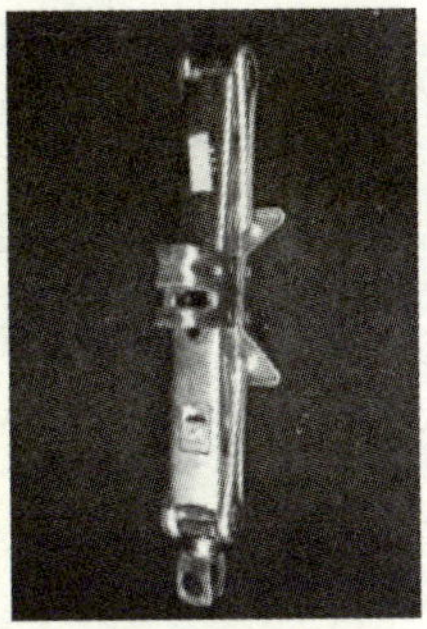

(b) 千斤顶

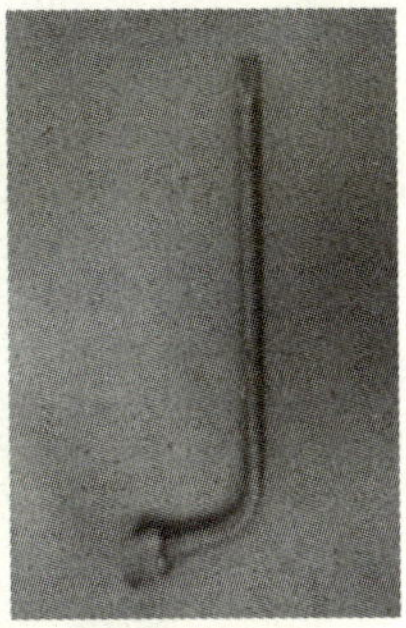

(c) 轮胎扳手

图 4-93　拆装工具

④ 取下车轮的装饰罩，使用轮胎扳手初步拧松轮胎螺母，如图 4-94 所示。拆卸时注意弄清汽车左右侧车轮与轮毂连接螺栓的螺旋方向，一般轿车轮胎螺栓顺时针为拧紧方向，逆时针为松开方向。

图 4-94　使用轮胎扳手初步拧松轮胎螺母

⑤ 找一个平坦路面，放好千斤顶，如果路面不平，应把千斤顶放在方砖或平整的石块上，如图 4-95 所示。

图 4-95　放好千斤顶

⑥ 用千斤顶顶在车辆底盘指定支撑位置，如图 4-96 所示。

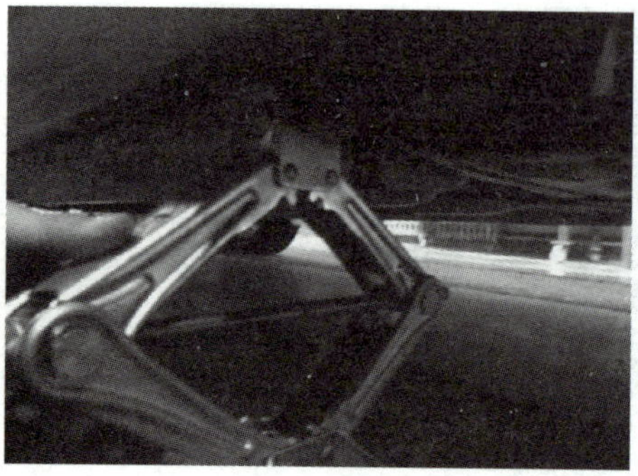

图 4-96 用千斤顶顶在车辆底盘指定支撑位置

⑦ 用手慢慢拧动千斤顶的螺杆，将千斤顶的支撑槽对准车辆的支撑部位，如图 4-97 所示。

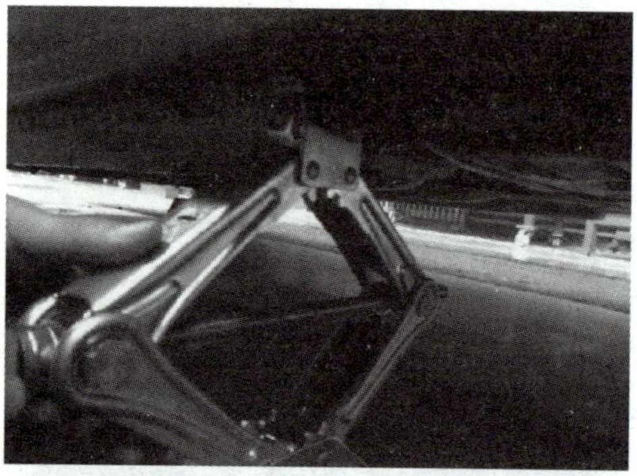

图 4-97 用手慢慢拧动千斤顶的螺杆

⑧ 用手继续拧动，使支撑槽与支撑部位接触，如图 4-98 所示。

图 4-98 使支撑槽与支撑部位接触

⑨ 用千斤顶摇把继续拧动螺杆，使被拆车轮稍离地面，如图 4-99 所示。

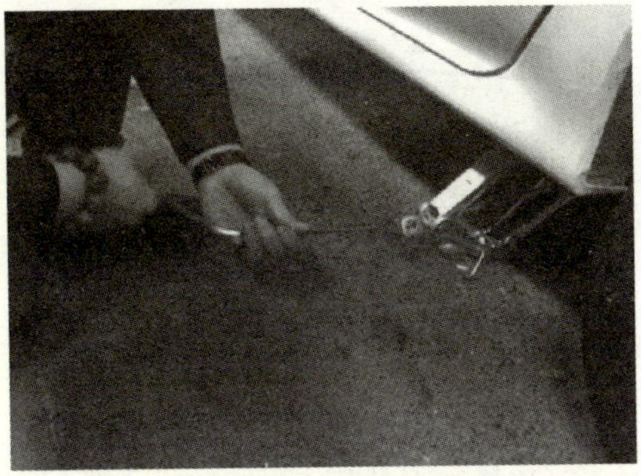

图 4-99 使被拆车轮稍离地面

⑩ 用轮胎扳手拧下车轮与轮毂连接的所有螺母，取下垫圈，并摆放整齐，如图 4-100 所示。

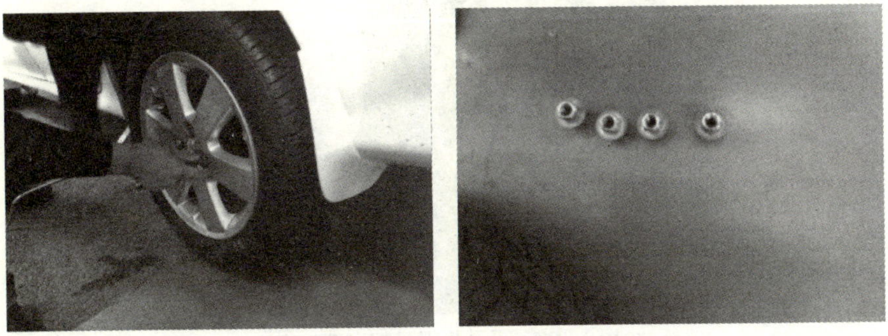

图 4-100 用轮胎扳手拧下车轮与轮毂连接的所有螺母

⑪ 边向外拉边左右晃动车轮，从车轴上取下车轮总成，如图 4-101 所示。

图 4-101 从车轴上取下车轮总成

⑫ 为了安全起见，将拆下的车轮放在车下面，如图 4-102 所示。

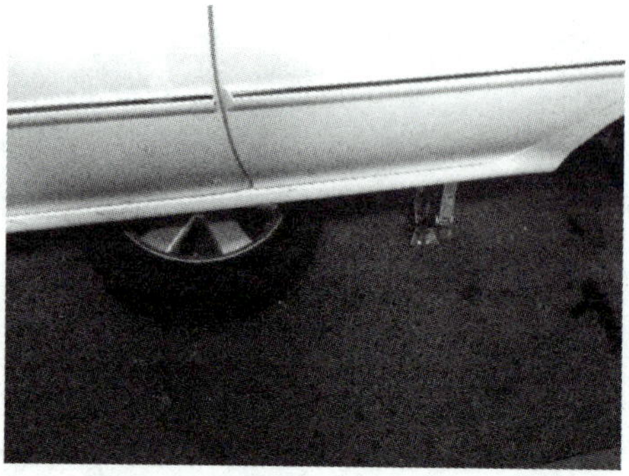

图 4-102 将拆下的车轮放在车下面

2. 备胎的安装

① 将备胎对准车轴和螺孔，用手将螺母拧在螺柱上，如图 4-103 所示。

图 4-103 用手将螺母拧在螺柱上

② 再用轮胎扳手，以对角线的方式将螺母初步拧在螺柱上，如图 4-104 所示。

图 4-104 以对角线的方式将螺母初步拧在螺柱上

③ 然后松开千斤顶，让车轮着地，如图 4-105 所示。

④ 然后用轮胎扳手按对角线顺序分 2～3 次拧紧车轮螺母，最后一次按

图 4-105　让车轮着地

规定力矩拧紧，如图 4-106 所示。

图 4-106　用轮胎扳手按对角线顺序分 2～3 次拧紧车轮螺母

提示：如果是女士，则按照如图 4-107 所示的方法来拧松和拧紧螺栓。

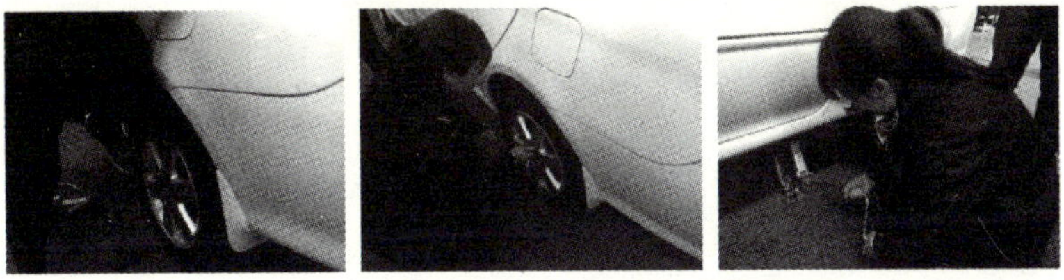

图 4-107　女士拧松和拧紧螺栓的方法

五、轮胎气压复位

难度等级：★★★

安全等级：★★★

有些轮胎缺气后，仪表盘上的轮胎压力报警灯会亮。在充气后，需要进行轮胎气压复位。各种车型的复位方法不一样，下面简单介绍两种。

1. 简装版君越

气压灯复位：把仪表调里程数的按钮调整到实际数值，然后按住按钮2s，听到“嘀嘀”两声，表示气压灯已复位。

2. 林荫大道气压灯复位

① 在点火开关关闭的状态下，同时按住“lock”和“unlock”按钮，将点火开关打到“on”位置。

② 此时会听到喇叭响一下。

③ 从左前轮开始放气或充气，直到喇叭响一下，再将气压调整到标准气压。

④ 再将右前轮的气压按照左前轮的操作再操作 1 次。

⑤ 之后是右后轮，最后是左后轮。

⑥ 完成之后喇叭会响一下，表示学习成功。

第五章　电气系统保养

05 Chapter

第一节　空　调

一、空调系统的维护

为了确保汽车空调能良好运行，发挥它应有的作用，除在使用过程中按规范操作外，日常维护是非常重要的。通过日常维护可以发现故障隐患，如零件磨损、电器线路接头松脱、管路接头松动、制冷剂泄漏和异常响声等，及时做出处理以保证空调系统正常工作。

1. 压缩机的维护

在停用制冷系统后，每 2 周启动压缩机工作 5min，这样做有以下好处。

① 将冷冻机油输送到轴封上，防止轴封干枯，降低密封作用。

② 压缩机是精密部件，长时间不用，其精密的配合表面会产生“冷焊”现象。

③ 制冷剂和冷冻机油会产生化学变化，压缩机长期不工作，易在配合表面形成蚀点，破坏零件的光洁度和精度。

2. 冷凝器的维护

主要是要保证冷凝器有最大的气流量。因此，平时要注意冷凝器运行是否正常。经常清洁冷凝器通道，不要被杂物、油污、泥土和昆虫堵塞。清洗时需注意以下两点。

① 切勿使用高压水枪，否则容易损坏散热翅片，降低散热效果。

② 除了清洁冷凝器表面外，还需清理冷凝器和散热器之间的缝隙，如果这里堵塞严重，往往会造成发动机水温过高，同时影响制冷效果。

3. 蒸发器的维护与保养

蒸发器同冷凝器一样都是换热器，要求保持通风口清洁、排水道畅通、鼓风机运转正常等。汽车在最大制冷量运行时，注意检查是否有发动机热水通过暖水阀漏进来，以免影响制冷效果。

4. 储液罐

储液罐正常使用 2 年后要及时更换，因为储液罐内的干燥剂使用 2 年左右就会失效，如果是过饱和地吸收了水分，干燥包容易爆裂，干燥剂粉末会堵塞管路。

5. 空调系统接头

检查各管路接头是否有油污，有油污表明该部位有泄漏，应及时进行维修。汽车空调管路中多采用弹簧锁快速接头，拆卸管接头时必须使用专用工具。不允许使用自制工具或其他代用品，否则容易损坏接头中的锁簧，造成制冷剂泄漏，而且一旦损坏则无法进行修复，必须更换空调管总成。安装管路接头时，必须使用新的专用密封圈，需事先涂抹少许冷冻机油，以保证安装顺利和提高密封效果。

6. 节流装置

汽车前空调使用的节流装置是节流管，而后空调则采用膨胀阀。清洗管路时最好能同时更换节流装置，以防止再次堵塞管路，甚至损坏压缩机。

不管采用何种膨胀阀，绝对不允许为追求制冷效果而自行调整膨胀阀的开度，否则轻者影响制冷效果，重者造成压缩机液击。

7. 其他注意事项

① 汽车必须使用专用制冷剂，以及专用冷冻机油。

② 空调系统必须使用清洁的、干燥的制冷剂和冷冻机油，系统中有空气、水分及污物都可能对系统的温度和压力产生不良的影响，从而降低制冷效果，导致系统部件损坏、管路阻塞等。

③ 维修时，打开管路后O形圈必须更换，并在装配前涂上冷冻机油。

④ 必须使用汽车专用冷冻机油。

⑤ 打开管路进行检修后必须更换储液罐。

二、空调系统的检查

难度等级：★

安全等级：★★★

1. 空调制冷剂量的检查

打开发动机舱盖，通过空调管路上的观察窗观察制冷剂的流量，并检查制冷剂的量。如图5-1所示，A图中观察窗有少量气泡一闪而过，表示制冷剂量正常；B图中有大量气泡流过，说明制冷剂不足；C图中没有气泡，说明无制冷剂或制冷剂过多。

2. 空调制冷效果的检查

① 打开仪表盘操作面板上的空调A/C开关，调整冷热后应该能够在一定时间内吹出冷/热风。

② 空调出风口可以顺利关闭、开启或者转向指定角度，带风口开度调节装置的应该同时测试风口开度。

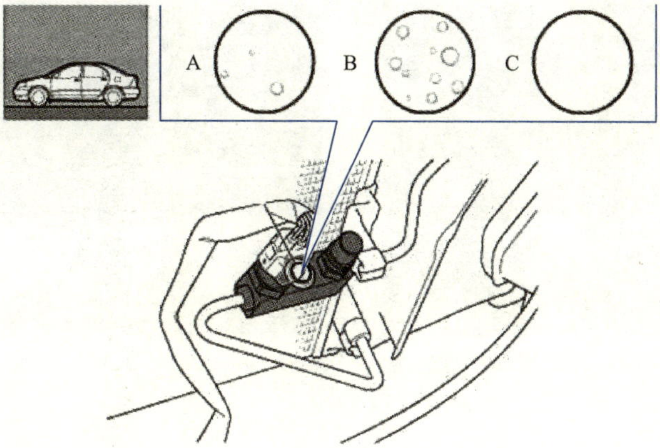

图 5-1　空调制冷剂量的检查

③ 调整风的循环模式，如内外循环、除霜模式、出风模式等，应该立刻给予响应，各风口的风量应相应做出改变。

④ 出风口不应该吹出过多污物和异味，且在风量不是很大时，不应该有明显的风声。

⑤ 自动空调，可以感觉一下温控功能是否准确，空调显示屏是否正确显示。

3. 空调管路皮带的检查与维护

① 打开发动机舱，检查空调皮带是否有裂痕，张紧度是否符合标准，如图 5-2 所示。

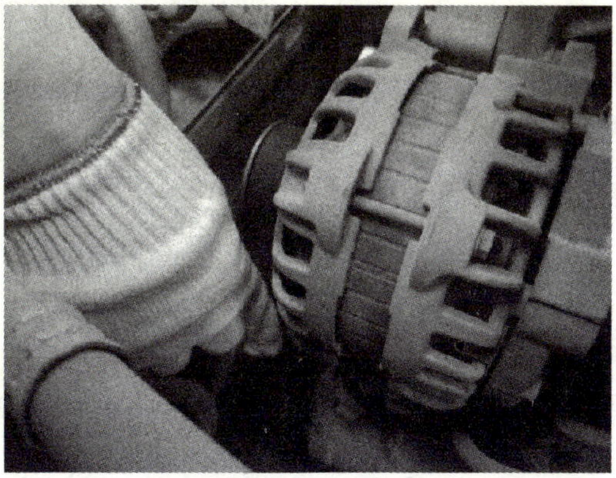

图 5-2　检查皮带的张紧是否符合标准

② 检查空调管路是否有损坏等情况，如图 5-3 所示。

③ 检查冷凝器表面是否有异物附着或堵塞，如图 5-4 所示。

④ 检查出风口风量是否随转速的提升，风量不断增大。

图 5-3　检查空调管路有无损坏等情况

图 5-4　检查冷凝器表面是否有异物附着或堵塞

三、更换空调滤芯

1. 日系车空调滤芯的更换

难度等级：★★★

安全等级：★★★

日系车通常将空调滤芯安装在副驾驶位置手套箱的后部。更换空调滤芯步骤如下。

① 打开手套箱盖，如图 5-5 所示。

② 找到手套箱右侧的固定卡扣，并用力向外侧拔出，如图 5-6 所示。

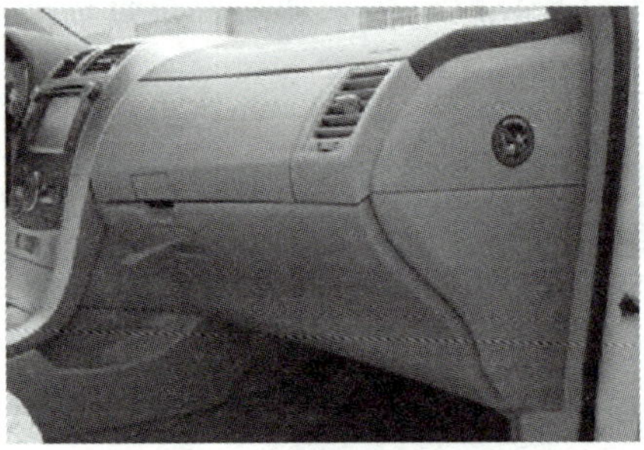

图 5-5　打开手套箱盖

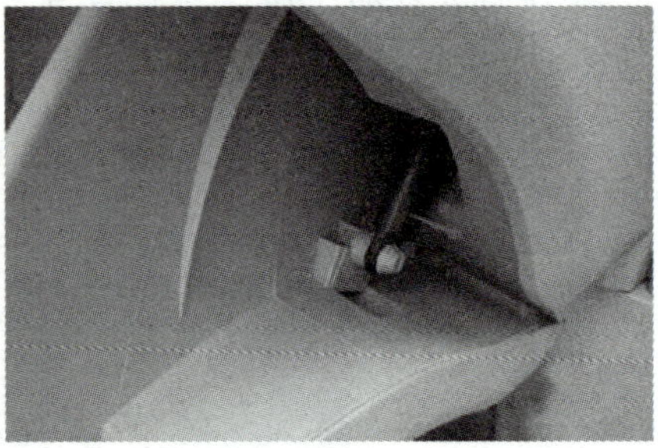

图 5-6　拔出手套箱右侧的固定卡扣

③ 将手套箱盖的固定卡扣取下拿掉，使之脱离，如图 5-7 所示。

④ 用双手将手套箱两边向中间挤压，手套箱就可以拿下来，如图 5-8 所示。

⑤ 取下手套箱就可以看到空调滤芯盖板，用力按压盖板两侧的固定卡扣，盖板就可以取下，如图 5-9 所示。

⑥ 向外侧抽出旧的空调滤芯，如图 5-10 所示。

⑦ 将新的空调滤芯装入，按与拆卸相反的顺序恢复原位即可（注意空调滤芯的安装方向），如图 5-11 所示。

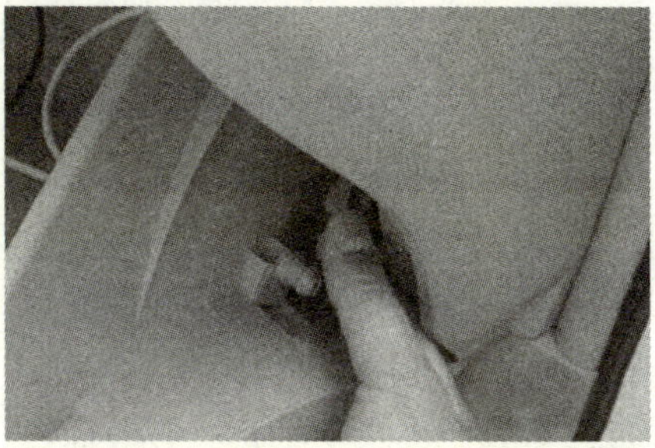

图 5-7　取下手套箱盖的固定卡扣

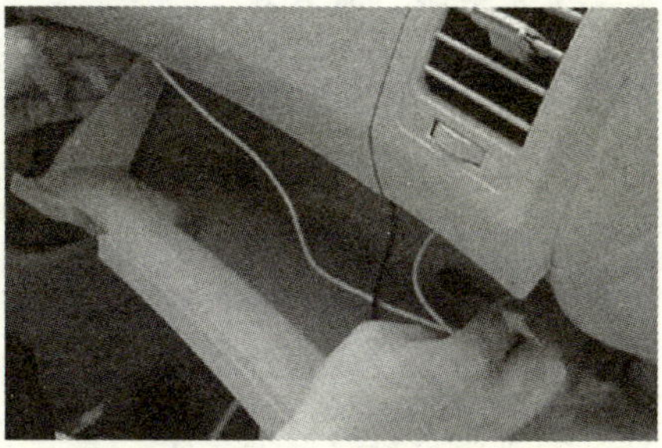

图 5-8　取下手套箱

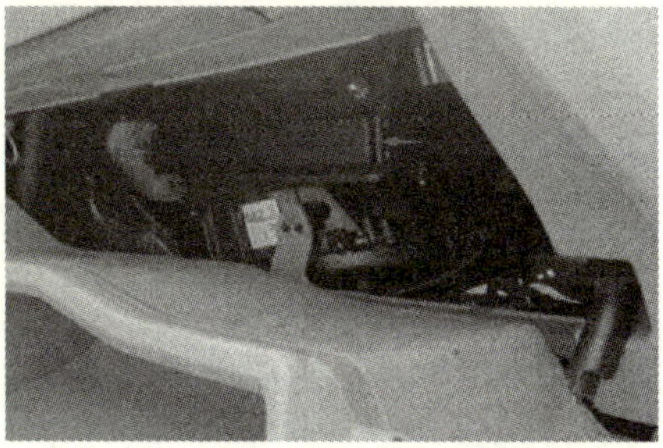

图 5-9　取下盖板

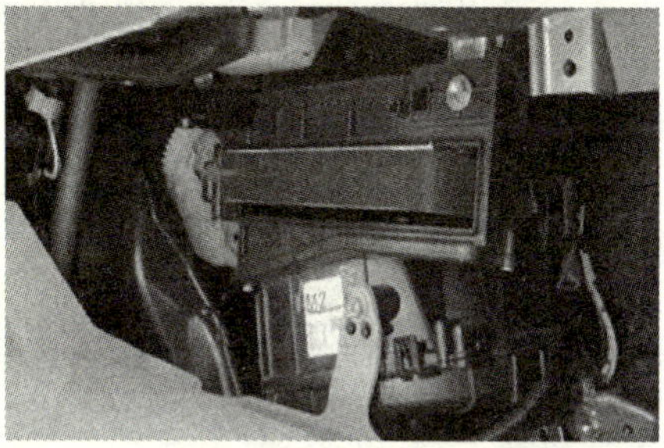

图 5-10　向外侧抽出旧的空调滤芯

2. 长安福特福克斯轿车空调滤芯的更换

难度等级：★★★★★

安全等级：★★★

长安福特福克斯轿车的空调滤芯是比较难换的，主要是其位置非常别扭，不太人性化。先把座椅尽可能地向后推到头，给自己腾出操作的空间。如图 5-12 圆圈中就是空调滤芯盖板的螺钉，共有四颗。

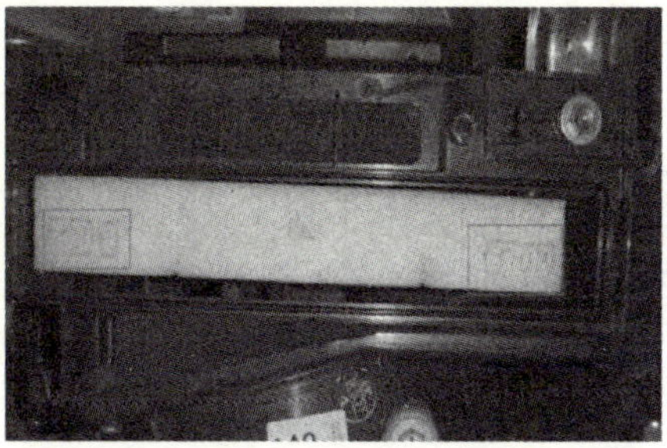

图 5-11　将新的空调滤芯装入

图 5-12　空调滤芯盖板的螺钉

3. 上海通用别克君越轿车空调滤芯的更换

难度等级：★★★

安全等级：★★★

该车空调滤芯在前挡风玻璃下导流板的右侧，更换步骤如下。

① 打开机舱盖。

② 看到在车右侧挡风玻璃下面和雨刷器中部各有两个塑料螺钉。其实并非是螺钉，是两个塑料卡子，注意塑料卡子分为两部分，用一个头部比较尖的一字螺丝刀先翘起卡子的上半部分，然后再翘起下半部分就可以把雨刷器下面的一个塑料板拿下来，注意车右侧的排雨槽，其材料是胶皮的，用手轻轻地掰回去就可以取下来。塑料板下面连接着排雨水的管子，不用管它，塑料板也不用完全拿下来，露出大塑料板下面的小塑料板即可。

③ 小塑料板可以取下来，之后就能看到空调滤芯，用手拽着白色的部分，就可以把空调滤芯顺利地拿出来。

④ 换上新的空调滤芯，注意后半部分是插入式结构，一定要将滤芯插入其中。

⑤ 照原样安装好两块塑料板并安装好卡子。

4. 特别说明

一般轿车的空调滤芯在副驾驶员侧的手套箱后面，但车型不同，其位置也不一样。如要更换东风景逸轿车的空调滤芯，需要打开发动机舱盖，其在发动机舱后部的防火墙中部。

第二节　蓄电池

一、蓄电池

1. 蓄电池简介

车辆的电瓶，又称为蓄电池，是一个将化学能转化成电能的设备。它的作用是供给发动机用电，当车辆准备发动时，蓄电池会放电给起动机提供电力，并由起动机带动飞轮、曲轴转动，从而发动车辆。在发电机供电不足或者未启动时，为车内用电器如音响系统、照明系统等提供电源，当发动机开始正常供电之后，蓄电池则会收集并储存电能，以备日后使用。

汽车用蓄电池大致可分为免维护蓄电池和普通蓄电池（非免维护）两类。目前市场上销售的大部分车型都采用了免维护蓄电池，而多数日系车，甚至包括雷克萨斯和英菲尼迪等高档日系车都采用非免维护蓄电池，也就是普通蓄电池。

普通蓄电池又称为铅酸蓄电池，它的电极由铅和铅的氧化物构成，电解液是硫酸的水溶液。主要优点是电压稳定、价格便宜；缺点是比能低（即每千克蓄电池存储的电能）、使用寿命短和日常维护频繁。老式普通蓄电池一般寿命在 2 年左右，而且需定期检查电解液的高度并添加蒸馏水。不过随着科技的发展，目前普通蓄电池的寿命变得更长而且维护也更简单。

免维护蓄电池，顾名思义最大的特点就是“免维护”。和普通蓄电池比它的电解液的消耗量非常小，在使用寿命内基本不需要补充蒸馏水。它还具有耐震、耐高温、体积小、自放电小的特点。当然其售价也会比普通蓄电池更贵。至于使用寿命，正常情况下免维护蓄电池的建议更换周期为 3 年左右，与普通蓄电池相当。

普通蓄电池最明显的特征是其顶部有 6 个可拧开的塑料密封盖，上面还有通气孔。这些密封盖用于加注、检查电解液和排放气体。理论上，普通蓄电池需要在每次保养时检查电解液的高度，如果有缺少，需添加蒸馏水。但随着蓄电池制造技术的升级，普通蓄电池的维护也不再复杂。正常使用，2～3 年间普通蓄电池都无需添加电解液或蒸馏水。也就是说，对于一般车主而言，如果对普通蓄电池不加以特殊维护，它也能正常工作 2～3 年，寿命基本也不输给免维护蓄电池。

2. 影响蓄电池寿命的三大不良习惯

（1）熄火状态下长时间使用车内电器设备　这是广大车主在日常用车中最常遇到，也是比较容易忽略的问题。比如坐在车内等人，为了省油，不少驾驶者都会选择关闭发动机，然后坐在车内用音响听广播或者看 DVD 等，这样做省油的目的是达到了，但对蓄电池损害很大。正确的使用方法是在熄火状态下连续听广播尽量不超过 30min，同时不建议大家在熄火状态下使用车载 DVD 等设备。

（2）熄火状态下使用外接电源设备　外接电源设备诸如车用吸尘机、便携式充气泵等，切忌不要在车辆熄火状态下使用。由于这些设备的功率都比较大，在熄火状态下长时间使用很容易耗完蓄电池内的存电，从而影响车辆的正常启动。此外，类似这样的“快速耗电”，对蓄电池本身也有不小的伤害。

（3）停车后忘记关灯　停车后忘记关灯分两类：一类是夜间停车忘记关闭车辆的“大灯”，这样一晚上下来蓄电池的电量会耗尽；另一类则比较容易发生在晚间停车等人的时候，为了省油，绝大部分车主都会选择熄火，但此时千万不要忘记把“大灯”调整到“示宽灯”模式。这样不但可以保护蓄电池，而且还能起到警示所用，并且车内正常照明不受影响。

上面提到的这三类情况对蓄电池的伤害非常大，虽然在短期内可能看不出什么问题，蓄电池亏电后找辆车“搭电”就能正常启动，但长此以往会大大缩短蓄电池的使用寿命，与省下的那点儿油钱相比得不偿失。

二、蓄电池电解液液面高度的检查

难度等级：★

安全等级：★★

应定期检查汽车蓄电池电解液液面高度。若电解液数量不够，会导致极板上部与空气接触而硫化，降低蓄电池的电荷容量，缩短其使用寿命。

电解液液面高度一般为高出极板防护网10～15mm。目前绝大多数蓄电池在外壳上都有电解液液面高度上、下限标记，所以电解液液面只要在规定范围内即可。对于目前广泛使用的免维护蓄电池，虽然使用中不需要添加蒸馏水，但也应结合汽车定期维护检查电解液液面高度，不符合要求时应进行调整。

蓄电池电解液液面高度的检查方法如下。

① 从蓄电池的侧面检查蓄电池各个单元格的液位是否处于上限和下限之间。注意：检查液面高度时，要看一下所有的6个电池单元，不能只看一个或两个。

② 如果很难确定电解液液位，则可轻轻摇晃汽车，通过液面的晃动来检查。

③ 如果从侧面观察不到，可以通过拆卸通风孔塞并从该开口中查看电解液液位，如图5-13所示。

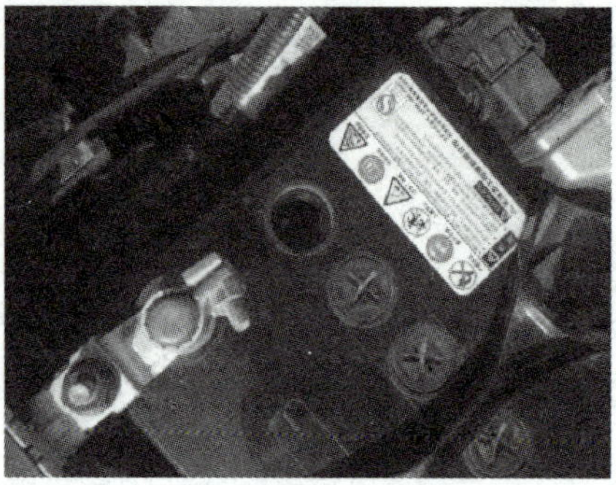

图5-13 通过拆卸通风孔塞并从该开口中查看电解液液位

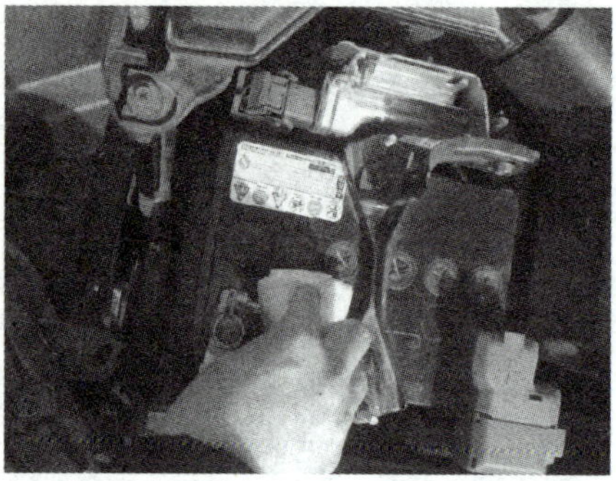

图5-14 清理蓄电池表面的灰尘并用干布擦干净

三、加注蒸馏水

难度等级：★★★

安全等级：★★★★★

① 在拧开盖时应注意清洁。用压缩空气吹净蓄电池表面的灰尘，并用干布擦干净，如图5-14所示。

② 拧松加注口盖，如图5-15所示。取出加注口盖，如图5-16所示。

③ 向需要加注的电池单元内加蒸馏水，如图5-17所示。注意，不要加

注过满，过满的电解液会随着蓄电池的过度充电而喷出，引起周围部件腐蚀或损坏。

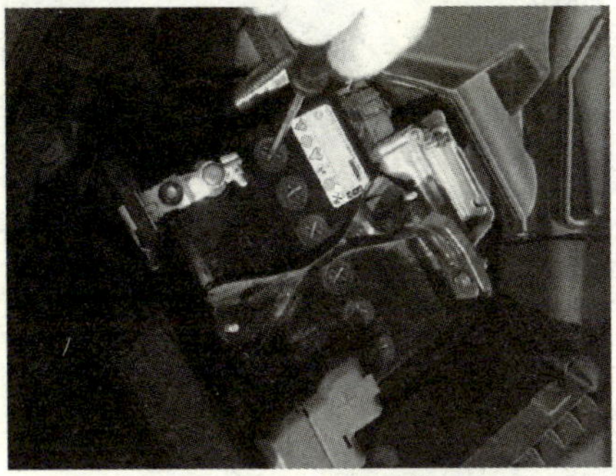

图 5-15　拧松加注口盖

图 5-16　取出加注口盖

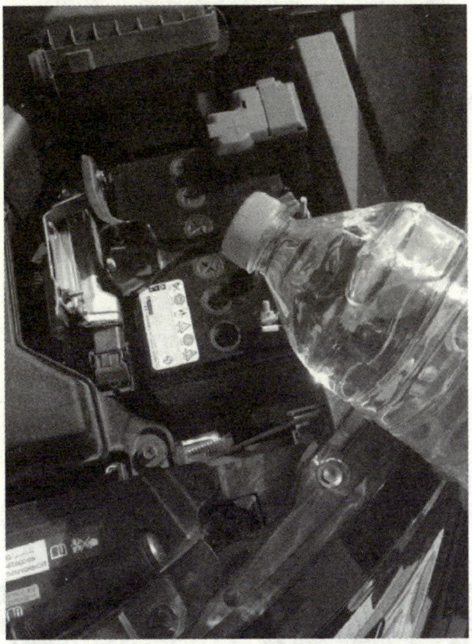

图 5-17　向需要加注的电池单元内加蒸馏水

④ 把加注口盖装好。

⑤ 用一元钱硬币转动电解液加注口盖（图 5-18），转动两周后用压缩空气清洁加注口附近，防止落入灰尘（图 5-19）。

⑥ 检查电解液液位高度，观察液位是否处于最高位与最低位之间位置（图 5-20），若低于最低液位，应按要求及时添加。

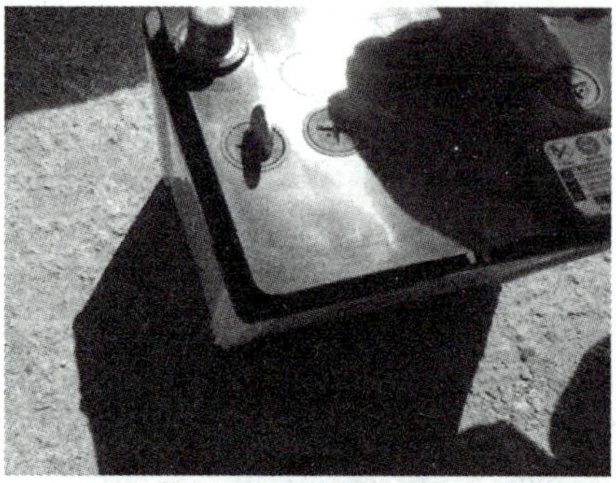
图 5-18　转动电解液加注口盖

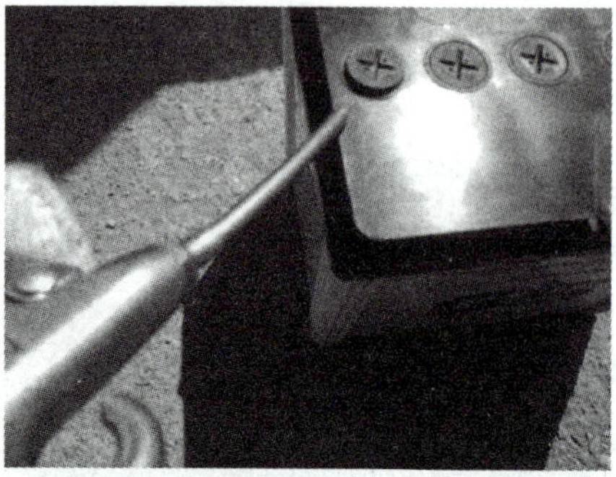
图 5-19　用压缩空气清洁加注口附近

图 5-20　液位指示线

四、蓄电池的更换与保养

安全等级：★★★

难度等级：★★

① 关闭点火开关。

② 用 10mm 套筒扳手沿逆时针方向松动负极柱夹子螺母（图 5-21），然后轻轻转动夹子，将负极柱上的夹子取下（图 5-22）。

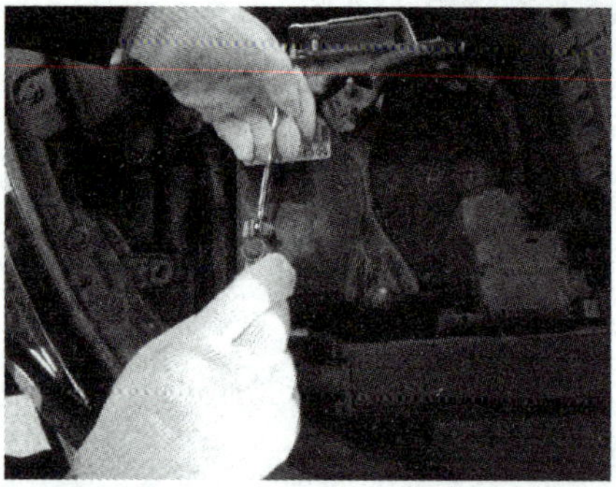
图 5-21　松动负极柱夹子螺母

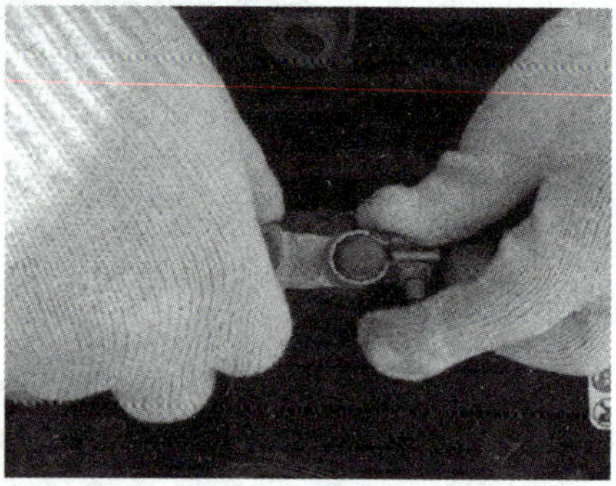
图 5-22　轻轻转动夹子

③ 抬起蓄电池正极保护盖，逆时针松动正极柱夹子螺母（图 5-23），然后轻轻转动正极柱夹子，将正极柱夹子取下。

④ 用 10mm 套筒扳手松开蓄电池架螺母，拆下蓄电池固定架（图 5-24）。

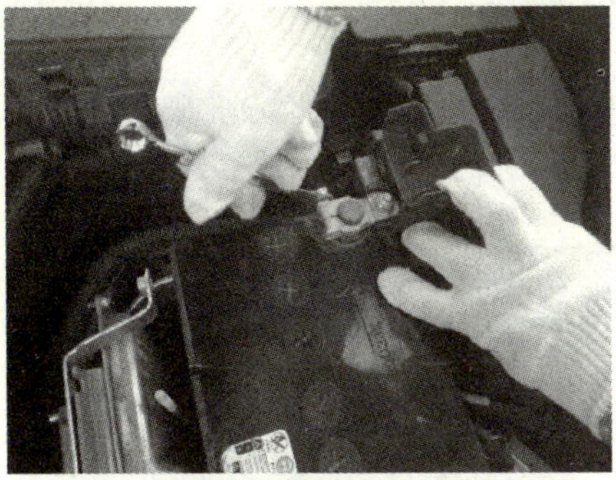

图 5-23　松动正极柱夹子螺母

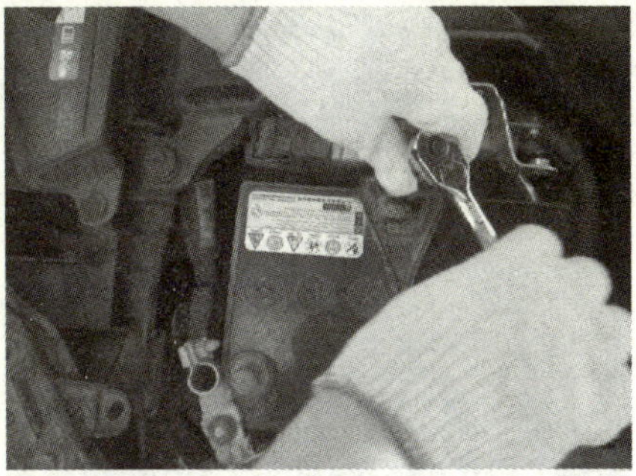

图 5-24　拆下蓄电池固定架

⑤ 取出蓄电池（图 5-25）。

⑥ 安装新蓄电池时，注意蓄电池正负极位置，安装时将固定架钩钩入蓄电池架槽内（图 5-26），复原电缆时，先安装蓄电池正极电缆，后安装蓄电池负极电缆（图 5-27）。

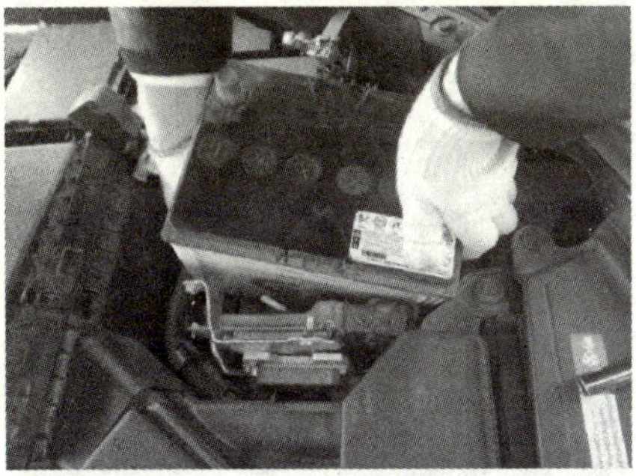

图 5-25　取出蓄电池

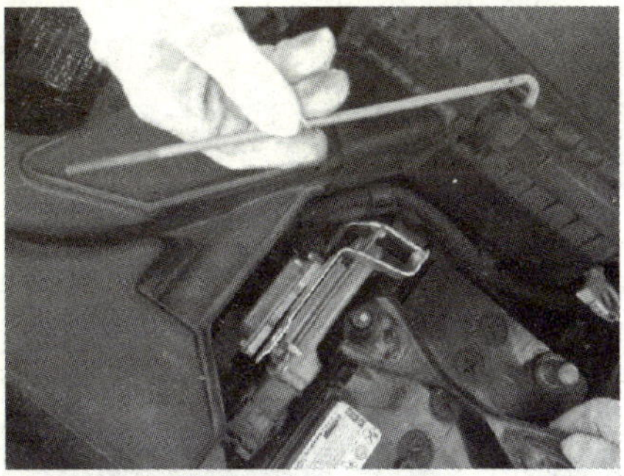

图 5-26　将固定架钩钩入蓄电池架槽内

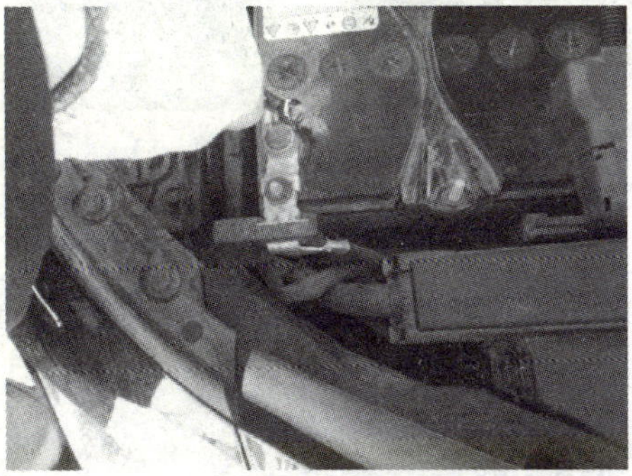

图 5-27　安装蓄电池正、负极电缆

第三节 遥控器电池

难度等级：★★★

安全等级：★★★

以东风日产天籁轿车遥控器电池更换为例进行介绍。

① 从智能钥匙上取下机械钥匙（图 5-28 和图 5-29）。

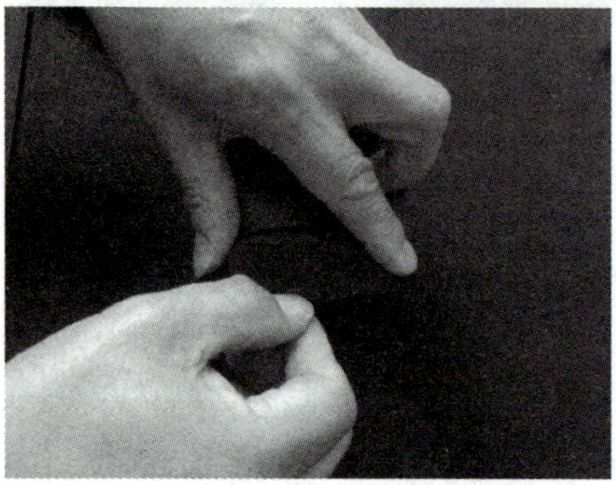

图 5-28 从智能钥匙上取下机械钥匙（一）

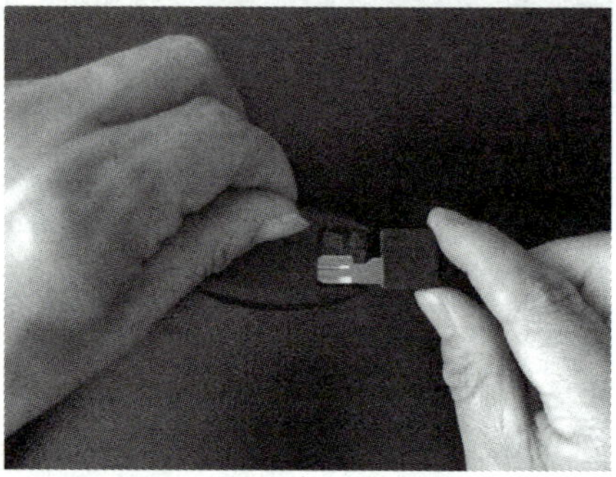

图 5-29 从智能钥匙上取下机械钥匙（二）

② 用一块布包住小号一字螺丝刀的头部，插入遥控器壳体缝中并轻轻撬动以分开上下两部分。注意请勿触碰电路和电子接头，否则可能会引起故障（图 5-30 和图 5-31）。

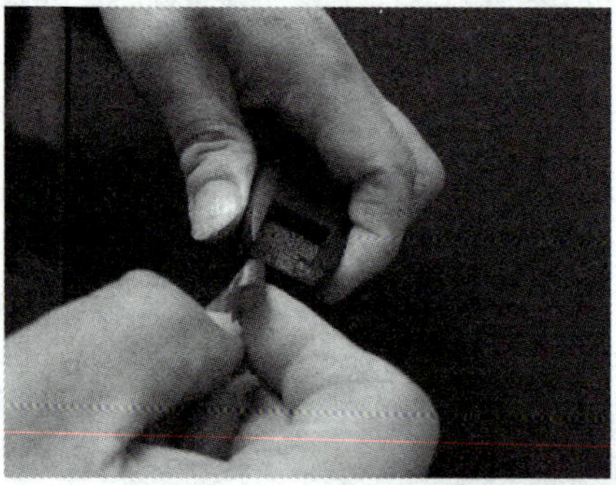

图 5-30 用一字螺丝刀的头部轻轻撬动以分开上下两部分（一）

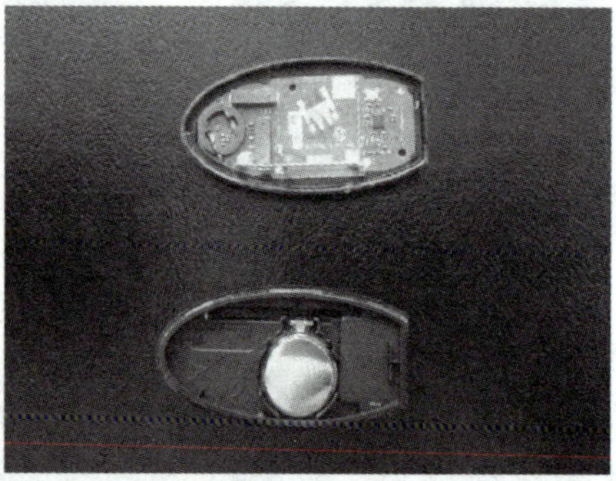

图 5-31 用一字螺丝刀的头部轻轻撬动以分开上下两部分（二）

③ 用新电池（推荐的电池为 CR2030 或等同产品）进行更换。注意握住电池的边缘，以免消耗电池电量。安装时注意正极对着底面（图 5-32）。

④ 盖好电池盖（图 5-33）。

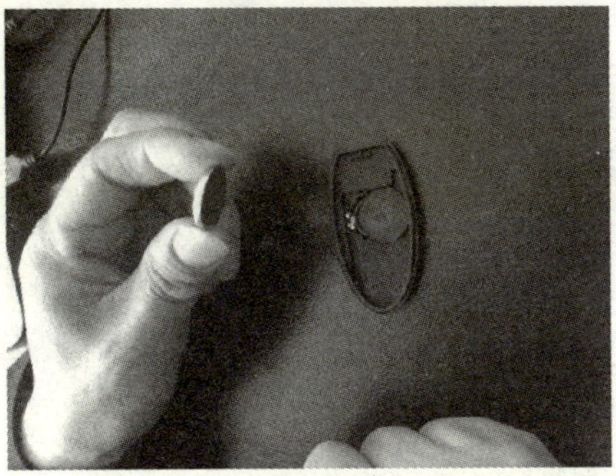

图 5-32　更换新电池

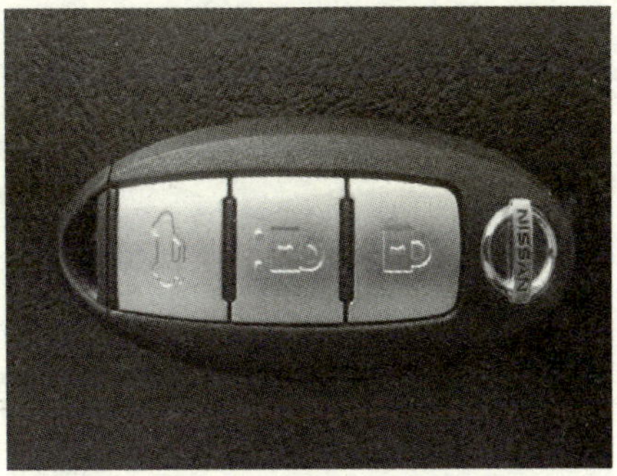

图 5-33　盖好电池盖

⑤ 操作按钮以检查其工作情况。

第四节　灯　光

一、灯光、信号的检查

1. 汽车灯系的组成

为了保证汽车行驶的安全性，减少交通事故和机械事故的发生，汽车上都装有多种照明设备和灯光信号装置，俗称灯系，它已成为汽车上不可缺少的一部分，各安装位置如图 5-34 所示。

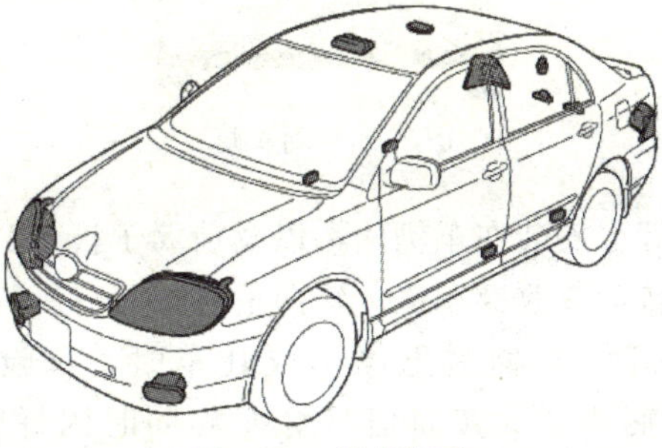

图 5-34　汽车灯系

汽车灯系可分为车内照明和车外照明两部分，主要包括以下类型。

(1) 前照灯　俗称大灯，装在汽车头部的两侧，如图 5-35 所示，用于夜间或光线昏暗路面上汽车行驶时的照明，有两灯制和四灯制之分。前照灯可以发射远光束（向上方瞄准）和近光束（向下方瞄准）。有些车辆还装有白天行驶灯，该灯在车辆行驶中一直亮以提醒其他车辆注意。大灯又有封闭式和半封闭式之分，封闭式大灯的灯泡和镜头是一个整体，半封闭式大灯的灯泡可单独进行更换。

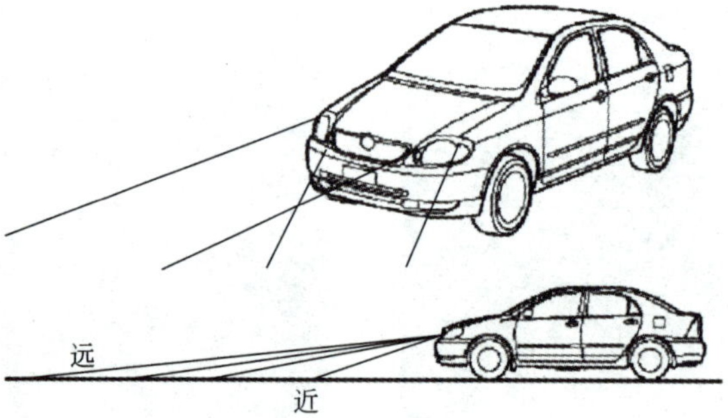

图 5-35 前照灯

（2）雾灯 安装在车头和车尾，位置比前照灯稍低。装于车头的雾灯称为前雾灯，装于车尾的雾灯称为后雾灯，光色为黄色或橙色，在有雾、下雪、暴雨或尘埃等能见度较低的情况下使用，恶劣条件下可改善道路照明情况。

（3）示宽灯与尾灯 这两种都是低强度灯，用于夜间给其他车辆指示车辆宽度与位置。位于前方的称为示宽灯，位于后方的称为尾灯。

（4）刹车灯 安装在车辆尾部，通知后面车辆该车正在刹车，以避免后面车辆与其后部碰撞，如图 5-36 所示。

图 5-36 刹车灯

（5）转向信号灯 安装在车辆两端以及前翼子板上，向前、后、左、右车辆表明司机正在转弯或改换车道。转向信号灯每分钟闪烁 60～120 次。

（6）危险警告灯 车辆紧急停车或驻车时，危险警告灯给前、后、左、右车辆显示车辆位置。转向信号灯一起同时闪烁时，即作危险警告灯用。

（7）牌照灯 用于照亮尾部车牌，当尾灯点亮时，牌照灯也点亮。

（8）倒车灯 安装于车辆尾部，给司机提供额外照明，使其能在夜间倒车时看清车的后面，也警告后面车辆，该车司机想要倒车或正在倒车。当点火开关接通变速器换至倒车挡时，倒车灯点亮。目前，多将前照灯、雾灯、示宽灯等组合起来，称为组合前灯；将尾灯、后转向信号灯、刹车灯、倒车灯等组合起来称为组合后灯。

（9）仪表灯 用于夜间照亮仪表盘，使司机能迅速容易地看清仪表。尾灯点亮时，仪表灯也同时点亮。有些车还加装了灯光控制变阻器，使司机能调整仪表灯的亮度。

（10）顶灯　用于车内乘客照明，但必须不致使司机炫目。通常车内顶灯位于驾驶室中部，使车内灯光分布均匀。仪表灯和顶灯的布置如图 5-37 所示。

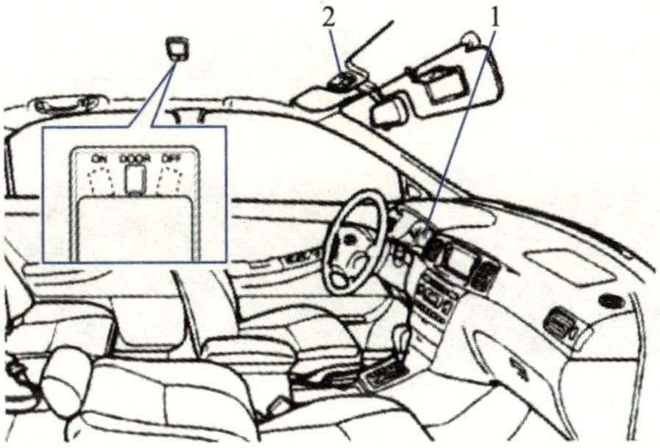

图 5-37　仪表灯和顶灯的布置

1—仪表灯；2—顶灯

2. 灯光、信号的检查

难度等级：★

安全等级：★★

将点火开关旋至“ON”位置后，检查车辆的灯是否正常发光和闪烁，用镜子检查车外的灯。

① 灯光控制开关旋动一挡，然后检查示宽灯、牌照灯、尾灯、仪表灯是否亮起，如图 5-38 所示。

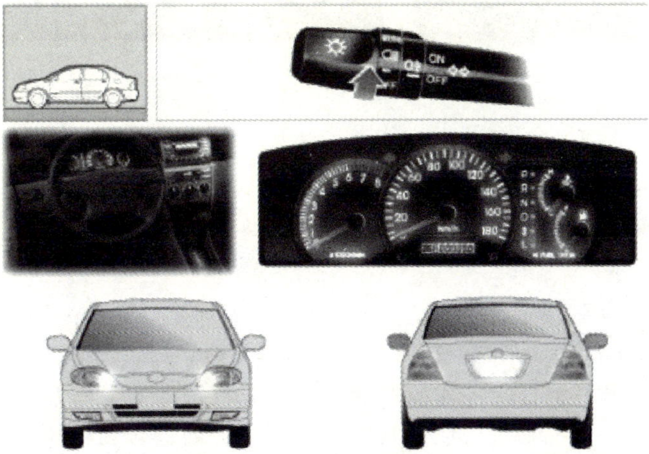

图 5-38　示宽灯、牌照灯、尾灯、仪表灯的检查

② 将灯光控制开关旋转两挡后，检查大灯（近光灯）是否发光。然后，将变光器开关推开，检查大灯（远光灯）是否发光，如图 5-39 所示。

③ 把变光器开关向前拉，或上下移动信号转换开关时，检查大灯闪光器和指示灯、右转信号灯和指示灯、左转信号灯和指示灯等是否正常亮或闪烁，如图 5-40 所示。

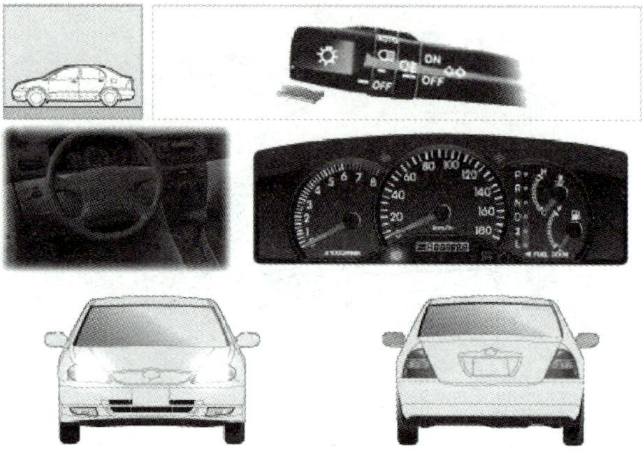

图 5-39　大灯（近光灯、远光灯）和指示灯的检查

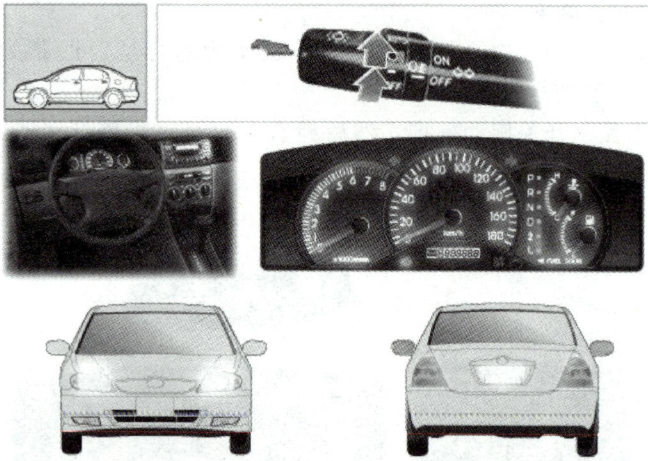

图 5-40　变光器开关转换时的检查

④ 当每一个开关工作时，检查下面的灯是否正常亮或闪烁。

危险警告灯和指示灯、停车灯（尾灯亮）、倒车灯、顶灯。

⑤ 变光器开关自回操作。车辆正放，上下转动变光器开关，然后按顺时针（或逆时针）方向转动方向盘约 90°。当方向盘转到初始位置时，变光器开关应置于中间位置。

⑥ 检查车辆室内灯工作状况。查看车内各种灯如前后阅读灯、开门灯、

前门槛灯、后备厢灯等是否工作正常。车辆室内灯如图 5-41 所示。

图 5-41　车辆室内灯

二、灯光高度的调整

难度等级：★★★

安全等级：★★

车辆的大灯灯光高度如果过高或过低，会影响夜间行车安全。同样大灯灯光向左或向右偏转不符合标准，也会影响自己或他人的行车安全。灯光如果上下或左右偏转不合适，可以进行调整。

① 将车辆停在光线较暗的室内，进行大灯光束上、下、左、右的调整，选一个平整的墙面，将灯光照在墙面上，检查灯光的上、下、左、右偏转。

② 如果找不到合适的墙面，而只是灯光上下高度需要调整，可以在车辆的前部站一个人，如图 5-42 所示，通过观察灯光照在人体的高度，检查灯光高度，同时比较两侧灯光高度，检查两侧灯光高度是否有差别。

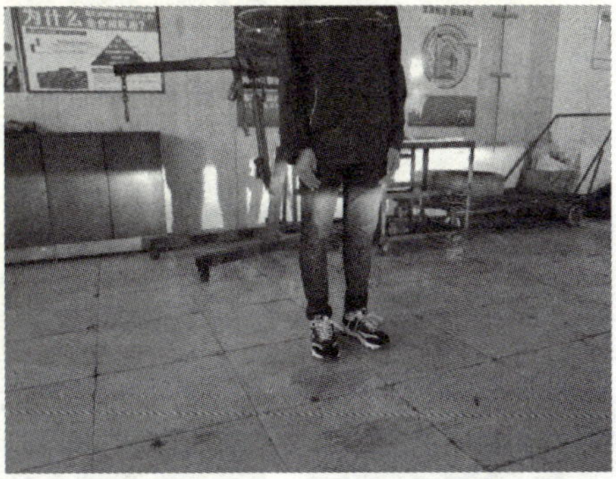

图 5-42　灯光高度检查

③ 检查时将钥匙置于点火开关“ON”位置，分别打开近光灯和远光灯开关。

④ 如果灯光不符合要求，可以通过调整螺栓进行调整。

⑤ 如图 5-43 所示，用螺丝刀对十字螺栓进行灯光上下调整。

⑥ 如图 5-44 所示，用螺丝刀对十字螺栓进行灯光左右调整。

图 5-43 灯光上下调整

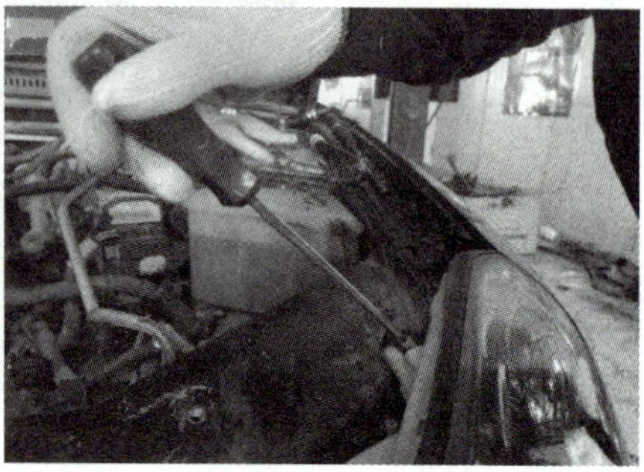

图 5-44 灯光左右调整

三、灯泡的检查及更换

1. 更换前大灯灯泡

难度等级：★★★

安全等级：★★★

① 打开大灯开关，检查大灯是否正常点亮，如图 5-45 所示。若确定为大灯故障，则更换大灯。

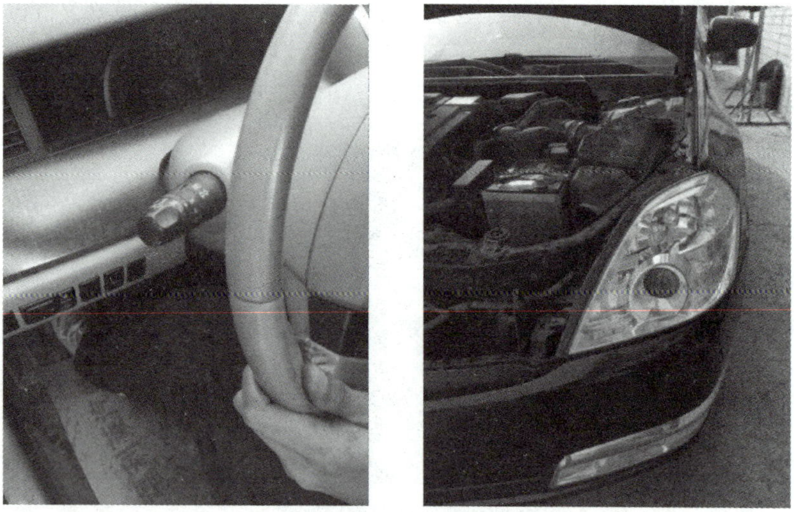

图 5-45 检查大灯是否正常点亮

② 对大灯灯泡进行更换，有的车型需要拆卸一些零部件。以东风日产天籁为例，更换左侧大灯灯泡时，需拔下空气流量传感器插头，如图 5-46 所示。

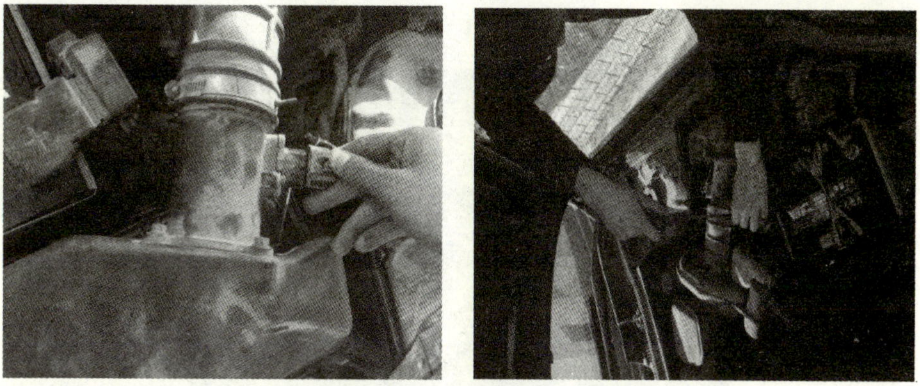

图 5-46　拔下空气流量传感器插头

③ 拆下空气滤芯盒，如图 5-47 所示。

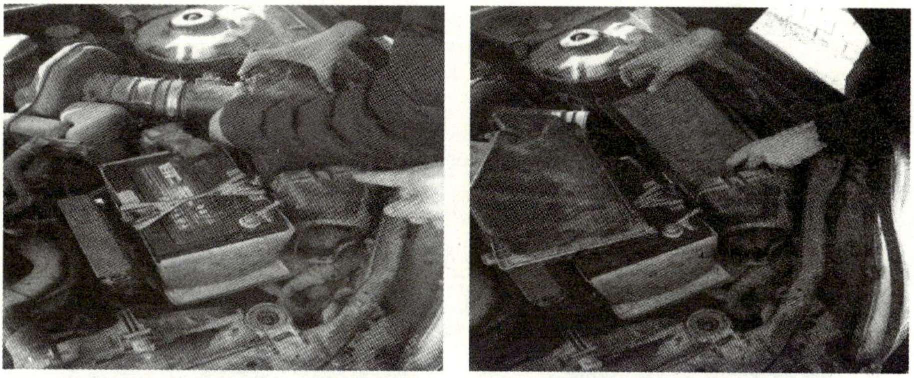

图 5-47　拆下空气滤芯盒

④ 拆下大灯插头，如图 5-48 所示。

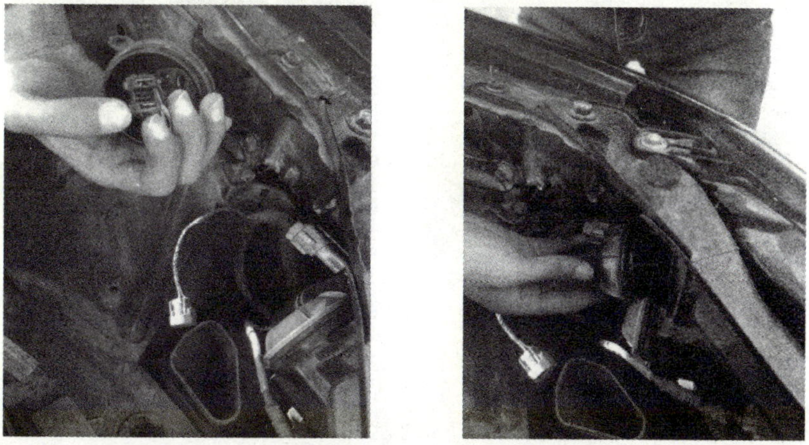

图 5-48　拆下大灯插头

⑤ 拆下并更换大灯灯泡，如图 5-49 所示。

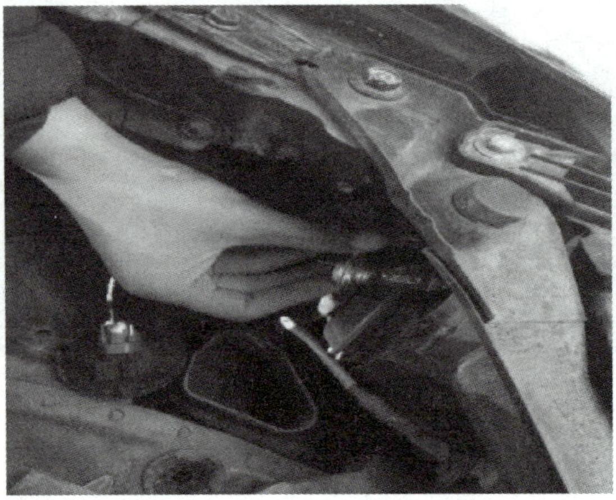

图 5-49　拆下并更换大灯灯泡

2. 更换后尾灯灯泡

难度等级：★★★

安全等级：★★★

① 检查后尾灯灯泡是否正常，如图 5-50 所示。

图 5-50　检查后尾灯灯泡是否正常

② 打开后备厢，如图 5-51 所示。

③ 拆下后备厢内衬板，如图 5-52 所示。

④ 拆卸后尾灯插头，如图 5-53 所示。

图 5-51　打开后备厢

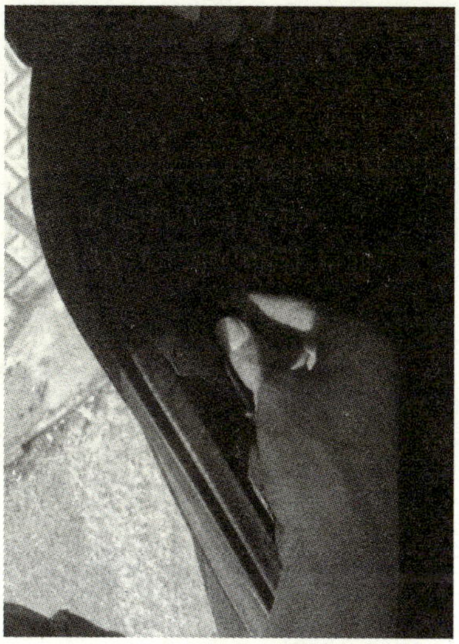

图 5-52　拆下后备厢内衬板

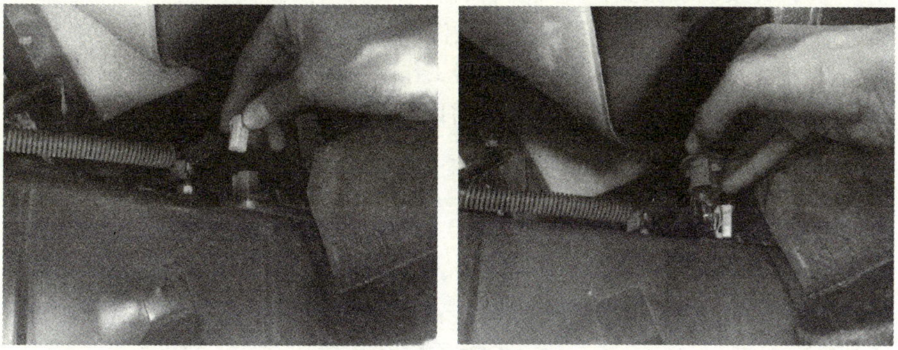

图 5-53　拆卸后尾灯插头

第五节　挡风玻璃喷洗器和雨刮器

一、挡风玻璃喷洗器的检查

1. 洗涤装置的作用

汽车在风沙或尘土较多的环境中行驶时，由于灰尘落在挡风玻璃上会影响驾驶者的视线，因此许多汽车的刮水系统中安装了洗涤装置，必要时向挡风玻璃喷水或清洗液，在雨刮的配合下，保持挡风玻璃洁净。风窗洗涤装置由储液罐、洗涤泵、软管、三通管接头、喷嘴及刮水开关等组成，如图 5-54 所示。

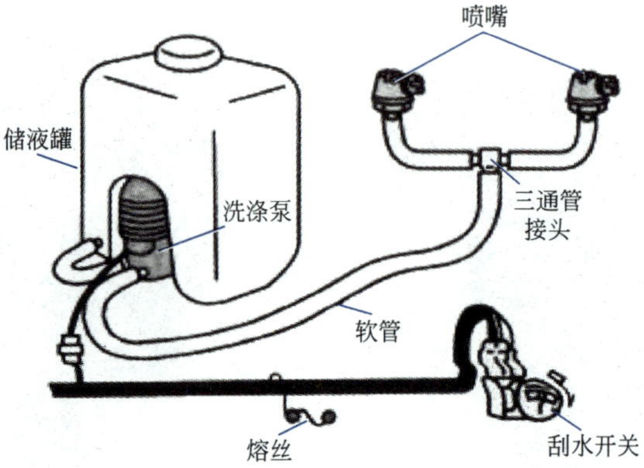

图 5-54 洗涤装置的组成

2. 挡风玻璃喷洗器的检查

难度等级：★

安全等级：★★★

挡风玻璃喷洗器又叫清洗泵，其检查步骤如下。

① 打开发动机舱盖，检查玻璃水液位，确认液位合格。

② 启动发动机，检查挡风玻璃喷洗器喷洒压力是否足够。

③ 检查喷洒区是否集中在刮水器工作范围内，如图 5-55 所示。

④ 若喷射位置不合适，可在喷嘴内插入一根与挡风玻璃喷洗器喷嘴孔相匹配的钢丝，以便调整喷洒的方向。

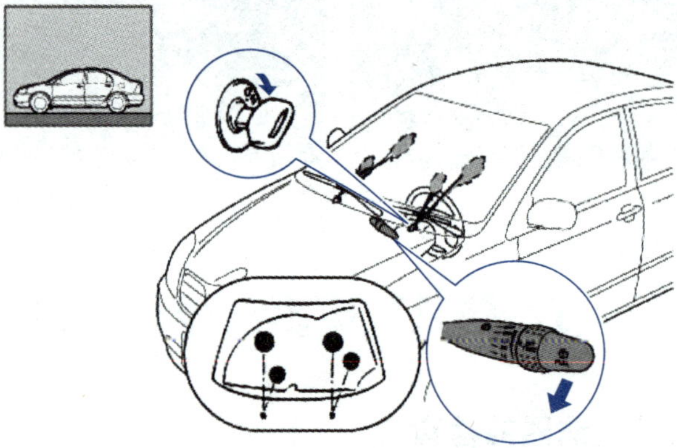

图 5-55 挡风玻璃喷洗器的检查

3. 挡风玻璃刮水器的检查

难度等级：★

安全等级：★★★

① 为防止划伤挡风玻璃，在使用刮水器前要喷洒喷洗液。

② 打开刮水器开关，检查每一个刮水器在各挡位是否正常工作。

③ 刮水器的主要挡位有慢挡、快挡、间隙挡、低速间歇挡、雾功能挡等。

④ 当刮水器开关关闭时刮水器应自动停止在其停止位置。

⑤ 检查刮水器刮水效果是否正常，刮水器刮水时不应该产生条纹式的刮水痕迹，如果刮水器开动时无喷洗液喷出，则电动机有可能被烧坏。

二、雨刮器的检查

难度等级：★★

安全等级：★★★

1. 雨刮片的更换

雨刮片的更换很简单，自己动手更换省时又省钱。一般家用车，雨刮片的固定通常为U形钩，只要将钩子拉起来即可卸下雨刮片。更换雨刮片后可将挡风玻璃弄湿，将雨刮开关置于各种速度位置处，检查不同速度下雨刮片是否保持一定速度。检查刮水状态，以及刮水支杆是否存在摆动不均匀或漏刮的现象。更换汽车雨刮器的步骤如下。

① 首先要把雨刮器立起来，如图5-56所示。

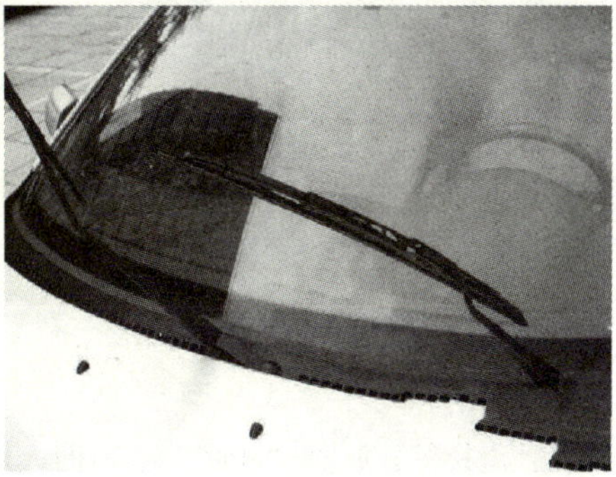

图5-56　把雨刮器立起来

② 按住下面的卡子并移出，如图5-57所示。

③ 从一边取下原来旧的雨刮器，但千万要小心，别让摇臂弹回来把前

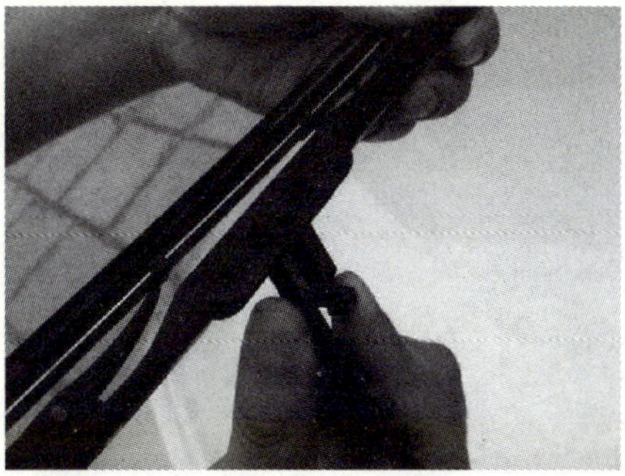

图5-57　按住下面的卡子并移出

风挡玻璃砸碎，如图 5-58 所示。

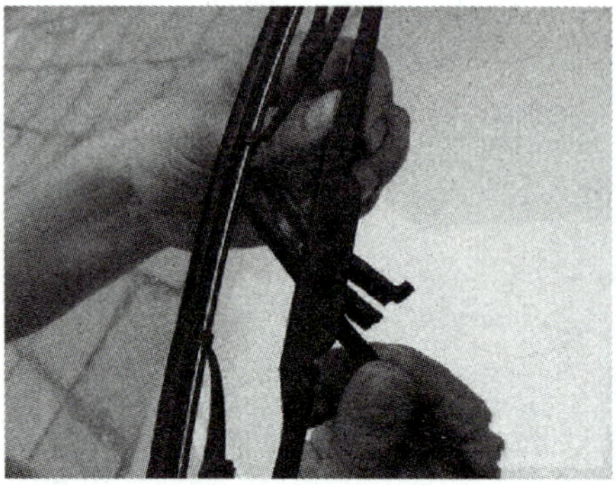

图 5-58 取下原来旧的雨刮器

④ 把中间的卡子前端翘起来一些，这样容易安装，如图 5-59 所示。

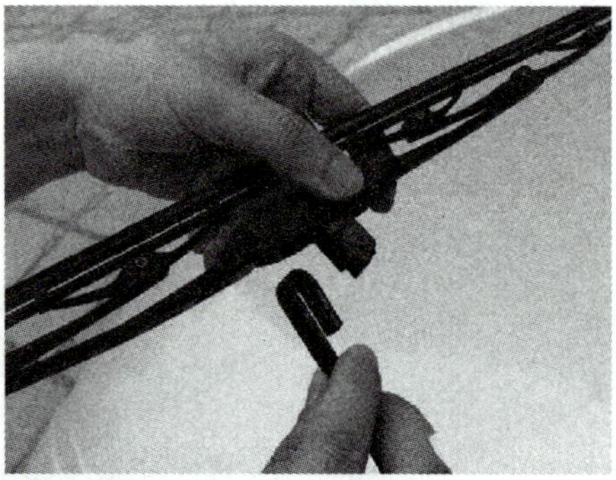

图 5-59 把中间的卡子前端翘起来一些

⑤ 插入中间的卡子后，拉紧，听到“咔嗒”一声即入位，如图 5-60 所示。

⑥ 有些车型驾驶员侧和副驾驶员侧的雨刮片尺寸不同，一般都是驾驶员侧的长，副驾驶员侧的短，如图 5-61 所示。注意不要装反了，若相同尺寸则无所谓。

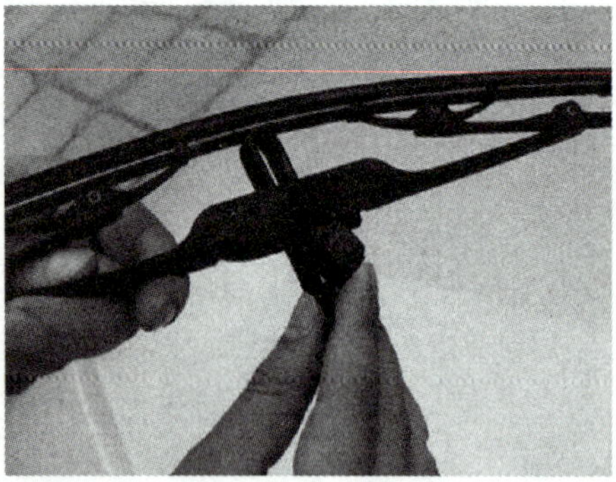

图 5-60 插入中间的卡子

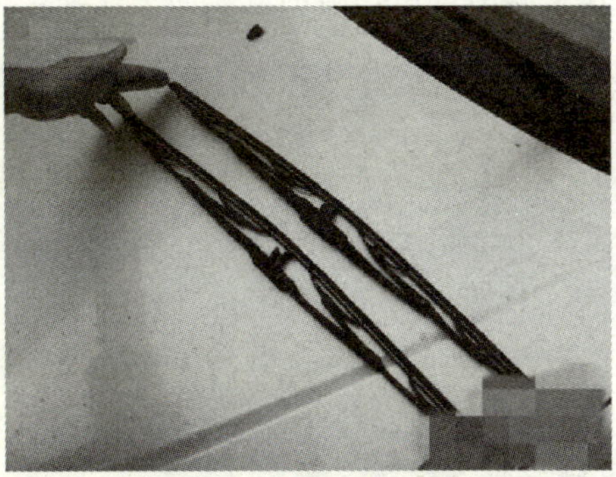

图 5-61　注意不要别装反

⑦ 安装副驾驶员侧雨刮片，看好方向，同样拉紧，听到“咔嗒”一声即入位，如图 5-62 所示。

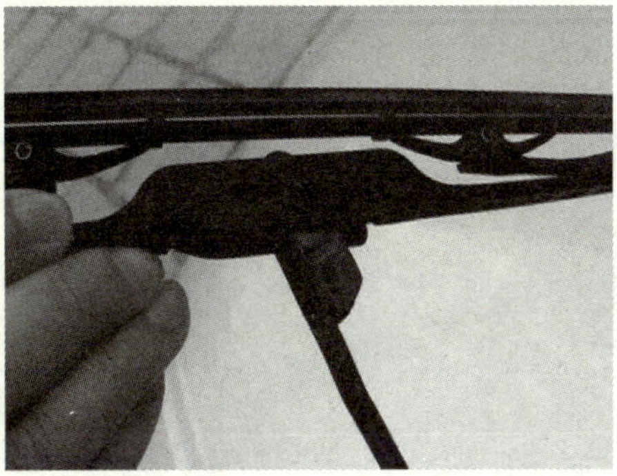

图 5-62　安装副驾驶员侧雨刮片

2. 雨刮条的更换

难度等级：★★★

安全等级：★★★

① 把雨刮器竖起来，如图 5-63 所示。

图 5-63　把雨刮器竖起来

② 横过来，按住中间的按钮，雨刮就能向下拉动，如图 5-64 所示。

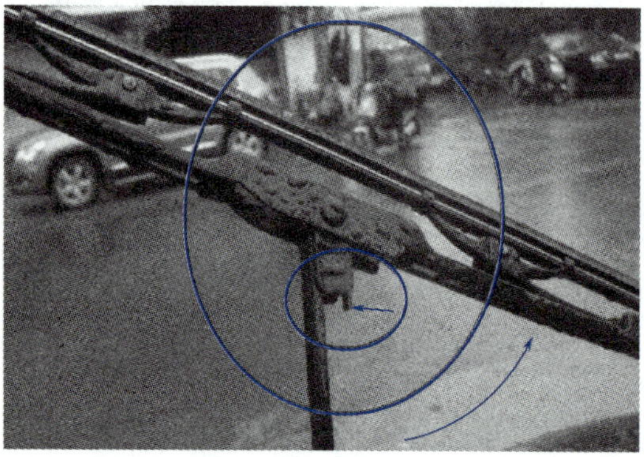

图 5-64 按住按钮并向下拉动雨刮

③ 拉下来就能看见雨刮已经脱离雨刮臂（铁钩），取出来，如图 5-65 所示。

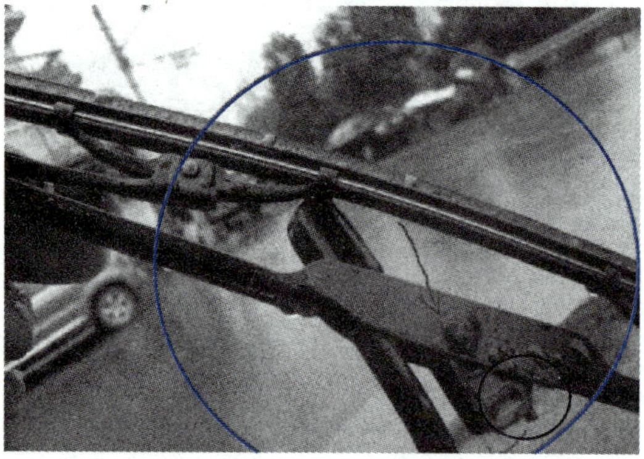

图 5-65 取出雨刮

④ 从拆下的雨刮上取下雨刮条。在雨刮条铁夹位置有一个方形凹槽，用刀割开右边，让其和滑槽连接，这样就能顺利地抽出雨刮条，如图 5-66 所示。

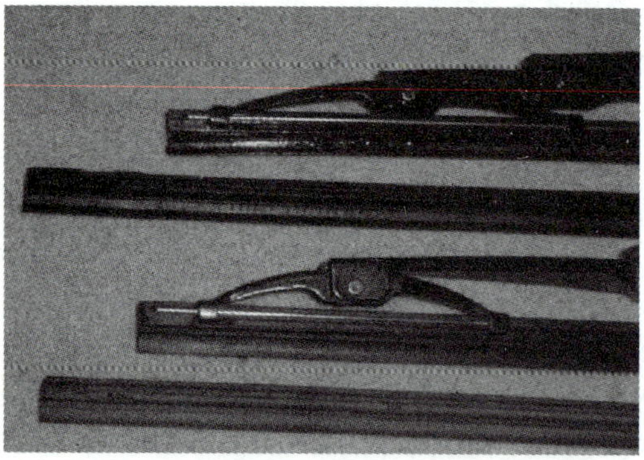

图 5-66 从拆下的雨刮器上取下雨刮条

⑤ 购买的雨刮条，有些还粘连在一起，只要扯中间就会裂开，如图 5-67 所示。

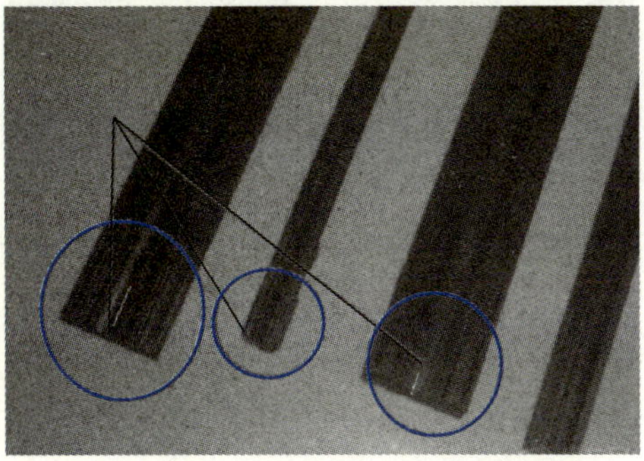

图 5-67　扯中间分开雨刮条

⑥ 雨刮条抽出之后，把雨刮条两侧的扁钢条也拆下来，如图 5-68 所示。

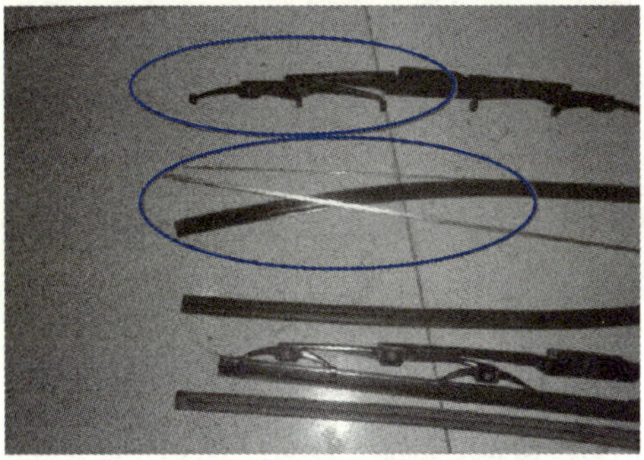

图 5-68　拆下雨刮条两侧的扁钢条

⑦ 然后把扁钢条按原来那样重新卡进新的雨刮条上去，如图 5-69 所示。

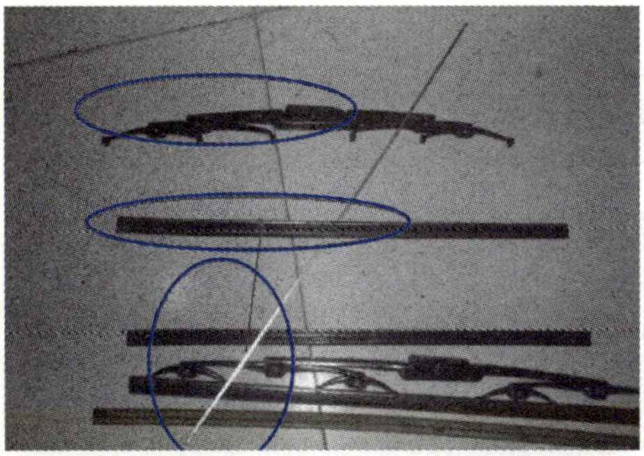

图 5-69　把扁钢条重新卡进新的雨刮条上去

⑧ 卡好扁钢条后即可插上雨刮架子，如图 5-70 所示。

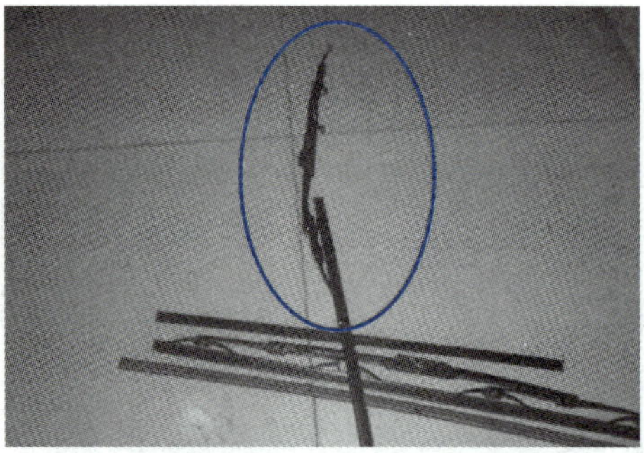

图 5-70 插上雨刮架子

⑨ 雨刮条上有一条滑槽正好能让铁夹卡过去，雨刮条有头尾，装错了则卡不过去，如图 5-71 所示。

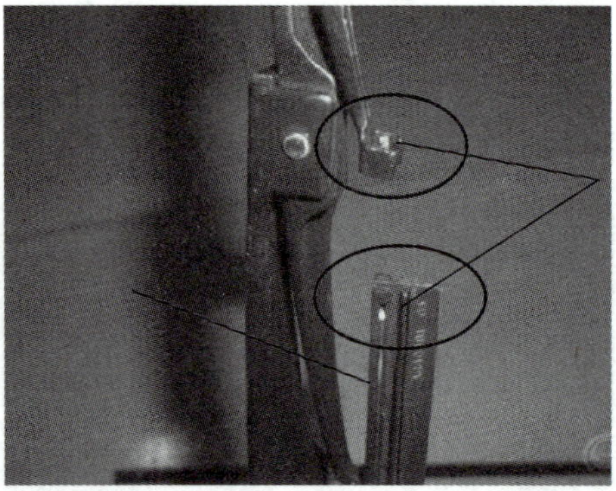

图 5-71 雨刮条上有一条滑槽正好能让铁夹卡过去

第六节 天 窗

夏季来临，雨水逐渐增多，如果不想“车外下大雨，车内下小雨”这种事情发生，及时对天窗进行维护和检查是非常必要的。

1. 清理天窗内侧的残留物

难度等级：★★★

安全等级：★★★

虽然天窗有密封性，但即便是长时间不开，也会有风沙渗透到天窗内侧，车顶板和滑轨等处都会有垃圾。况且经常开天窗，内侧存留的垃圾会更多。清理天窗内残留物（图 5-72）尤为重要。

2. 定期检查天窗滑轨的状况

滑轨的状况决定天窗开启的流畅程度，可通过开启天窗来检查滑轨是否

图 5-72　清理天窗内残留物

正常。定期在滑轨上涂抹一些润滑脂（图 5-73），也可以用凡士林代替。

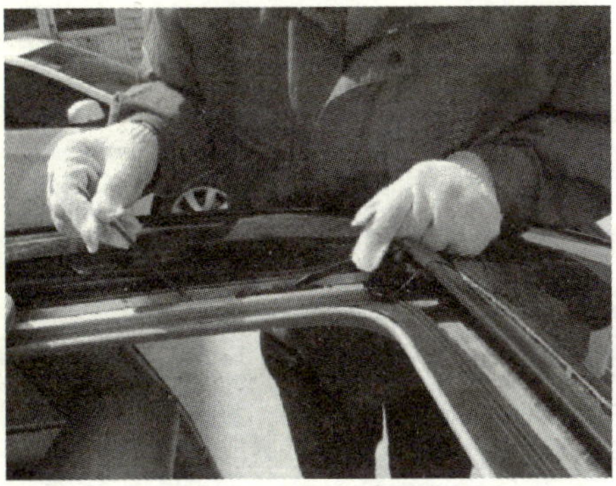

图 5-73　涂抹一些润滑脂

3. 几种常见的错误使用天窗的现象

（1）频繁开关天窗　大家都知道天窗是通过机械原理开闭的，和车门不一样，天窗和车窗比较“娇气”，若频繁开启和关闭，会导致天窗按键失灵、开闭速度缓慢等现象（图 5-74）。

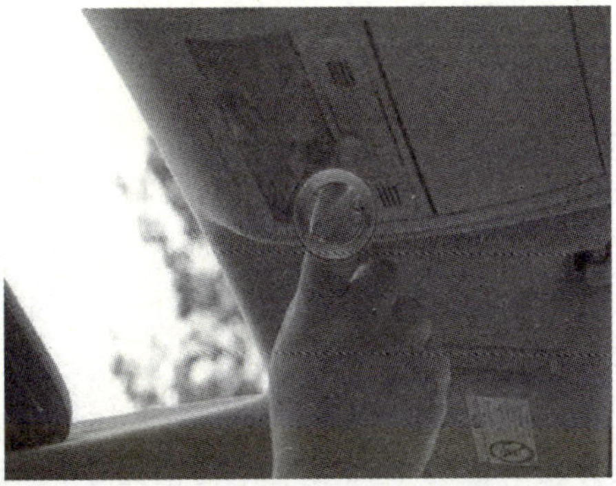

图 5-74　不宜频繁开启和关闭天窗

（2）颠簸路面勿开天窗　建议车主在颠簸路面行驶时，尽量不要开启天窗，因为频繁的振动会导致天窗支架、滑轨等处受损，如图 5-75 所示。

图 5-75　颠簸路面行驶勿开天窗

（3）天窗不是观景台　经常会看到一些车辆在行驶时，从天窗钻出个人来，而且以小孩居多，这种行为是相当危险的，如果此时发生交通事故，后果不堪设想（图 5-76）。

图 5-76　天窗不是观景台

第七节　熔　丝

难度等级：★★

安全等级：★★

一、基本知识

1. 熔丝的作用

① 正常情况下，熔丝在电路中起连接电路的作用。

② 非正常（超负载）情况下，熔丝作为电路中的安全保护元件，通过自身熔断安全切断并保护电路。

2. 熔丝的工作原理

熔丝通电时，由电能转换的热量使可熔体的温度上升。正常工作电流或允许的过载电流通过时，产生的热量通过可熔体、外壳体向周围环境辐射，通过对流、传导等方式散发的热量与产生的热量逐渐达到平衡。如果产生的热量大于散发的热量，多余的热量就逐渐积聚在可熔体上，使可熔体温度上升；当温度达到和超过可熔体的熔点时，就会使可熔体熔化、熔断而切断电流，起到安全保护电路的作用。

电器设备大多采用在电路中设置熔丝、易熔线等保护装置，防止电路短路或搭铁烧坏线束及用电设备。

3. 熔丝的参数

熔丝有两个重要的工作参数：一个是额定电流；一个是额定电压。使用的时候要根据电路的电流和电压来选择相对应的熔丝，如图 5-77 所示。

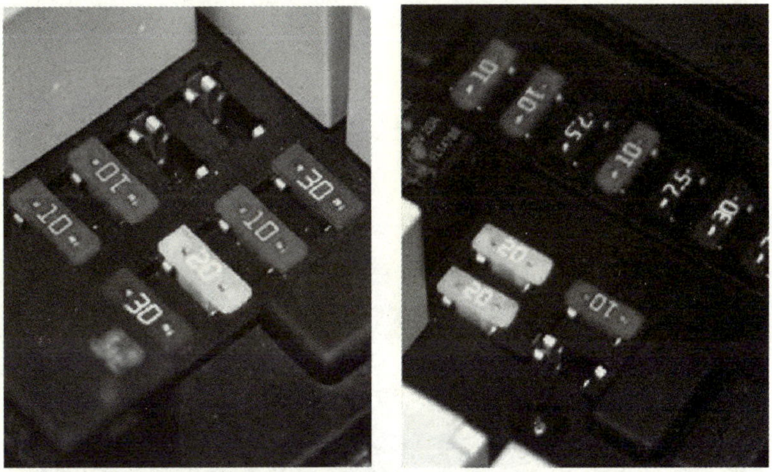

图 5-77　熔丝的颜色和标识

不同颜色代表不同熔丝安培数值，方便识别

4. 熔丝的结构和规格

在结构上，一般车用熔丝采用插片式的设计，熔丝拥有工程塑料外壳，包裹着锌或铜制成的熔体结构，金属熔体和插脚连接。

汽车插片式熔丝的规格一般为 2～40A，其安培数值会在熔丝的顶端标注。如果熔丝烧坏了导致安培数值无法辨认的话，还可以通过它的颜色来判断。国际标准：2A 为灰色、3A 为紫色、4A 为粉色、5A 为橘黄、7.5A 为咖啡色、10A 为红色、15A 为蓝色、20A 为黄色、25A 为无色透明、30A 为绿色、40A 为深橘色。

5. 熔丝的位置

由于汽车上的零部件和电子设备很多，而且每个设备都会装有熔丝，因此为了便于日后的维修，每辆车在设计之初，设计师便把汽车熔丝都集中设计在一个地方，而这个地方被称为熔断器。

一般情况下，一辆车拥有两个熔断器：一个位于发动机舱内，负责汽车外部用电器的熔丝，如发动机控制单元、喇叭、玻璃清洗器、ABS、大灯等；另一个在驾驶员位置左侧附近，管理着车内的用电器，如车窗升降器、安全气囊、电动座椅、点烟器等。有些车辆在后备厢内可能也有熔丝。熔断器的位置如图 5-78 所示。

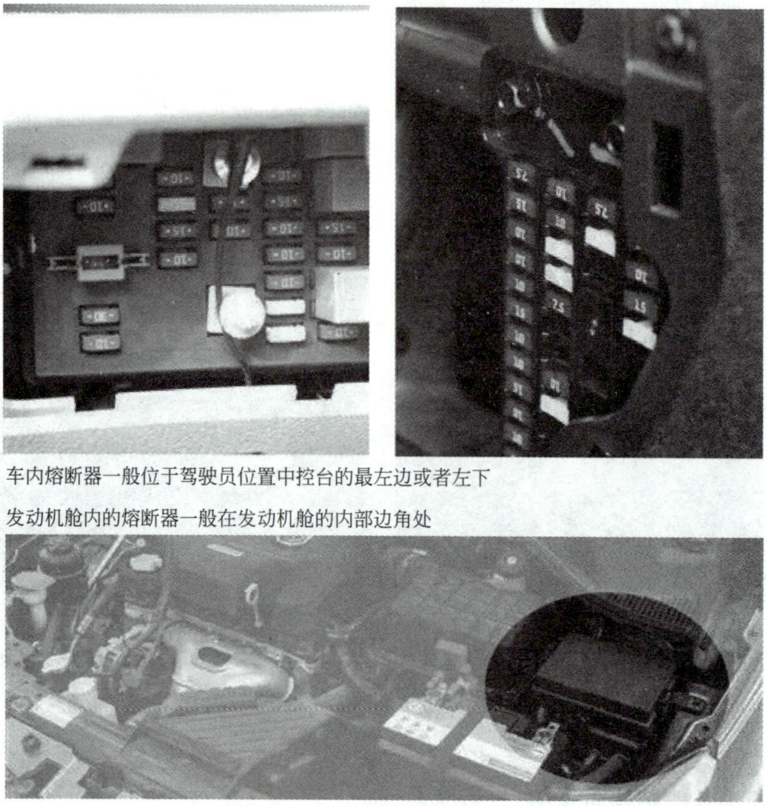

图 5-78　熔断器的位置

二、汽车熔丝的日常养护

由于汽车熔丝是放在熔断器内的，一般情况下不用特意养护，但需要注意的是，如果保护熔丝的熔断器盖丢失，一定不要让熔丝暴露在外，以免发生熔丝短路。另外在覆盖熔丝时，也不能随意用其他材料替代，因为熔断器的材质是充分考虑了绝缘和耐高温的，随意用其他材料覆盖，会有发生火灾的危险。

三、熔丝损坏的原因

根据经验及知识的积累，目前发生车辆熔丝损坏分为两种情况：一是用电器负载过大；二是汽车电路中有短路的情况。熔丝损坏的原因如图 5-79 所示。

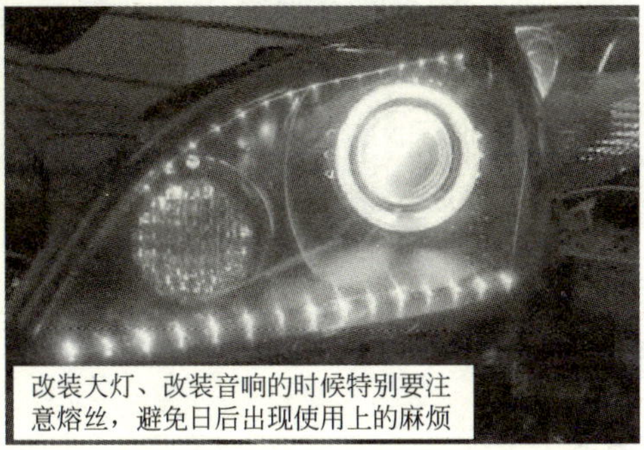

图 5-79　熔丝损坏的原因

用电器负载过大的主要原因有，乱改大灯、车载音响设备，使用劣质的点烟器、转接器或大功率用电器、点烟器等。因此这里提醒各位车主在改动汽车电路前，应事先了解汽车原厂用电器的功率和最大负载，如改装的大灯功率高于原厂设定值，就有可能造成车灯熔丝损坏。

如果汽车的电器没有经过任何改动也出现熔丝坏了的现象，则需要检查汽车的线路是否短路。日常养护时，不用水管直接冲洗发动机舱；在进行车内清洗时，也应注意避免触碰到埋藏在地板内的电线；可以通过目测观察是否有电线胶皮老化导致裸露金属线造成短路，如图 5-80 所示。

图 5-80　通过目测观察是否有电线胶皮老化导致裸露金属线造成短路

四、熔丝更换的注意事项

更换时，一定要选择正确安培数的熔丝，不要随意加大熔丝的电流规格

(因为用电器在 1A 的电流条件下可以平稳工作，而在大于 1A 的情况下用电器可能就会不正常工作，因此更换熔丝需要遵循“就低不就高”的原则)，更不能用铁丝代替，如图 5-81 所示。

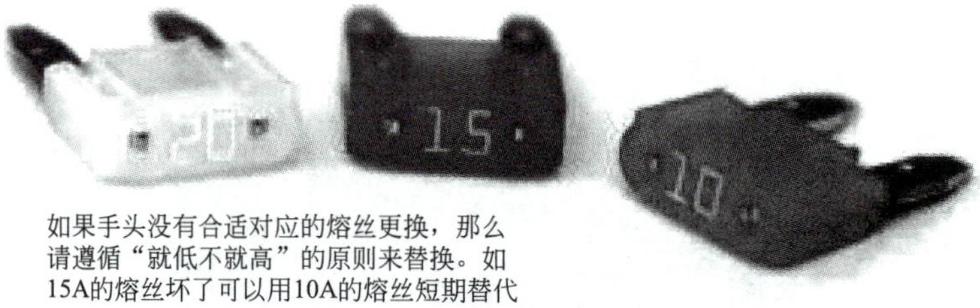

如果手头没有合适对应的熔丝更换，那么请遵循“就低不就高”的原则来替换。如15A的熔丝坏了可以用10A的熔丝短期替代

图 5-81　安培数值要正确

五、自己动手更换熔丝

难度等级：★★★

安全等级：★★★

① 驾驶室内的熔断器一般位于中控台靠近车门的一侧或在方向盘的下面；发动机舱内的熔断器一般安装在蓄电池的旁边，如图 5-82 所示。

图 5-82　发动机舱内的熔断器一般安装在蓄电池的旁边

② 打开熔断器盖就可以看见熔丝，如图 5-83 所示。

③ 取下熔断器盖，盒盖的内部一般标有熔丝的位置和名称，如图 5-84 所示。如果没有则需要查找用户手册，确定熔丝的位置和名称。一些进口车上的熔丝所指代的零件常常用英文缩写表示，在维修起来非常麻烦，表 5-1 列举出一些常见的与熔丝相关的英文缩写。

图 5-83 熔断器内的熔丝

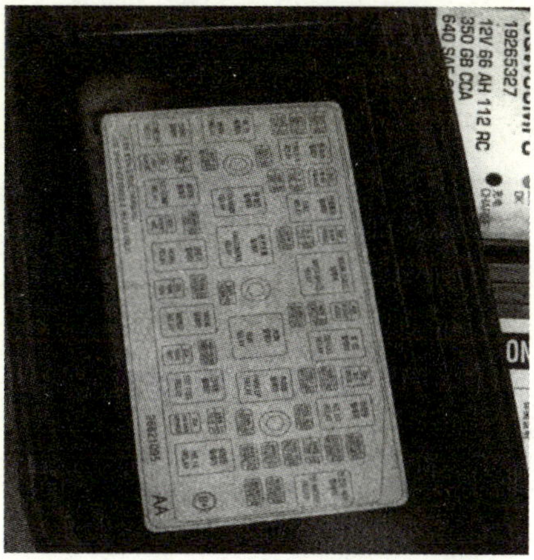

图 5-84 熔断器盖内部标有熔丝的位置和名称

表 5-1 熔丝所指代的零件英文缩写翻译

英文名	中文名	英文名	中文名
MIR DEFG	车外后视镜除雾器	RR DEFG	后除雾继电器
T/SIG	驻车/空挡位置以及倒车灯开关	PWRLK	门锁继电器
WIPER	雨刮/清洗器开关	HDLTS	大灯继电器，日行灯模块
MEM SEAT	座椅调节开关存储模块	H/LAMP HILH	左远光灯
CCM IGN3	遥控门锁接收器以及防盗模块	H/LAMP HIRH	右远光灯
A/C COMP	空调压缩机继电器	H/LAMP LOLH	左近光灯
HORN	喇叭继电器	H/LAMP LORH	右近光灯
HAZARD LTS	危险警告灯闪烁器	ROOM LAMP	阅读灯
PWR MIR	外后视镜	FOG LAMP	雾灯
CORNR LTS	组合开关/音响控制	METET LAMP	仪表灯
I/P DIM LTS	大灯开关	TURN SIGNAL	转弯灯
STOP LTS	刹车灯开关	POWER WINDOW	电动车窗
TAIL LTS	后尾灯和牌照灯	IGN SW	点火开关

④ 在熔断器内找到熔丝镊子，如图 5-85 所示。

⑤ 取下熔丝镊子，如图 5-86 所示。

⑥ 找到可疑的熔丝，将镊子对准熔丝插入，如图 5-87 所示。

⑦ 垂直拉出熔丝，如图 5-88 所示。

⑧ 检查熔丝是否损坏，如图 5-89 所示。如果熔丝熔断，则换上备用的新熔丝即可。目前车辆使用的插片式熔丝没有正负极之分，因此在更换熔丝时只要注意熔丝大小和安培数即可。

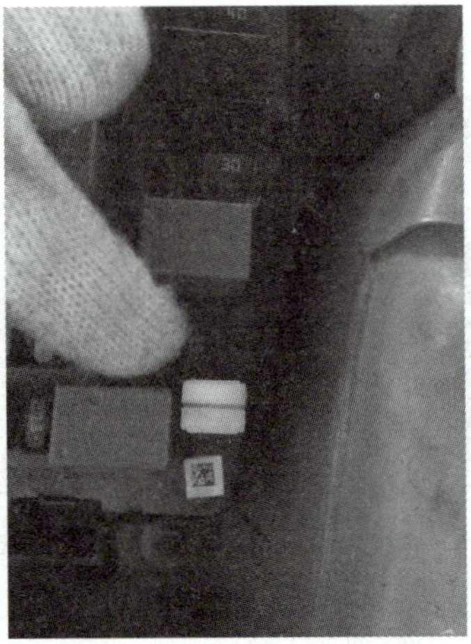

图 5-85 熔丝镊子的位置

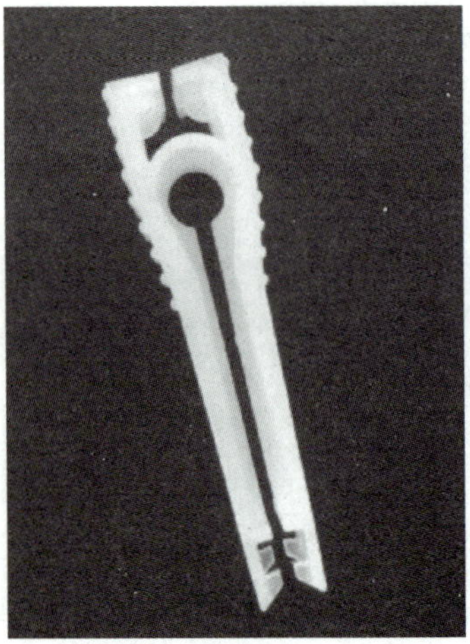

图 5-86 熔丝镊子

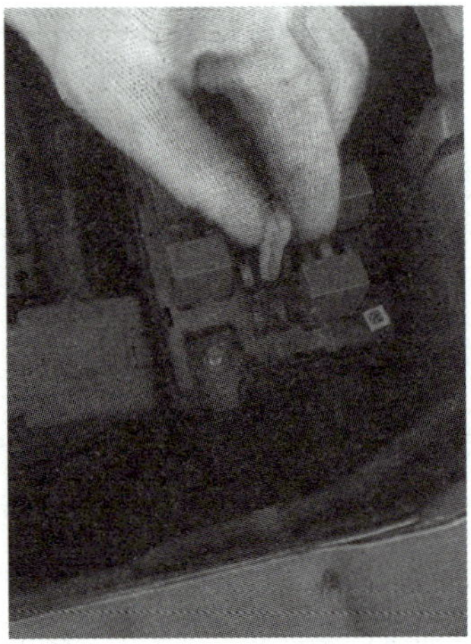

图 5-87 将熔丝镊子对准熔丝插入

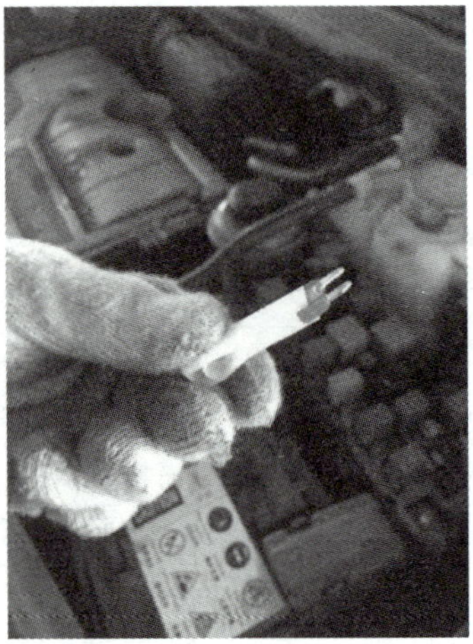

图 5-88 垂直拉出熔丝

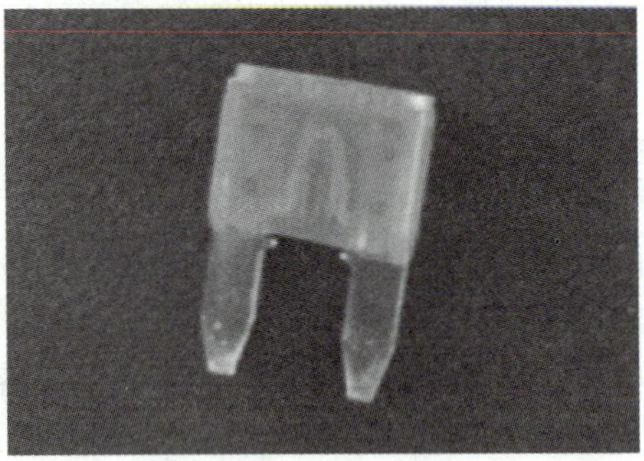

图 5-89 检查熔丝

六、关于熔丝的其他内容

1. 购买渠道要正规

熔丝到处都能买到，但是建议车主到正规的4S店或者维修店购买。因为不合格的熔丝很可能由其他金属制成，无法保证对电路的保护，而且劣质的塑料外壳还容易在熔丝过载烧坏的时候燃烧引发火灾。车载备用熔丝套盒如图5-90所示。

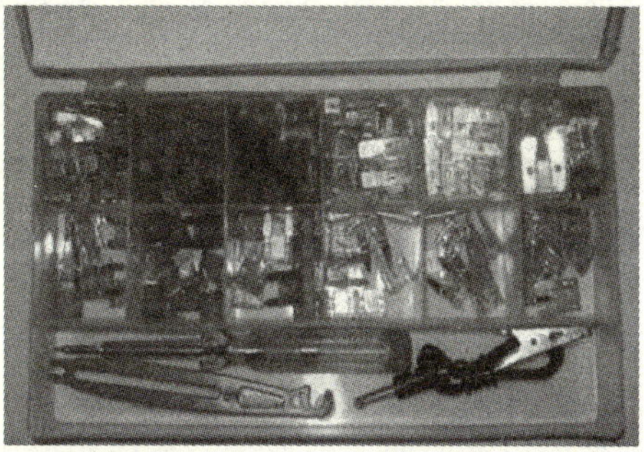

图5-90 车载备用熔丝套盒

市面上有销售车载备用熔丝套装，里面各种型号的插片式熔丝均有，可购买一盒放在车上备用

2. 没有备用熔丝的更换方法

在没有备用熔丝情况下，紧急时，可以更换对驾驶及安全没有影响的其他设备上的熔丝代替。如果不能找到具有相同电流负荷的熔丝，则可采用比原熔丝额定电流低的代替，如空调、天窗等零件的熔丝。

3. 熔丝与卖"新车"的"猫腻"

当购买新车的时候发现车辆的里程表和车速表不工作时要注意了，因为很可能是商家把车辆管理ABS泵的熔丝拆下来了，这样车辆还能正常开，但里程数不增加，而这也是有些商家翻新试驾车后当新车卖的常用手段，如图5-91所示。

对于这种做法要非常小心，因为拔掉ABS系统的熔丝后，ABS系统就

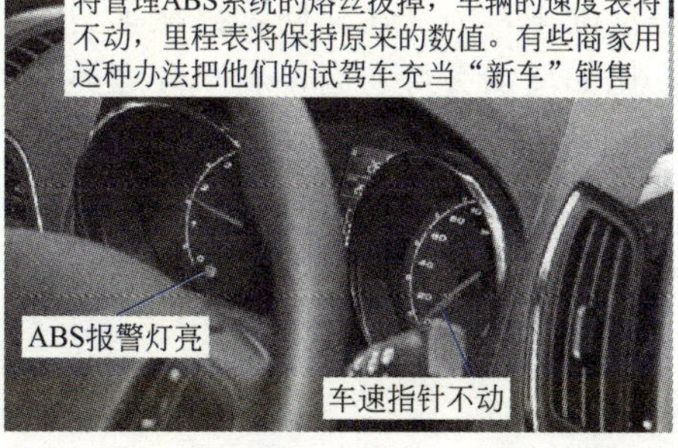

图5-91 熔丝与卖"新车"的"猫腻"

不工作了，这样在某些情况下开车就非常危险，严重情况下可能会致命。因此在购买这种仪表盘ABS泵警报灯亮且仪表盘仪表不正常工作的“新车”时应小心，千万别被商家的一句“没事儿，一会给您查查”或者“新车都这样，一会用电脑复位就好”等解释而掉以轻心，因为你购买的很可能是一辆行驶了很多里程的伪新车。

4. 长时间按喷玻璃水导致熔丝损坏

一般在入冬的时候车主可能忽略更换有防冻功能的玻璃水，因此特别是在早上喷玻璃水的时候，发现喷不出水来，就会一直按着喷玻璃水的开关，时间一长控制玻璃水喷出的水泵熔丝就因过热而损坏，严重时还会烧坏水泵。

遇到这种按开关不喷水的情况，就别着急继续按喷水开关了，检查一下玻璃水是不是冻住了，或者看看喷口是否堵住了。

5. 点烟器导致熔丝损坏

点烟器的熔丝也是车上一个很容易损坏的部件，由于很多朋友要在点烟器上取电，并插入了各种不同负载的用电器，这就加速了点烟器熔丝的损坏。因此在使用点烟器取电的时候一定要注意所使用的用电器的工作电压和电流是多少，不要超过点烟器熔丝所承担的最大电流，避免点烟器熔丝损坏。一般车辆点烟器的熔丝的最大工作电流是10A，如图5-92所示。

如果用点烟器进行供电，请注意用电器的工作电流和工作电压，不要超过点烟器熔丝的极限参数值

图5-92 点烟器导致熔丝损坏

6. 新增设备一定要按照原厂要求安装熔丝

有些车主买的是低配车，但又迷恋同款高配车型的一些配置，因此日后就自己加装或改装，比如增加雾灯、高位刹车灯之类的。

如果增加了原车内没有的配置，则一定要根据使用的要求和厂家的规定要求安装熔丝。因为很可能你的车没有这个配置，厂家出厂的时候就没在熔断器上插上相对应的熔丝。

第六章　汽车保养项目

06 Chapter

第一节　走合期维护

汽车走合期的里程为 1500～3000km（部分进口汽车将首次维护里程定为 7500～10000km），维护内容主要是清洁、润滑、紧固等。

一、走合前的维护与保养

走合前的维护是为了防止汽车出现事故和损伤，保证汽车顺利地完成走合期的磨合，其主要作业内容如下。

（1）清洁　清洁全车，检查全车各部位的连接情况，全车外露的螺栓、螺母必须紧固。

（2）检查、添加燃油和润滑油料　驾驶新车前，应将各润滑部位按规定加注足够的润滑脂。使用规定标号的汽油或柴油，若不得已改变燃油标号时，需对供油系统和点火系统做相应调整。

（3）检查、补充冷却液，排除“阴漏”现象　检查、补充散热器内的冷却液，检查、排除全车的漏油、漏气、漏水和漏电现象。

（4）检查底盘的技术状况　检查变速器各挡能否正确变换；检查转向机构各部位有无松旷和发卡现象；检查和调整轮胎气压。发现变速器或转向系统等存在故障时，应及时将车进厂维修。

（5）电气系统的检查　检查电气设备、灯光和仪表工作是否正常，并检查蓄电池电解液的密度及液面高度。

（6）检查制动效能　检查制动系统的性能，试车检查汽车的制动距离，检查是否有跑偏和制动拖滞现象。

二、走合中的维护与保养

走合中的维护是在汽车行驶约 500km 时进行的，主要是对汽车各部分技术状况开始发生变化的部分进行一次及时的维护，以恢复其良好的技术状况，保证下阶段走合顺利进行。其主要作业内容如下。

（1）润滑　充分润滑全车的各个润滑点。在最初行驶 30～40km 时，应检查变速器、驱动桥、轮毂和传动轴等处是否发热或有异响。若发热或者有异响，应查明原因，予以调整或修理。

（2）检查　检查制动效能和各连接处制动管路的密封程度，必要时加以调整和紧固，认真做好总成和机件的检查、调整工作。

（3）紧固　新车行驶 150km 后，需检查一次全车外部螺栓、螺母紧固情况；行驶 500km 时，应将前、后轮毂的螺母紧固一次。有些国产汽车需要对缸盖螺栓进行紧固。在紧固时，应按规定顺序由中部开始，依次向两边对角线交叉进行或螺旋线方向进行。

汽车在走合行驶过程中，要注意观察各总成的温度情况，并要随时检查和排除“四漏”（漏油、漏水、漏气、漏电）。

三、走合后的维护与保养

走合期结束后，应及时将汽车送到厂家指定的维修站进行走合后的维护。这次汽车走合维护的目的，一方面是对汽车进行全面的检查、紧固、调整和润滑作业，使汽车达到良好的行驶状态；另一方面也是生产厂家对汽车售后服务的身份认定。汽车走合后维护的主要内容如下。

① 更换润滑油和滤清器滤芯。

② 检查、补充发动机冷却液。

③ 检查、调整发动机传动带松紧度。

④ 检查制动系统。

⑤ 检查离合器踏板自由行程。

⑥ 检查、紧固悬架和转向机构。

⑦ 检查整车各部分的泄漏情况并进行排除。

⑧ 检查轮胎的技术状况。

⑨ 检查整车电气系统的技术状态。

第二节　日常保养

国家标准《汽车维护、检测、诊断技术规范》（GB/T 18344—2016）规定的日常保养作业项目及技术要求见表 6-1。

表 6-1　日常保养作业项目及技术要求

作业项目	作业内容	技术要求	维护周期
车辆外观及附属设施	检查、清洁车身	车身外观及客车车厢内部整洁，车窗玻璃齐全、完好	出车前或收车后
	检查后视镜，调整后视镜角度	后视镜完好、无损毁，视野良好	出车前

续表

作业项目	作业内容	技术要求	维护周期
车辆外观及附属设施	检查灭火器、客车安全锤	灭火器配备数量及放置位置符合规定且在有效期内。客车安全锤配备数量及放置位置符合规定	出车前或收车后
	检查安全带	安全带固定可靠、功能有效	出车前或收车后
	检查风窗玻璃刮水器	刮水器各挡位工作正常	出车前
发动机	检查发动机润滑油、冷却液液面高度，视情况补给	油（液）面高度符合规定	出车前
制动	制动系统自检	自检正常，无制动报警灯闪亮	出车前
	检查制动液液面高度，视情况补给	液面高度符合规定	出车前
	检查行车制动、驻车制动	行车制动、驻车制动功能正常	出车前
车轮及轮胎	检查轮胎外观、气压	轮胎表面无破裂、凸起、异物刺入及异常磨损，轮胎气压符合规定	出车前或行车中
	检查车轮螺栓、螺母	齐全完好，无松动	
照明、信号指示装置及仪表	检查前照灯	前照灯完好、有效、表面清洁，远近光灯变换正常	出车前
	检查信号指示装置	转向灯、制动灯、示廓灯、危险报警灯、雾灯、喇叭、标志灯及反射器等信号指示装置完好有效，表面清洁	
	检查仪表	工作正常	出车前或行车中

注：“符合规定”指符合车辆维修资料等有关技术文件的规定。

汽车在使用过程中，各部件将产生不同程度的松动、磨损或损坏，使汽车技术状况变差。日常维护是保持汽车正常状况的基础工作，由驾驶员负责完成。日常维护的好坏，直接影响到行车的安全。为了预防事故和保证行车安全，应随时了解和掌握汽车的技术状况，汽车在使用中，必须坚持进行日常维护。

汽车日常维护的目的是保证车辆各部分的清洁和润滑，各总成、部件的工作正常，尤其要掌握车辆安全部件的技术状况，保证其工作可靠性。具体做到：车容整洁；工作介质（燃油、润滑油、动力传动液、冷却液、制动液及蓄电池电解液等）充足；密封良好，水、电、油、气无泄漏；附件齐全、无松动；制动可靠，转向灵敏，灯光喇叭等工作正常。

一、车辆日常维护要求

1. 清洁要求

对汽车外观、发动机外表进行清洁，保持车容整洁。保持汽车外观和发动机外表的整洁，不仅是文明生产的需要，也是汽车各部分正常工作的需要。

2. 检视补给要求

对汽车各部分润滑油（脂）、燃油、冷却液、制动液及液压油等各种介质和轮胎气压等进行检视补给。汽车油液是各部分正常工作必不可少的工作介质，必须保证其充足、清洁和性能良好；轮胎气压必须符合要求，这是保证汽车正常行驶的基本条件，所以对油液和轮胎气压等进行检视补给是汽车日常维护的基本作业内容。

3. 安全装置和发动机状况检查要求

对汽车制动、转向、传动、悬架、灯光、信号等安全部件和装置以及发动机运转状态进行检视、校紧，确保行车安全。随着道路条件的改善，汽车运行速度不断提高，对汽车安全行驶的要求也越来越高。保证安全部件始终处于完好状态非常重要，是日常维护检查的重点。发动机的技术状况直接影响汽车的动力性能、排放净化性能和燃油消耗率，随着环保和节能要求的日益提高，发动机的技术性能要求也在不断提高，要重点进行检查。

二、车辆日常维护作业

日常维护由驾驶员执行，主要包括出车前、行车中和收车后的车辆维护作业，其作业中心内容是清洁、补给和安全检视。

1. 出车前的日常维护

① 打开发动机舱盖进行检查，如图 6-1 所示，其主要内容如下。

a. 机油液位。

b. 制动液液位。

c. 转向助力液液位。

d. 冷却液液位。

e. 玻璃喷洗液液位。

f. 蓄电池电解液液位。

② 环绕车辆周围检查，如图 6-2 所示，其主要内容如下。

图 6-1　发动机舱内检查

图 6-2　绕车检查

a. 轮胎气压。

b. 轮胎龟裂、损坏。

c. 轮胎花纹的深度、异常磨损。

d. 灯光装置的脏污、损坏。

e. 整车外观、油漆和腐蚀情况。

f. 整车各种液体的泄漏情况。

g. 风窗玻璃和倒车镜。

h. 车门和发动机舱盖等的技术状况。

③ 坐在驾驶室检查，如图 6-3 所示，其主要内容如下。

a. 驻车制动器的操作。

b. 发动机运转情况、异响。

c. 制动踏板、加速踏板和离合器踏板的踩下状态。

d. 清洗液的喷射状态。

e. 刮水器的擦拭状态。

f. 灯光系统与转向灯的工作情况。

g. 仪表板报警信号灯和警告蜂鸣器。

h. 后视镜和遮阳板。

i. 座椅和安全带。

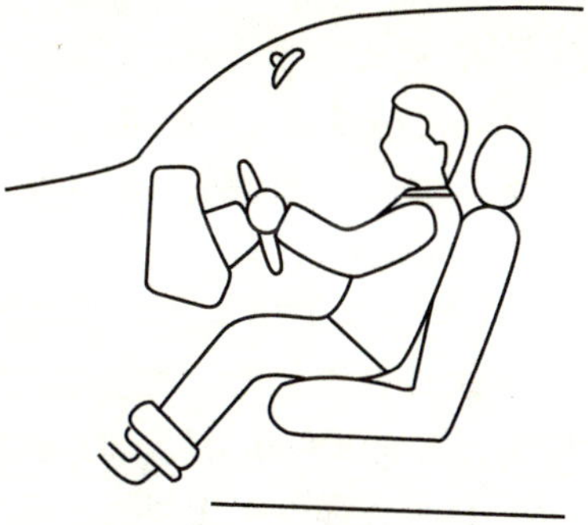

图 6-3 坐在驾驶室检查

2. 行车中的日常维护

车辆行驶过程中应随时留意车辆工作状况，如图 6-4 所示，其主要内容如下。

图 6-4 行驶中的日常维护

(1) 行驶中检查与观察 在行驶中，应密切注意各仪表的显示，注意发动机和底盘的工作状况。

① 仪表的显示情况。

② 汽车的行驶状况。

(2) 途中停车时的检查 停车时，应注意检查轮毂轴承、轮胎、制动鼓、变速器和驱动桥等部位，看其温度是否正常。

（3）检查底盘各部的固定情况　检查轮胎是否缺气、漏气，轮胎固定螺栓应齐全、紧固可靠，底盘各总成应固定可靠，无异常响声，如果出现异响，应及时查明原因并予以排除。

（4）检查全车有无漏油、漏水、漏气和漏电现象　应时常注意全车有无漏油、漏水、漏气和漏电现象。

3. 收车后的日常维护

在收车后，还需对下列项目进行检查。

（1）清洁全车内部

① 冲洗车辆时必须停止发动机的转动。

② 清洗风窗玻璃要在湿的状态下进行，不要使用硬器物刮玻璃上的污物，以防损伤玻璃、影响视线。

③ 驾驶室内顶棚里衬应定期用软毛刷以中性的清洗液洗涤，再用干净、柔软的布块拭干。

（2）检查补充油液、紧固螺栓并排除故障

① 检查补充燃油、机油、冷却液和润滑脂。按要求补充燃油、机油、冷却液、制动液和动力转向油等油液。

② 检查各部件有无损伤、漏气、漏油、漏水和漏电现象，及时调整和解决存在的问题。

③ 处理好发动机的防冻问题。

④ 检查轮胎情况。检查轮胎气压，不足时及时补充轮胎气压，清除轮胎上的杂物。

第三节　定期维护

一、一级维护和二级维护

定期维护分为一级维护和二级维护。道路运输车辆一级维护、二级维护推荐周期见表6-2，国家标准《汽车维护、检测、诊断技术规范》（GB/T 18344—2016）规定的一级维护基本作业项目及技术要求见表6-3；二级维护规定的进厂检测项目见表6-4；二级维护基本作业项目及技术要求见表6-5和表6-6。

表6-2　道路运输车辆一级维护、二级维护推荐周期

适用车型		维护周期	
		一级维护行驶里程间隔上限值或行驶时间间隔上限值	二级维护行驶里程间隔上限值或行驶时间间隔上限值
客车	小型客车（含乘用车）（车长≤6m）	10000km或30日	40000km或120日
	中型及以上客车（车长＞6m）	15000km或30日	50000km或120日

续表

适用车型		维护周期	
		一级维护行驶里程间隔上限值或行驶时间间隔上限值	二级维护行驶里程间隔上限值或行驶时间间隔上限值
货车	轻型货车（最大设计总质量≤3500kg）	10000km 或 30 日	40000km 或 120 日
	轻型以上货车（最大设计总质量>3500kg）	15000km 或 30 日	50000km 或 120 日
挂车		1000km 或 30 日	50000km 或 120 日

注：对于以山区、沙漠、炎热、寒冷等特殊运行环境为主的道路运输车辆，可适当缩短维护周期。

表 6-3　一级维护基本作业项目及技术要求

作业项目		作业内容	技术要求
发动机	空气滤清器、机油滤清器和燃油滤清器	清洁或更换	按规定的里程或时间清洁或更换滤清器。滤清器应清洁，衬垫无残缺，滤芯无破损。滤清器安装牢固，密封良好
	发动机润滑油及冷却液	检查油（液）面高度，视情况更换	按规定的里程或时间更换润滑油，冷却液，油（液）面高度符合规定
转向系统	部件连接	检查、校紧万向节、横直拉杆、球头销和转向节等部位连接螺栓、螺母	各部件连接可靠
	转向器润滑油及转向助力油	检查油面高度，视情况更换	按规定的里程或时间更换转向器润滑油及转向助力油，油面高度符合规定
制动系统	制动管路、制动阀及接头	检查制动管路、制动阀及接头，校紧接头	制动管路、制动阀固定可靠，接头紧固，无漏气（油）现象
	缓速器	检查、校紧缓速器连接螺栓、螺母，检查定子与转子间隙，清洁缓速器	缓速器连接紧固，定子与转子间隙符合规定，缓速器外表、定子与转子间隙清洁，各插接件与接头连接可靠
	储气筒	检查储气筒	无积水及油污
	制动液	检查液面高度，视情况更换	按规定的里程或时间更换制动液，液面高度符合规定
传动轴	各连接部位	检查、校紧变速器、传动轴、驱动桥壳、传动轴支撑等部位连接螺栓、螺母	各部位连接可靠，密封良好
	变速器、主减速器和差速器	清洁通气孔	通气孔通畅
车轮	车轮及半轴的螺栓、螺母	校紧车轮及半轴的螺栓、螺母	扭紧力矩符合规定
	轮辋及压条挡圈	检查轮辋及压条挡圈	轮辋及压条挡圈无裂损及变形

续表

作业项目		作业内容	技术要求
其他	蓄电池	检查蓄电池	液面高度符合规定，通气孔畅通，电桩、夹头清洁、牢固，免维护蓄电池电量状况指示正常
	防护装置	检查侧防护装置及后防护装置，校紧螺栓、螺母	完好有效，安装牢固
	全车润滑	检查、润滑各润滑点	润滑嘴齐全有效，润滑良好。各润滑点防尘罩齐全完好。集中润滑装置工作正常，密封良好
	整车密封	检查泄漏情况	全车不漏油、不漏液、不漏气

表 6-4　二级维护规定的进厂检测项目

检测项目	检测内容	技术要求
故障诊断	车载诊断系统（OBD）的故障信息	装有车载诊断系统（OBD）的车辆，不应有故障信息
行车制动性能	检查行车制动性能	采用台架检验或路试检验，应符合 GB 7258 的相关规定
排放	排气污染物	汽油车采用双怠速法，应符合 GB 18285 的相关规定。柴油车采用自由加速法，应符合 GB 3847 的相关规定

表 6-5　二级维护基本作业项目及技术要求（一）

作业项目		作业内容	技术要求
发动机	发动机工作状况	检查发动机启动性能和柴油发动机停机装置	启动性能良好，停机装置功能有效
		检查发动机运转情况	低、中、高速运转稳定，无异响
	发动机排放机外净化装置	检查发动机排放机外净化装置	外观无损坏、安装牢固
	燃油蒸发控制装备	检查外观，检查装置是否畅通，视情况更换	碳管及管路外观无损坏、密封良好、连接可靠，装置畅通无堵塞
	曲轴箱通风装置	检查外观，检查装置是否畅通，视情况更换	管路及阀体外观无损坏、密封良好、连接可靠，装置畅通无堵塞
	增压器、中冷器	检查、清洁中冷器和增压器	中冷器散热片清洁，管路无老化，连接可靠，密封良好。增压器运转正常，无异响，无渗漏
	发电机、发动机	检查、清洁发电机、发动机	发电机和发动机外表清洁，导线接头无松动，运转无异常，工作正常

续表

作业项目		作业内容	技术要求
发动机	发动机传动带(链)	检查空压机、水泵、发电机、空调机组和正时传动带(链)磨损及老化程度,视情调整传动带(链)松紧度	按规定里程或时间更换传动带(链)。传动带(链)无裂痕和过量磨损,表面无油污,松紧度符合规定
	冷却装置	检查散热器、水箱及管路密封	散热器、水箱及管路固定可靠,无变形、堵塞、破损及渗漏。箱盖结合表面良好,胶垫不老化
		检查水泵和节温器工作状况	水泵不漏水、无异响,节温器工作正常
	火花塞、高压线	检查火花塞间隙、积炭和烧蚀情况,按规定里程或时间更换火花塞	无积炭,无严重烧蚀现象,电极间隙符合规定
		检查高压线外观及连接情况,按规定里程或时间更换高压线	高压线外观无破损、连接可靠
	进排气歧管、消音器、排气管	检查进排气歧管、消音器、排气管	外观无破损、无裂痕,消音器功能良好
	发动机总成	清洁发动机外部,检查隔热层	无油污、无灰尘,隔热层密封良好
		检查、校紧连接螺栓、螺母	油底壳、发动机支撑、水泵、空压机、涡轮增压器、进排气歧管、消音器、排气管、输油泵和喷油泵灯部位连接可靠
制动系统	储气筒、干燥罐	检查、紧固储气筒,检查干燥罐功能,按规定里程或时间更换干燥剂	储气筒安装牢固,密封良好。干燥功能正常,排水阀通畅
	制动踏板	检查、调整制动踏板自由行程	制动踏板自由行程符合规定
	驻车制动	检查驻车制动性能,调整操纵机构	功能正常,操纵机构齐全完好、灵活有效
	防抱死制动装置	检查连线线路,清洁轮速传感器	各连接及插接件无松动,轮速传感器清洁
	鼓式制动器	检查制动间隙调整装置	功能正常
		拆卸制动鼓、轮毂、制动蹄,清洁轴承位、轴承、支撑销和制动底板等零件	清洁,无油污,轮毂通气孔畅通
		检查制动底板、制动凸轮轴	制动底板安装牢固,无变形、无裂损。凸轮轴转动灵活,无卡滞和松旷现象
		检查轮毂内外轴承	滚柱保持架无裂痕,滚柱无缺损、脱落。轴承内外无裂纹和烧蚀
		检查制动摩擦片、制动蹄及支撑销	摩擦片表面无油污、裂损、厚度符合规定。制动蹄无裂纹及明显变形,铆接可靠,铆钉沉入深度符合规定。支撑销无过量磨损与制动蹄轴承孔衬套配合无明显松旷

续表

作业项目		作业内容	技术要求
制动系统	鼓式制动器	检查制动蹄复位弹簧	复位弹簧不得有扭曲、钩环损坏、弹性损失和自由长度改变等现象
		检查轮毂、制动鼓	轮毂无裂损，制动鼓无裂损、沟槽、油污及明显变形
		装复制动鼓、轮毂、制动蹄，调整轴承松紧度、调整制动间隙	润滑轴承，轴承位涂抹润滑脂后再装轴承。装复制动蹄时，轴承孔均应涂抹润滑油，开口销或卡簧固定可靠，制动摩擦片与制动鼓摩擦面应清洁，无油污。制动摩擦片与制动鼓配合间隙符合规定。轮毂转动灵活且无轴向间隙。锁紧螺母、半轴螺母及车轮螺母齐全，扭紧力矩符合规定
	盘式制动器	检查制动摩擦片和制动盘磨损量	制动摩擦片和制动盘磨损量应在标志规定或制造商要求的范围内，其摩擦工作面不得有油污、裂纹、失圆和沟槽等损伤
		检查制动摩擦片与制动盘间的间隙	制动摩擦片与制动盘之间的转动间隙符合规定
		检查密封件	密封件无裂纹或损坏
		检查制动钳	制动钳安装牢固，无油液泄漏，制动钳导向销无裂纹或损坏
转向系统	转向器和转向传动机构	检查转向器和转向传动机构	转向轻便、灵活，转向无卡滞现象，锁止、限位功能正常
		检查部件技术状况	转向节臂、转向器摇臂及横直拉杆无变形、裂纹和拼焊现象，球销无裂纹、不松旷，转向器无裂损、无漏油现象
	方向盘最大自由转向量	检查、调整方向盘最大自由转向量	最高设计车速不小于10km/h的车辆，其方向盘的最大自由转向量不大于15°，其他车辆不大于25°
行驶系统	车轮及轮胎	检查轮胎规格型号	轮胎规格型号符合规定，同轴轮胎的规格和花纹应相同，公路客车（客运班车）、旅游客车、校车和危险货物运输车的所有车轮及其他车辆的转向轮不得装用翻新的轮胎
		检查轮胎外观	轮胎的胎冠、胎壁不得有长度超过25mm或深度足以暴露出帘布层的破裂和割伤以及凸起、异物刺入等影响使用的缺陷。具有磨损标志的轮胎，胎冠的磨损不得触及磨损标志；无磨损标志或标志不清的轮胎，乘用车和挂车轮冠花纹深度应不小于1.6mm，其他车辆的转向轮的胎冠花纹深度应不小于3.2mm，其余轮胎胎冠花纹深度应不小于1.6mm

续表

作业项目		作业内容	技术要求
行驶系统	车轮及轮胎	轮胎换位	根据轮胎磨损情况或相关规定，视情况进行轮胎换位
行驶系统	车轮及轮胎	检查、调整车轮前束	车轮前束值符合规定
行驶系统	悬架	检查悬架弹性元件，校紧连接螺栓、螺母	空气弹簧无泄漏，外观无损伤。钢板弹簧无断片、缺片、移位和变形，各部件连接可靠，U 形螺栓和螺母扭紧力符合规定
行驶系统	悬架	减振器	减振器稳定有效，无漏油现象，橡胶垫无松动、变形及分层
行驶系统	车桥	检查车桥、车桥与悬架之间的拉杆和导杆	车桥无变形、表面无裂痕、油脂无泄漏，车桥与悬挂之间的拉杆和导杆无松旷、移位和变形
传动系统	离合器	检查离合器工作状况	离合器接合平稳，分离彻底，操作轻便，无异响，打滑、抖动及沉重等现象
传动系统	离合器	检查、调整离合器踏板自由行程	离合器踏板自由行程符合规定
传动系统	变速器、主减振器、差速器	检查、调整变速器	变速器操纵轻便、挡位准确，无异响、打滑及乱挡等异常现象，主减振器、差速器工作无异响
传动系统	变速器、主减振器、差速器	检查变速箱、主减振器、差速器润滑油液面高度，视情况更换	按规定里程或时间更换润滑油，液面高度符合规定
传动系统	传动轴	检查防尘套	防尘套无裂痕、无损坏，卡箍连接可靠，支架无松动
传动系统	传动轴	检查传动轴及万向节	传动轴无弯曲，运转无异响。传动轴及万向节无裂损、不松旷
传动系统	传动轴	检查传动轴及支架	轴承无松旷，支架无缺损和变形
灯光导线	前照灯	检查远光灯发光强度，检查、调整前照灯光束照射位置	符合 GB 7258 的规定
灯光导线	线束及导线	检查发动机舱及其他可视的线束及导线	插接件无松动、接触良好。导线布置整齐、固定牢靠，绝缘层无老化、破损，导线无外露。导线与蓄电池桩头连接牢固，并有绝缘套
车架车身	车架和车身	检查车架和车身	车架和车身无变形、断裂及开焊现象，连接可靠，车身周正。发动机罩锁扣锁紧有效。车厢铰链完好，锁扣锁紧可靠，规定集装箱箱体，货物的锁止机构工作正常
车架车身	支撑装置	检查、润滑支撑装置，校紧连接螺栓、螺母	完好有效，润滑良好，安装牢固

续表

作业项目		作业内容	技术要求
车架车身	牵引车与挂车连接装置	检查牵引销及其连接装置	牵引销安装牢固，无损伤、裂纹等缺陷，牵引销颈部磨损量符合规定
		检查、润滑牵引座及牵引销锁止、释放机构，校紧连接螺栓、螺母，检查转盘与转盘架	牵引座表面油脂均匀，安装牢固，牵引销锁止、释放机构工作可靠转盘与转盘架贴合面无松旷、偏歪。转盘与牵引连接部件连接牢靠，转盘连接螺栓应紧固，定位销无松旷、无磨损，转盘润滑牵引钩无裂纹及损伤，锁止、释放机构工作可靠
		检查牵引钩	

表 6-6　二级维护基本作业项目及技术要求（二）

检验部位	检验项目	技术要求	检验方法
整车	清洁	全车外部、车厢内部及各总成外部清洁	检视
	紧固	各总成外部螺栓、螺母紧固，锁销齐全有效	检查
	润滑	全车各个润滑部位的润滑装置齐全，润滑良好	检视
	密封	全车密封良好，无漏油、漏液和漏气现象	检视
	故障诊断	装有车载诊断系统(OBD)的车辆，无故障信息	检测
	附属设施	后视镜、灭火器、客车安全锤、安全带、刮水器等齐全完好、功能正常	检视
发动机及其附件	发动机工作状况	在正常工作温度状态下，发动机启动三次，成功启动次数不少于两次，柴油机三次停机均应有效，发动机低、中、高速运转稳定、无异响	路试或检视
	发动机装备	齐全有效	检视
制动系统	行车制动性能	符合 GB 7258 的规定，道路运输车辆符合 GB 18565 的规定	路试或检视
	驻车制动性能	符合 GB 7258 的规定	路试或检视
转向系统	转向机构	转向机构各部件连接可靠，锁止、限位功能正常，转向时无运动干涉，转向轻便、灵活，转向无卡滞现象	检视
		转向节臂、转向器摇臂及横直拉杆无变形、裂纹和拼焊现象，球销无裂痕、不松旷，转向器无裂损、漏油现象	
	方向盘最大自由转动量	最高设计车速不小于 100km/h 的车辆，其方向盘的最大自由转动量不大于 15°，其他车辆不大于 25°	检测

续表

检验部位	检验项目	技术要求	检验方法
行驶系统	轮胎	同轴轮胎应为相同的规格和花纹，公路客车（客运班车）、旅游客车、校车和危险品运输车的所有车轮及其他机动车的转向轮不得装用翻新的轮胎，轮胎花纹深度及气压符合规定，轮胎的轮冠、胎壁不得有长度超过25mm或深度足以暴露出帘布层的破裂和割伤以及凸起、异物刺入等影响使用的缺陷	检查、检测
	转向轮横向侧滑量	符合GB 7258的规定，道路运输车辆符合GB 18565的规定	检测
	悬架	空气弹簧无泄漏、外观无损伤。钢板弹簧无断片、缺片、移位和变形，各部件连接可靠，U形螺栓和螺母扭紧力矩符合规定	检查
	减振器	减振器稳固有效，无漏油现象，橡胶垫无松动、变形及分层	检查
	车桥	无变形、表面无裂痕，密封良好	检视
传动系统	离合器	离合器接合平稳，分离彻底，操作轻便，无异响、打滑、抖动和沉重现象	路试
	变速器、传动轴、主减振器	变速器操纵轻便、挡位准确，无异响、打滑及乱挡等异常现象，传动轴、主减速器工作无异响	路试
牵引连接装置	牵引连接装置和锁止机构	汽车和挂车牵引连接装置连接可靠，锁止、释放机构工作可靠	检查
照明、信号指示装置和仪表	前照灯	完好有效，工作正常，性能符合GB 7258的规定	检视、检测
	信号指示装置	转向灯、制动灯、示廓灯、危险报警灯、雾灯、喇叭、标志灯及发射器灯信号指示装置完好有效	检视
	仪表	各类仪表工作正常	检视
排放	排气污染物	汽油车采用双怠速法，应符合GB 18285的规定。柴油车采用自由加速法，应符合GB 3847的规定	检测

二、其他定期保养

除了国家规定外，各个汽车生产厂家还有各自的规定。汽车的品牌不同，其相应的维护周期可能也不同。例如，桑塔纳普通型轿车维护规定为日常维护、7500km首次维护、15000km维护、30000km维护四种级别；桑塔纳Vista型轿车的维护规定为日常维护、7500km首次维护、15000km维护、30000km维护与60000km维护五种级别；一汽丰田卡罗拉轿车维护规定为日常维护、5000km维护、20000km维护、40000km维护四种级别。下面以丰田卡罗拉轿车为例进行说明，见表 6-7～表 6-9。

表 6-7 5000km 定期保养检查表

定期保养检查表 (5000km/6 个月) 施工单号 行驶里程 入场时间 VIN 车牌号码								
车辆举升位置	步骤	序号	作业项目	检查结果	调整	更换	标准值/极限值	测量值
完全落下	发动机室	1	机油油位、品质					
		2	冷却液液位					
		3	冷却液冰点					
		4	玻璃水液位					
		5	刹车油液位、品质					
		6	转向助力油液位、品质					
		7	ATF 液位、品质					
		8	蓄电池电解液液位					
		9	蓄电池安装状况					
		10	空调制冷剂量					
		11	空气滤清器检查					
		12	皮带预紧力					
		13	皮带损伤					
	驾驶室	1	大灯操作及点亮					
		2	小灯操作及点亮					
		3	转向灯操作及点亮					
		4	危险警报灯操作及点亮					
		5	雾灯操作及点亮					
		6	仪表警告灯点亮及熄灭					
		7	刹车灯操作及点亮					
		8	室内灯外观及点亮					
		9	玻璃喷洗器状态					
		10	雨刮状态					
		11	喇叭状态					
		12	方向盘自由行程					
		13	方向盘操作					
		14	方向盘锁止					
		15	制动踏板状态					

续表

车辆举升位置	步骤	序号	作业项目	检查结果	调整	更换	标准值/极限值	测量值
完全落下	驾驶室	16	制动踏板自由行程					
		17	离合器踏板状态					
		18	离合器踏板自由行程					
		19	油门踏板状态					
		20	手刹工作状态					
		21	手刹指示灯					
		22	怠速状况					
		23	排气声音					
		24	空调制冷效果					
		25	空气制暖效果					
	车辆外部	1	发动机舱盖					
		2	挡风玻璃					
		3	雨刮片					
		4	车灯外观					
		5	后视镜					
		6	车窗玻璃					
		7	车门					
		8	油箱盖					
		9	后备厢盖					
		10	备胎					
		11	确认轮胎螺母紧固					
举升至中位	车辆周围区域	1	调整胎压					
		2	轮毂轴承					
		3	左前轮胎轮辋损伤					
		4	左后轮胎轮辋损伤					
		5	右前轮胎轮辋损伤					
		6	右后轮胎轮辋损伤					
举升至高位	车辆底部	1	排放机油					
		2	更换机滤					
		3	车辆底部油液泄漏检查					
		4	车辆底部零件安装紧固情况					
		5	车辆底部损伤和生锈情况					

续表

车辆举升位置	步骤	序号	作业项目	检查结果	调整	更换	标准值/极限值	测量值
完全落下	发动机室等	1	加注机油					
		2	拧紧机油加注口盖					
		3	再次确认仪表板警告灯状态					
		4	对车辆、工具等实施5S					
备注				操作技师 检查员 建议下次保养里程 建议下次保养日期				

表 6-8 20000km 定期保养检查表

定期保养检查表 (20000km/24个月) 施工单号 行驶里程 入场时间 VIN 车牌号码								
车辆举升位置	步骤	序号	作业项目	检查结果	调整	更换	标准值/极限值	测量值
完全落下	发动机室	1	机油油位、品质					
		2	冷却液液位					
		3	冷却液冰点					
		4	玻璃水液位					
		5	刹车油液位、品质					
		6	转向助力油液位、品质					
		7	ATF液位、品质					
		8	蓄电池电解液液位					
		9	蓄电池安装状况					
		10	蓄电池电压检查					
		11	空调制冷剂量					
		12	空气滤清器检查					
		13	空气滤清器更换					
		14	皮带预紧力					
		15	皮带损伤					
	驾驶室	1	大灯操作及点亮					
		2	小灯操作及点亮					
		3	转向灯操作及点亮					

续表

车辆举升位置	步骤	序号	作业项目	检查结果	调整	更换	标准值/极限值	测量值
完全落下	驾驶室	4	危险警报灯操作及点亮					
		5	雾灯操作及点亮					
		6	仪表警告灯点亮及熄灭					
		7	刹车灯操作及点亮					
		8	室内灯外观及点亮					
		9	玻璃喷洗器状态					
		10	雨刮状态					
		11	喇叭状态					
		12	方向盘自由行程					
		13	方向盘操作					
		14	方向盘锁止					
		15	制动踏板状态					
		16	制动踏板自由行程					
		17	离合器踏板状态					
		18	离合器踏板自由行程					
		19	油门踏板状态					
		20	手刹工作状态					
		21	手刹指示灯					
		22	怠速状况					
		23	排气声音					
		24	空调制冷效果					
		25	空气制暖效果					
	车辆外部	1	发动机舱盖					
		2	挡风玻璃					
		3	雨刮片					
		4	车灯外观					
		5	后视镜					
		6	儿童锁					
		7	车门					
		8	油箱盖					
		9	后备厢盖					
		10	备胎					
		11	确认轮胎螺母紧固					

续表

车辆举升位置	步骤	序号	作业项目	检查结果	调整	更换	标准值/极限值	测量值
举升至中位	车辆周围区域	1	调整胎压					
		2	轮毂轴承					
		3	左前轮胎轮辋损伤					
		4	左后轮胎轮辋损伤					
		5	右前轮胎轮辋损伤					
		6	右后轮胎轮辋损伤					
		7	左前轮制动片(蹄)和制动盘(鼓)检查					
		8	右前轮制动片(蹄)和制动盘(鼓)检查					
		9	左后轮制动片(蹄)和制动盘(鼓)检查					
		10	右后轮制动片(蹄)和制动盘(鼓)检查					
		11	轮胎换位					
举升至高位	车辆底部	1	排放机油					
		2	更换机滤					
		3	车辆底部油液泄漏检查					
		4	车辆底部零件安装紧固情况					
		5	车辆底部损伤和生锈情况					
		6	排气管检查					
		7	驱动轴护套检查					
		8	球头和防尘套检查					
完全落下	发动机室等	1	加注机油					
		2	拧紧机油加注口盖					
		3	再次确认仪表板警告灯状态					
		4	对车辆、工具等实施5S					
备注				操作技师 检查员 建议下次保养里程 建议下次保养日期				

表 6-9 40000km 定期保养检查表

定期保养检查表 (40000km/48 个月) 施工单号 行驶里程 入场时间 VIN 车牌号码								
车辆举升位置	步骤	序号	作业项目	检查结果	调整	更换	标准值/极限值	测量值
完全落下	发动机室	1	机油油位、品质					
		2	冷却液液位					
		3	冷却液冰点					
		4	玻璃水液位					
		5	刹车油液位、品质					
		6	转向助力油液位、品质					
		7	ATF 液位、品质					
		8	蓄电池电解液液位					
		9	蓄电池安装状况					
		10	蓄电池电压检查					
		11	空调制冷剂量					
		12	空气滤清器检查					
		13	空气滤清器更换					
		14	皮带预紧力					
		15	皮带损伤					
		16	活性炭罐检查					
		17	制动液更换					
		18	燃油管路检查					
	驾驶室	1	大灯操作及点亮					
		2	小灯操作及点亮					
		3	转向灯操作及点亮					
		4	危险警报灯操作及点亮					
		5	雾灯操作及点亮					
		6	仪表警告灯点亮及熄灭					
		7	刹车灯操作及点亮					
		8	室内灯外观及点亮					
		9	玻璃喷洗器状态					
		10	雨刮状态					
		11	喇叭状态					
		12	方向盘自由行程					

续表

车辆举升位置	步骤	序号	作业项目	检查结果	调整	更换	标准值/极限值	测量值
完全落下	驾驶室	13	方向盘操作					
		14	方向盘锁止					
		15	制动踏板状态					
		16	制动踏板自由行程					
		17	离合器踏板状态					
		18	离合器踏板自由行程					
		19	油门踏板状态					
		20	手刹工作状态					
		21	手刹指示灯					
		22	怠速状况					
		23	排气声音					
		24	空调制冷效果					
		25	空气制暖效果					
		26	空调滤芯更换					
	车辆外部	1	发动机盖					
		2	挡风玻璃					
		3	雨刮片					
		4	车灯外观					
		5	后视镜					
		6	车窗玻璃					
		7	车门					
		8	油箱盖					
		9	后备厢盖					
		10	备胎					
		11	确认轮胎螺母紧固					
举升至中位	车辆周围区域	1	调整胎压					
		2	轮毂轴承					
		3	左前轮胎轮辋损伤					
		4	左后轮胎轮辋损伤					
		5	右前轮胎轮辋损伤					
		6	右后轮胎轮辋损伤					

续表

车辆举升位置	步骤	序号	作业项目	检查结果	调整	更换	标准值/极限值	测量值
举升至中位	车辆周围区域	7	左前轮制动片(蹄)和制动盘(鼓)检查					
		8	右前轮制动片(蹄)和制动盘(鼓)检查					
		9	左后轮制动片(蹄)和制动盘(鼓)检查					
		10	右后轮制动片(蹄)和制动盘(鼓)检查					
		11	轮胎换位					
举升至高位	车辆底部	1	排放机油					
		2	更换机滤					
		3	更换手动变速器油					
		4	更换自动变速器油					
		5	车辆底部油液泄漏检查					
		6	车辆底部零件安装紧固情况					
		7	车辆底部损伤和生锈情况					
		8	排气管检查					
		9	驱动轴护套检查					
		10	球头和防尘套检查					
完全落下	发动机室等	1	加注机油					
		2	拧紧机油加注口盖					
		3	再次确认仪表板警告灯状态					
		4	对车辆、工具等实施5S					
备注				操作技师 检查员 建议下次保养里程 建议下次保养日期				

第四节　季节养护

在换季时节，应该到正规维修厂对车辆进行1次季节养护。因为一年四季有不同的气候特点，要针对这些特点，有侧重地对爱车加以呵护，以达到事半功倍的效果。

一、春季，爱车养护十大提示

1. 清洗散热系统

（1）原因　经历了一个冬季风雪的考验，汽车冷却系统的散热器（水箱）和汽车空调的冷凝器上面肯定都附着了不少的灰尘，这些灰尘小则造成散热器散热不利、发动机水温过高、夏季空调不凉等故障，严重时还会造成机件的早期损伤。

（2）正确的做法　先将固定散热器的螺钉松开，仔细将散热器的里外都用高压空气吹净，最后再用水冲净。

（3）提醒　清洗时注意不要只清理散热器的外表灰尘，而且不要上来就用水冲洗，因为高压水很有可能将灰尘和污泥二次送到更不易清洗的地方。

2. 保持油路通畅

（1）原因　即将到来的夏季是开空调的高峰时期，会额外消耗发动机的能量，需要发动机正常工作；节气门和喷油嘴等部位的不畅会影响发动机的工作，同时会加大汽车的耗油量。

（2）正确的做法　应到专业的维修站检测一下节气门和喷油嘴等部位是否需要清洁。

3. 给空调做个“体检”

（1）原因　春季的温度不太稳定，有时需要使用空调。一般空调经过近半年的停用，制冷剂可能会有些泄漏。

（2）正确的做法　到修理厂清洗冷凝器和散热器后，应提醒工人师傅检查制冷剂余量；清理和更换空调进风口的花粉过滤器（一些车主对花粉过敏）。

4. 换上夏季机油

（1）原因　虽然现在大部分的小轿车都已使用了四季通用的机油，但在北部一些寒冷地区，车辆用的机油仍有冬季、夏季之分。

（2）正确的做法　如果使用的冬季用机油，则更换上夏季机油。

5. 及时补充冷却液

（1）原因　进入春季以后，因气温升高，会加大冷却液的消耗。

（2）正确的做法　应经常检查液面高度，注意及时补充冷却液。

6. 更换雨刮器

（1）原因　随着春季的到来，雨水季节也会马上到来。

（2）正确的做法　平时非雨季要用雨刮器清洗前窗时，应配合玻璃清洗液一起擦拭，这样可以避免雨刮条的提前损伤。如果在与玻璃液一起使用时仍不能完全刮净或雨刮支杆不能将橡胶条压实，以及橡胶叶片出现老化、硬化、裂纹等，就需要更换新的雨刮片。到维修厂或者自己更换均可。

7. 车内彻底消毒（图 6-5）

（1）原因　冬天车主开窗通风的时间较短，留下的残渣、汗渍在春季舒适的温度下很容易引起螨虫和各种细菌的滋生，以及车内许多肉眼看不见的灰尘、油污和杂物发霉所产生的异味。

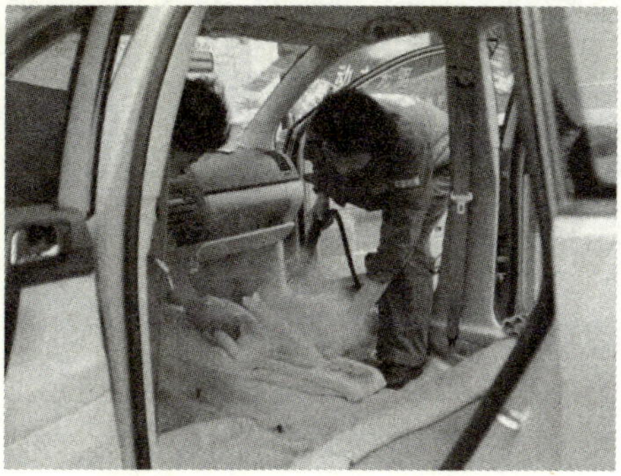

图 6-5　车内彻底消毒

（2）正确的做法　首先，可以给汽车“蒸个桑拿”，通过高温蒸气把空调通风口、座椅、内饰等边边角角的污渍清除掉，同时也去除车内的异味。然后，再用专用的内饰清洗剂对操控台、车门等部位进行清洗消毒。

（3）提醒　车主在自己对汽车内饰进行清洗时，要用中性洗涤液，千万不要用含有较强酸碱性的物质清洗。另外，在清洗时要注意避免音响、收音机、CD 等电器设备进水。

8. 及时更换空气滤清器（图 6-6）

（1）原因　春天的空气中含有较多的灰尘和沙粒，空气滤清器很容易发生堵塞，这时发动机就会出现不易启动、怠速不稳等症状。

（2）正确的做法　一般汽车的空气滤清器在 20000km 要换 1 次，10000km 进行一下检查，春季最好每 2000km 就检查一次。

图 6-6　及时更换空气滤清器

9. 底盘和轮胎检测（图 6-7）

（1）原因　底盘和轮胎经受了一个冬季的风雪，工作情况可能会恶化。另外春暖花开，有些车主开始自驾游，底盘和轮胎工作情况的好坏将直接影响到车辆行驶的安全性以及燃油经济性。

图 6-7　底盘和轮胎检测

（2）正确的做法　要对底盘进行全面的清洁，对汽车轮胎进行全面的检查，尤其对于四轮驱动的 SUV 还应进行四轮定位。

10. 漆面保养不可少（图 6-8）

（1）原因　春季风沙较大，汽车表面会有很多的沙尘，擦车时很容易划伤车漆。

（2）正确的做法　要给汽车打蜡或封釉。

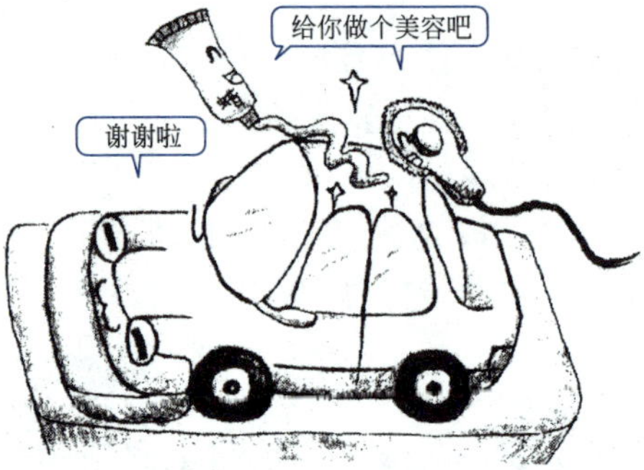

图 6-8　漆面保养不可少

二、夏季，要格外爱护汽车

1. 视情保养发动机

（1）原因　夏日温度高，发动机负荷大。另外冬季过后，喷油嘴附近产生了很多积炭，如果不及时清洗的话，就会产生喷油嘴喷油不畅，造成动力不足、油耗增加。

（2）正确的做法　需要的话，更换“三滤”、更新机油，清洗喷油嘴。

2. 关注发动机冷却液

（1）原因　夏日，发动机温度高，散热任务重。

（2）正确的做法　检查冷却系统的工作情况，必要的时候，疏通水套，更换冷却液。

（3）提醒　到了夏季，一些人认为防冻液用不上了，可以用普通的自来水代替，这是错误的，因为现在汽车上加注的优质冷却液具有防冻、防沸（沸点可达到200℃）、防垢、防腐的四防功能。所以，冷却系统最好不要加自来水，因为自来水易生成水碱、水锈，而且沸点低，极易造成“开锅”。

3. 五月空调养护正当时

（1）原因　蒸发箱和通风管道的潮湿环境及表面的灰尘为霉菌与真菌的滋生提供了温床，霉菌和真菌会很快繁衍为霉菌团和真菌团，并产生物体腐烂的异味。这些异味会随着空调的打开，夹杂在冷气当中，污染整个车厢，常常会使驾乘人员感到不舒服，久而久之就会使人出现“汽车空调病”的种种症状。

（2）正确的做法　最好在每年夏季来临之前，对空调系统进行一次全面的检查和养护。更换空调滤清器，对容易滋生病菌的蒸发箱和通风管道等部位进行清洗（每年这个季节，厂家都会进行一些免费检测活动）。

4. 内饰消毒保健康

（1）原因　春天正是细菌滋生繁衍的时候，尤其是车的顶棚、座椅、出风口、空调风道等部位。

（2）正确的做法　除了自己清洁汽车内饰外，最有效彻底的办法是请专业汽车美容店进行紫外线杀毒或喷雾消毒，以清除内饰死角的细菌。

5. 车身保养要周到

（1）原因　夏日，太阳毒辣，紫外线强；雨水多，汽车表面混合了酸性的雨水和细小的沙尘，会加速车漆老化。

（2）正确的做法　车主们要注意及时清洁汽车表面的酸雨和灰尘；车身保养最简单的方法是打蜡；如果要求更长久有效，车主们趁天还没热的时候，就给爱车进行封釉和镀膜。新车封釉可以延长车漆的使用寿命，减缓褪色，旧车封釉效果更明显，可使氧化褪色的车漆还原增艳。经过封釉处理最大的好处是可以让车辆防紫外线辐射、防酸碱的侵蚀、防风沙的吹打，保护车漆不被氧化造成褪色，另外釉面还可防火、防油污及轻度硬物的刮擦。

6. 汽车玻璃巧养护

（1）原因　春夏交替时节阳光猛烈、雨水充沛、空气潮湿，加之虫胶的附着，都会使汽车玻璃表层失去光泽，如不及时护理，会在玻璃表层留下难以清洗的痕迹，不仅影响汽车的美观，更重要的是会影响驾驶人员的视野。

（2）正确的做法

① 选择具有清洗去污、抗静电、润滑、防腐等功效的专业玻璃清洁剂。也可以自制：在可乐瓶中放30mL白酒，然后再加入半勺无刺激、不伤手的洗洁精，最后加入500mL水（最好是纯净水，不含漂白成分），混合均匀即

可。这种玻璃清洁剂的清洁效果不错，还能清洗汽车漆面。

② 及时去除虫胶、黏液。刚开始可以用清水软布擦拭，如果难以擦掉，则要使用专业的虫胶清洁剂。千万不要尝试用硬物刮掉虫胶，这样很可能会伤到汽车玻璃。

7. 防止爆胎

（1）原因　夏季路面温度较高，汽车轮胎的使用环境更加恶劣。

（2）正确的做法　注意做好汽车轮胎的检查和保养工作，定期检查胎压，防止爆胎。

（3）提醒　轮胎充氮气。因为充入氮气能降低轮胎温度，保证轮胎气压的稳定，减少爆胎概率，减小行驶噪声。

8. 检查制动

（1）原因　雨季路面潮湿，会造成轮胎和路面之间的摩擦因数降低，特别是轮胎花纹处有积水的情况下，摩擦因数更低。

（2）正确的做法　要时常检查一下制动系统，尽量做到有备无患。

9. 防止蒸发

（1）原因　夏季温度较高，油和水的蒸发都将增加。

（2）正确的做法　一定要把油箱盖盖严，油管要防止渗油；经常检查散热器的水位，曲轴箱的机油液面，制动总泵内的制动液液面，以及蓄电池内电解液密度和液面等。不符合规定时，要及时添加和调整。

10. 早出晚归好选择

夏季清晨和入夜后稍凉些。如果条件允许，应设法避开烈日，早出晚归为好。早晚气温低、路温低，道路也通畅。打开车窗吹自然风，更是一种享受。

11. 天热汽车也要避暑（图 6-9）

最好将车停在阴凉通风的位置，实在没有地方，可以亲手搭个活动凉棚。有的朋友习惯把车开进车库后，第一件事就是掀开发动机舱盖，让发动机暴露，加快散热，这些都是养护车辆的好方法。

图 6-9　天热汽车也要避暑

三、秋季，汽车保养十大注意

1. 轮胎保养（图 6-10）

（1）原因　夏季因为气温高，轮胎的气一般不能打得太足；橡胶在秋、冬季节容易变硬而显得较脆，轮胎易漏气。

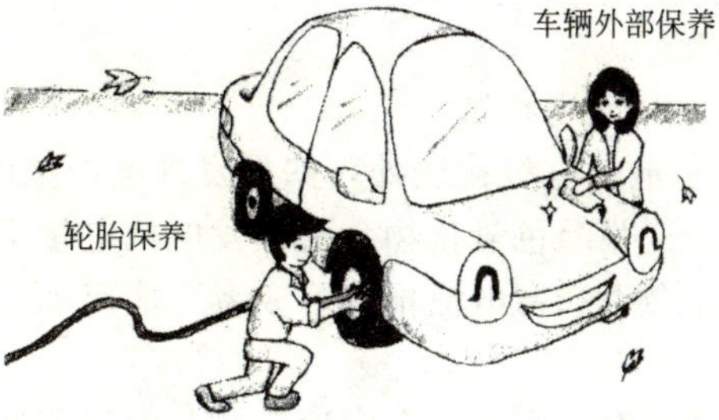

图 6-10　轮胎的正确保养

（2）正确的做法　给轮胎补充气压；检查轮胎是否有刮痕、外伤等；要经常清理胎纹内的夹杂物。

2. 车辆外部保养

（1）原因　秋季的早上，露水较多，汽车表面往往很潮湿；由于夏季雨水中酸雨的腐蚀和夏季强光的直射，汽车漆面难免会被氧化。

（2）正确的做法　如果爱车表面有明显的划痕，应及时做喷漆处理，以免划痕部位受潮而锈蚀；在换季时，最好为爱车的表面做一次从清洗、抛光到打蜡、封釉或镀膜的一系列美容养护。

3. 进风口或进风格栅、电子扇保养

要经常检查这些部位是否有杂物，如果有杂物，可以用压缩空气吹走灰尘。

4. 空调保养

（1）原因　夏季，汽车空调往往超负荷运转。另外，由于夏季雨水较多，汽车经常会在一些涉水路面上行驶，致使空调冷凝器下部沾上许多泥沙，时间久了，就会使冷凝器发生锈蚀，从而缩短空调的使用寿命。

（2）正确的做法　为爱车的空调做一次保养，并检查制冷剂是否充足。

5. 发动机舱保养

应经常检查发动机舱内的机油、制动液和防冻液，看油液是否充足、是否变质、是否到了更换周期。

6. 制动系统保养

要经常检查制动系统有无变弱、跑偏，制动踏板的蹬踏力度是否有变化，必要时检查清理整个制动系统的管路。

7. 暖风管线及风扇保养

秋季转凉，要特别注意挡风玻璃下的除霜出风口出风是否正常，热量是

否够，如果出现问题，要及时解决。

8. 蓄电池保养

（1）原因

① 夏季的高温潮湿，以及因为使用空调而导致的蓄电池过度放电，都可能造成蓄电池的早衰甚至失效。

② 因为潮湿，蓄电池的电极接线处容易有绿色氧化物。

（2）正确的做法

① 检查蓄电池是否充电正常。

② 检查汽车蓄电池的电极接线处，如果发现电极接线处有绿色氧化物，一定要用开水冲掉，这些绿色氧化物会引起发电机电量不足，使蓄电池处于亏电状态，严重时还会引起蓄电池报废，或者不能启动发动机。

9. 内饰保养

（1）原因　夏季高温、多雨，车内地毯及其他隐蔽处会滋生许多细菌。

（2）正确的做法　为爱车做一次彻底的内饰杀菌与清洁。

10. 门轴、导轨的保养

（1）原因　门轴、导轨由于受到风沙的侵袭及洗车的影响容易生锈，开、关车门时会发出异响。

（2）正确的做法　定期在上面涂上防锈油。

四、冬季，保养让爱车安全过冬

1. 更换润滑油

如果爱车的发动机使用的是四季机油（多级油如 10W/30），则不用更换冬季用机油。如果没有加注四季机油，在冬季来临之前，应更换冬季用机油。目的是，使发动机启动时有较低的阻力，保持较高的启动转速；在低温情况下有较好的润滑效果；发动机工作温度正常时机油应有正常的黏度和正常流动性。

同样道理，如果传动系统的变速器和主减速器等使用的是四季齿轮油（多级油如 80W/90），则不用更换冬季用齿轮油。如果没有加注四季齿轮油，在冬季来临之前，应更换冬季用齿轮油。

2. 更换冷却液

现在的轿车一般都加注乙二醇-水型长效冷却液，具有防冻、防沸、防腐、防垢四防功能，如果其冰点符合当地要求（比当地最低气温低 10℃左右），没到使用年限则不用更换。如果没有加注具有防冻功能的长效冷却液，则需要更换。

3. 检查蓄电池

① 用砂纸打磨干净极柱和接头上的接触面，拧紧接头上的固定螺钉，以保证启动时能够有足够强度的电流通过。

② 检查蓄电池电压，如果亏电，应进行充电。

③ 检查电解液密度和液面高度。蓄电池电解液密度不应低于 1.29g/cm^3（电解液不冻），液面高度要高出极板上边缘 10～15mm。

4. 检查暖风工作情况

闲置了一夏季的暖风，往往会出现故障，应试一下有没有热风，风机运转有无异响，风管是否通畅。

5. 爱护车身

入冬前，最好给爱车身上加一层保护膜，如含特氟隆高分子聚合物的车漆镀膜或镜面釉等，均能抵御酸雨和酸雾的侵蚀。驾车到北方地区，遇到雪后道路洒盐水，飞溅到车身上的盐水对车漆有很大的伤害，要注意清洗。

6. 轮胎更换或保养

① 必要的话更换冬用轮胎、准备防滑链等。

② 轮胎气压不可太高，但是更不可过低。轮胎气压过低，容易加速老化，并且冰雪路面容易打滑。尽量避免使用补过一次以上的轮胎，更换掉磨损较大和不同品牌、不同花纹的轮胎，必要时进行轮胎换位。

7. 让灯光更明亮（图 6-11）

车灯中变黑的灯泡应尽早更换，还要检查雾灯、制动灯的情况。冬季易起霜，能见度低，追尾事故特别多，所以雾灯、高位制动灯工作正常，也是冬季行车安全的保障。

图 6-11　保养让爱车安全过冬

8. 玻璃水中加挡风玻璃除冰剂

挡风玻璃结冰时，将除冰玻璃水喷上，冰即可融化。

第五节　保养秘诀

一、让爱车“永葆青春”的保养要诀

1. 油箱不要空

在燃油灯亮起前要及时加油。现在的车都是电喷发动机，燃油泵都靠汽油冷却和润滑，油量一旦过低则无法冷却和润滑燃油泵，从而造成油泵损坏。

2. 发动车前先进行自检（图 6-12）

在用钥匙开关打开（ON 位）的同时车辆一般会有一次自检，会看到所有的指示灯一起亮起来，之后逐一熄灭，等整个自检过程结束后（3s 左右）就可以发动了（START 位）。

图 6-12 让爱车“永葆青春”的保养要诀

3. 在规定时间内去专业的维修厂保养

一般是 5000km 小保养，10000km 大保养，以后每次 5000km 重复 1 次。

4. 制动摩擦片保养

制动摩擦片在 60000km 要检查一下，如磨损较快要及时更换。

5. 轮胎换位（图 6-13）

轮胎在 30000km 要做 1 次交叉互换，这样可以延长轮胎的使用寿命。

图 6-13 轮胎换位

6. 冷车起步要预热

天气寒冷不预热直接起步，会因为发动机工作温度低，导致发动机磨损严重，燃烧室、喷油嘴等部位因为燃烧不充分容易产生积炭等。

7. 起步油门控制和及时换挡

一般来说，当发动机转速一般在 1500～3000r/min（各车型不同）时换挡比较合理。有的驾驶员汽车刚起步就急加油，发动机转速很高了还不加挡，这种做法既损车又耗油。

8. 不拖挡行驶

拖挡行驶会造成发动机承受压力过大，功率不足，影响发动机的使用寿命。

9. 注意底盘的保护

除了进行底盘防锈处理及加装发动机保护板外（有些车型出厂时已做过此类处理），行车时也要注意，应选择好路面行车。

10. 前挡风玻璃最好贴太阳膜（图 6-14）

由于车辆的中控电脑面板大多置于前挡风玻璃中控台下面，如保护不当，长期处在太阳的暴晒下，中控面板会过早老化，甚至出现短路的情况。所以，前挡风玻璃最好贴太阳膜。

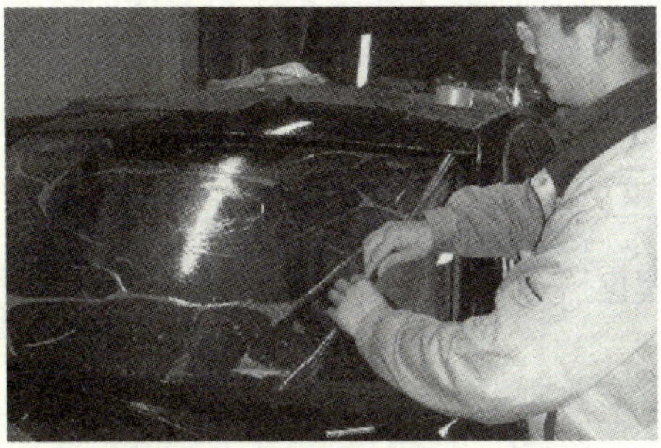

图 6-14　前挡风玻璃最好贴太阳膜

二、自驾游前检查保养（图 6-15）

1. 检查发动机

检查一下发动机舱，看看电路是否有老化、破损的地方，各部件是否有松动、变形的情况，检查传动皮带的松紧度等。

图 6-15　自驾游前检查保养

2. 检查底盘

汽车在行驶时听听底盘等部位是否有异响，是否有漏油的地方。检查转向系统、制动系统工作是否正常，连接螺栓是否有松动的地方，反应是否灵敏。

3. 检查轮胎

检查轮胎气压，应在标准范围内；检查轮胎花纹缝隙和胎面上是否有异物、有破损的地方；检查轮胎的磨损标记线，如果已经磨到了标记线就要对轮胎进行及时的更换。检查车轮上的螺母有无松动现象；长期不用的备胎在出行前一定要进行充气。

4. 检查液面

检查冷却液、发动机油、制动液、变速箱油、助力转向油、玻璃洗涤液等的液面高度。

5. 检查雨刮器及灯光仪表

检查雨刮器能否正常工作，以及各种灯光仪表的工作情况。

三、维修保养误区

1. 发动机保养误区

（1）同时更换“三滤”　从专业角度讲，汽油滤清器一般在 30000km 时进行更换，机油滤清器在 5000km 时进行更换，空气滤清器可以在 10000km 时进行更换，如果同时更换就是浪费。

建议：以里程数作为更换参考，另外，要根据地域特征、气候情况、使用情况等，视情况更换。

（2）机油不加满不罢休　添加过多机油是新手易犯的错误。如果机油添加过多，会造成发动机在工作时曲轴柄、连杆大端产生剧烈的搅动，不仅增加发动机内部功率损失，还会使溅到缸壁上的机油增多，产生烧机油现象。

建议：车主添加机油时，一定要以发动机机油尺上的刻度为准。

（3）不同品牌的冷却液混合使用　因为不同品牌的冷却液其化学性能可能相差悬殊（采用的防腐剂不同），比如对黑色金属没有损害的防腐剂，却常常对铝制品有腐蚀作用，而适用于铝合金的防腐剂则对铁合金有害。

（4）忽略发动机清洗

① 影响　汽车自燃的事故其中一个原因就是发动机舱囤积了太多的油污，在高温下产生了自燃。另外这些油污还会影响到发动机的散热、美观、运转等。发动机内部的清洗就是清除积炭。积炭主要是由于汽油和空气的混合气在气缸中没有充分燃烧形成的，积炭又反过来干扰到气缸内的燃烧，降低工作效率，增加油耗。

② 正确的做法　发动机的内部清洗只有专业维修厂才能完成，现在的发动机清洗一般不用对发动机进行分解。如果觉得自己的汽车动力不足、加

速不快，就可以到维修站检查一下，如果是积炭的原因，不妨也清洗一下。

（5）忽略水箱清洗

① 影响　灰尘、树叶、塑料布等堆积物会影响水箱的冷却效果，造成高温，引发发动机故障等。所以在高温考验的夏季来临之前，应该对汽车做一次水箱外部的全面清洁。另外，当水箱的冷却效果不太理想时，必须及时清除水箱中的水垢。

② 正确的做法　采用高压气泵，用高压空气吹出缝隙中的杂质；采用化学方法（通过酸性或碱性物质与水垢作用）清除水箱壁上沉积的水垢；使用专业的冷却液，可以减少水垢的产生。

2. 车身保养误区

（1）擦拭灰尘（图 6-16）

① 影响　当汽车表面满是灰尘的时候，直接用毛巾擦拭，与用砂纸直接擦车的效果差不多。因为在毛巾和车漆之间的沙土，会起到砂纸的作用，不管用湿毛巾还是干毛巾都是一样的。甚至很多车主比较常用的油蜡掸子也是一样的，就算暂时起到了清洁的作用，表面也没有明显的伤痕，长期这样操作会大大影响车漆表面的光泽度，影响汽车的美观。

图 6-16　擦拭灰尘

② 正确的做法

a. 汽车表面清洁最好的方式还是用水，在水流的作用下，灰尘可以顺利离开汽车表面，而且和车漆发生摩擦的影响很小。

b. 洗车使用的海绵也有讲究，中高档汽车美容店使用的是低密度的海绵，这种海绵在擦拭期间能吸纳更多的沙，减少漆面“花痕”的产生。使用海绵时不能用力压，否则容易造成纵横交错的漆面“花痕”。

c. 为了增加车漆的耐磨性，可以定期进行打蜡、封釉处理，这样可在车漆和空气之间形成一层保护膜，减少灰尘对车漆的伤害。

（2）冷水洗车

① 影响　冬天气温很低，钢铁结构的汽车本身就是热的良导体，冷水浇到汽车上，马上就会冻成冰，不仅很难达到清洗的效果，冰块甚至会弄伤车漆。洗车时汽车表面的冰膜还很难清除，这些冰随时可能冻住门锁、车门、雨刮等。在轮胎和刹车系统上的冷水也很快会结冰，轻则影响汽车的启动和刹车效果，重则可能导致刹车失灵。炎炎夏日，刚刚在烈日下行驶完的热车，用冰冷的水直接冲洗会因为瞬间降低汽车的表面温度，引起汽车金属部分的热胀冷缩变化，橡胶轮胎也会因为忽冷忽热而“感冒”。

② 正确的做法　冬季，当气温低于冰点的时候，尽量用温水洗车。如果在没有温水又非要洗车的时候，可以利用路边的积雪，雪水洗车一般不会产生结冰的情况。在夏天，尽量不要让处于高温状态的汽车直接和冷水接触，可以在洗车的地方稍停一会，待发动机、轮胎和汽车本身的温度下降后再洗车。

（3）洗车不擦干

① 影响

a. 汽车表面的水珠就像聚光镜一样，不仅不会降低紫外线对汽车的伤害，还会加快车漆的老化。

b. 洗车后如果不擦干，会留下很难清洗的痕迹。

c. 如果在冬天，不仅有来自阳光对汽车表面的威胁，寒冷的气温对汽车的影响更直接。湿润的汽车可能会冻住锁、车门、电动车窗，甚至还会影响制动系统和轮胎。

d. 和频繁洗车一样，不把车擦干，汽车也经常处于一种湿润的状态，会增加汽车金属表面的氧化速度。

② 正确的做法　洗车之后，把车擦干再上路。最好使用专用的洗车麂皮擦车，这种产品最大的好处是对车漆的磨损较小，而且在玻璃、金属表面擦拭之后不会留下痕迹。

（4）下雨后不及时洗车

① 影响　雨水中含有很多酸性物质，这些物质对车身和漆面都有严重伤害，如果不及时处理，久而久之，车身会失去光泽，影响美观。

② 正确的做法

a. 下雨后最好清洗一遍爱车。

b. 另外一个简单有效的方法是打蜡，它可以让车漆上形成一层保护膜，让雨水不能和车漆直接接触，达到防止雨水腐蚀的目的。

c. 要想达到更持久的保护效果，还可以进行封釉处理，它和打蜡的效果类似，但时间更长久，防止漆面褪色老化的效果更强。

d. 为了快速让发动机舱保持干燥，还可以打开发动机盖让风吹一吹，让角落里的水分尽可能快地蒸发掉。

（5）不清洗底盘

① 影响　雨水会渗到底盘里，附着在车架、电极等地方。弱酸性雨水的腐蚀性可能短时间感觉不到，但时间长了车架就可能锈迹斑斑，甚至会加速蓄电池电极的老化。另外，汽车底盘如果携带太多的泥土，会增加车重，影响汽车的操控，增加油耗。

② 正确的做法　去专业的地方洗车，专业的高压水枪可以彻底清除残留在底盘上的淤泥。对于底盘的防锈、防腐处理最佳的方式是“底盘封塑”。

③ 小知识　底盘封塑不同于一般的防锈处理，是将一种高附着性的柔

性橡胶树脂喷涂在底盘上，使底盘与外界隔绝，达到防腐、防锈、隔音的功能，延长车身寿命

（6）只洗车外

① 影响　车外的清洁除了保护车漆，主要的效果还是为了美观，而车内清洁的另一个目的是为了健康。车内的尘土会在风和震动的作用下，变成可吸入颗粒物，直接影响到车上人员的健康。车内因为“装修”留下了有害的化学物质，会危害车上人员的健康。在座椅、空调出风口、中控面板和各处死角等比较容易滋生各种病菌。

② 正确的做法　由于车内各部位材质不同，应注意选择使用不同的清洁剂。专业的做法是选择 pH 值不超过 10 的清洗液。在车内清洁完成后，还要在仪表台和皮椅上涂一层保护剂。防止皮革褪色，并能使皮革恢复弹性与光泽。对于专业车内美容来说，最重要的一道工序是杀菌、除臭。用专用的杀菌剂喷涂在皮椅、脚垫或儿童、宠物等遗留的污物上，其内部的酶产生分解臭源的“黄色葡萄球菌”，能彻底清除异味和细菌的滋生。

（7）用水冲洗车身内部　驾驶室地板胶垫下面的凹槽、通孔非常多。用水冲洗后，要么沉积在凹槽内不易干燥，要么从通孔处流到变速箱等部件上产生锈蚀。尤其是密封性能较好的轿车更不能用水直接冲洗车身内部。

（8）用高压水枪直接冲洗发动机

① 影响　虽然发动机本身是机械部件，但很多附属配件是电子产品，比如行车电脑、高压线、蓄电池等。怕水是所有电子产品的共性，用高压水枪冲洗发动机舱很容易造成短路故障，造成车辆不能正常启动，甚至电器的损害。

② 正确的做法　发动机的清洗最好到专业的汽车维修单位进行，如果想要自己清洗，市场上也可以买到专业发动机清洗剂，去污、去油的效果都很不错。

（9）频繁洗车

① 影响　洗车（用水、毛巾）是有磨损的。汽车在打蜡或者封釉之后，在车漆上会形成一种保护膜，阻止紫外线的照射、空气的氧化和灰尘的磨损，频繁洗车很容易破坏保护层，丧失了汽车美容的效果。频繁洗车还会让汽车经常处于一种湿润的状态，特别是那些阳光照不到、毛巾擦不到的死角，长时间处于湿润状态，会加快金属的氧化反应。

② 正确的做法　洗车没有确定的周期，车主应该根据天气、汽车美容情况、汽车行驶路况和出行目的等条件制订一个适合自己的洗车计划。

（10）频繁打蜡

① 影响　频繁打蜡会给车漆带来伤害，因为有的车蜡中含有碱性物质，长时间使用会使车身变乌。

② 正确的做法

a. 南方的雨水较多，且含有大量的酸性物质，所以打蜡可相对多一些。

b. 北方的车没有必要频繁打蜡，如果车主通常将车停放在车库，每 4 个月打 1 次蜡即可，如果经常停在露天停车场，每 2 个月打 1 次蜡即可。

c. 新车不要随便打蜡，因为新车本身的漆层上已有一层保护蜡，过早打蜡反而会把新车表面的原装蜡除掉，造成不必要的浪费，一般新车购回 5 个月内都不必急于打蜡。

d. 打蜡时最好选择去污能力适中并且不含研磨剂成分的车蜡。

（11）用雨刮器干刷

① 影响　雨刮片是由柔软的橡胶制成的，而且很薄，如果挡风玻璃上有硬的物质，很容易造成雨刮片的损伤。雨刮器中的水最好不要使用普通的水做清洁液，而且用水容易留下清洗的痕迹，很难达到理想的清洁效果。伤残的雨刮片对挡风玻璃有损伤。

② 正确的做法　应该选用专业的清洁液，这样可以去掉橡胶磨损的印记，同时对玻璃表面的油污也有非常好的清洁作用，增强抗冻耐寒效果。如果挡风玻璃上有硬的物质，切不可直接用雨刮硬刷，以免造成雨刮片的局部受损。在冬季使用时，应先用冰铲清理挡风玻璃表面的冰碴和积雪，以免加重雨刮的负担。如果在暴雨中行驶，就算雨刮效果再好也要注意安全，最好休息一会儿再走。

（12）强行使用玻璃清洗器

① 影响　玻璃清洗器的喷嘴孔非常细小，不仅容易堵塞，而且在冬天的时候，还容易被冰封住。

② 正确的做法　如果遇到这两种情形，不要强行按住清洗器开关，试图用玻璃水将喷嘴孔冲开，这样非常容易把玻璃清洗器的水泵烧坏。如果喷嘴孔堵塞，可以首先疏通；如果被冰封住，可以先热车，等冰融化后再行清洗。